安徽省高校人文社会科学研究重点项目（SK2015A227）研究成果

中国财政政策的收入分配效应研究

Research on the Distribution Effects of Fiscal Policy in China

常晓素　著

中国财经出版传媒集团

经济科学出版社

Economic Science Press

图书在版编目（CIP）数据

中国财政政策的收入分配效应研究/常晓素著. —北京：
经济科学出版社，2017.12
ISBN 978 - 7 - 5141 - 8798 - 4

Ⅰ.①中⋯　Ⅱ.①常⋯　Ⅲ.①财政政策 - 影响 - 国民
收入分配 - 研究 - 中国　Ⅳ.①F124.7

中国版本图书馆 CIP 数据核字（2017）第 311265 号

责任编辑：顾瑞兰
责任校对：隗立娜
责任印制：邱　天

中国财政政策的收入分配效应研究

常晓素　著

经济科学出版社出版、发行　新华书店经销
社址：北京市海淀区阜成路甲 28 号　邮编：100142
总编部电话：010 - 88191217　发行部电话：010 - 88191522
网址：www. esp. com. cn
电子邮件：esp@ esp. com. cn
天猫网店：经济科学出版社旗舰店
网址：http://jjkxcbs. tmall. com
固安华明印业有限公司印装
710×1000　16 开　15.5 印张　280000 字
2017 年 12 月第 1 版　2017 年 12 月第 1 次印刷
ISBN 978 - 7 - 5141 - 8798 - 4　定价：48.00 元
（图书出现印装问题，本社负责调换。电话：010 - 88191510）
（版权所有　侵权必究　举报电话：010 - 88191586
电子邮箱：dbts@ esp. com. cn）

前　　言

　　1978 年经济体制改革以来，平均主义被打破、社会资源分配效率得到极大提高，随着初次分配市场化程度的深化，各阶层收入差距已经拉开。经济快速增长的同时，收入分配不均、收入差距持续扩大的现象也越来越严重。在初次分配环节，劳动收入分配率（份额）比重持续下降，由 1996 年的 53.26% 降至 2010 年的 45.01%，有的年份甚至不足40%；再分配环节基尼系数已经步入世界收入差距最大的国家之列，近几年已接近0.5，早已超过国际公认的警戒线0.4的标准。居民收入分配不平等程度的不断加深，在经济上导致内需不足，从而成为困扰我国经济发展的重要因素；在政治上导致社会不稳定加剧。由此看来，研究缩小中国收入差距的对策已迫在眉睫。为此，中国政府自 2006 年起，开始有计划有步骤地调整宏观分配格局，在初次分配环节努力提高劳动者报酬及其占国内生产总值的比重，再分配环节加大财税政策对收入分配的调控力度。政策是否能够落实，预期效果是否能够达到，需要进一步验证。本书力图从财政政策收入分配效应的理论与实践出发，探索财政政策收入分配效应的作用机理，实证检验我国财政政策收入分配效应。

　　全书共分8章，由理论分析和实证检验以及政策建议三部分组成。第 1 章是导论部分，第 2 章是理论分析部分，第 3 章是实践分析，第 4~7 章是实证分析部分，第 8 章是对财政政策收入分配效应的综合评价和优化建议。

　　第 1 章，导论。导论部分主要内容为：本书研究的背景与意义；文献回顾与评述；本书研究的方法及具体安排；指出本书可能的创新与存在的不足。

　　第 2 章，财政政策收入分配效应的理论分析。本章运用规范分析方法，在界定收入分配等相关概念的基础上，首先对我们所要研究的收入分配理论进行了梳理，总结出影响收入分配的因素；接着分析了财政政策的性质、体系构成及财政政策效应；在此基础上，从整体视角和结构视角分析了财政政策收入分配效应的作用机理，为实证分析提供理论依据。

第3章，我国收入分配体制与财政政策实践分析。本章内容分三部分：第一，回顾了我国计划经济体制下和改革开放以来收入分配体制的演进；第二，剖析了我国收入分配体制运行的实际效果及存在的问题；第三，分析了新中国成立以来不同时期财政政策及相关政策调节收入分配的实践，为进一步检验财政政策的收入分配效应奠定实践基础。

第4章，税收政策收入分配效应的实证分析。本章从数理实证和经验实证两个方面分析了我国税收政策的收入初次分配效应和再分配效应。初次分配环节，在内生增长模型下分析了企业所得税、消费税、资本税和劳动所得税的初次分配效应，在此基础上，运用中国经验数据，构建各税种影响劳动收入的面板数据模型，并以各省样本数据进行实证检验，考察了各税种对劳动分配率（份额）的影响；再分配环节，从整体和结构两个视角构建了各税种的收入再分配理论模型，并运用理论模型以我国城镇居民七分组数据实证考察了流转税和包括社会保障基金在内的所得税对各收入阶层的再分配效应。

第5章，国有企业利润分配政策分配效应的实证分析。本章将国企税后利润率加入内生增长模型，从理论角度推理上缴红利利率对劳动收入的影响以及由此导致的行业间收入差距。实证部分以中国工业细分行业数据为样本建立面板计量模型，检验了垄断利润及垄断对垄断行业与非垄断行业间收入差距的影响。

第6章，国债融资政策收入分配效应的实证分析。本章首先将国债融资纳入动态规划模型，从数理实证角度分析了国债发行在初次分配环节对劳动分配率（份额）的影响；接着在时间序列模型下，用中国经验数据检验了国债的发行和国债使用对劳动分配率（份额）的影响；再分配环节，从整体视角和结构视角构建国债利息收益模型，并运用统计软件计算了国债利息分布对城镇各阶层居民收入的影响。

　　第7章，财政支出政策收入分配效应的实证分析。初次分配环节，本章首先将生产性财政支出纳入内生增长模型，从数理角度推导出生产性财政支出比重的大小会影响劳动分配率（份额），即财政支出的初次分配效应。以此为基础建立面板数据模型，运用省际经验数据检验了财政支出规模和结构对初次分配的影响。再分配环节，在跨期消费模型的框架下，从效用收益的角度计算了财政性转移支出对城镇不同收入阶层居民的影响程度。

　　第8章，财政政策收入分配效应的综合评价与优化思路。本章根据前面的实证分析，对我国财政政策的收入分配效应进行了综合评价，并从缩小收入差距、公平收入分配的角度，提出优化财政政策的建议及配套措施。

　　通过对已有研究的借鉴和拓展，本书进行了一定的创新性探索。首先，理论分析的拓展性：本书在构建财政政策的初次分配和再分配理论体系基础上，分别构建了各财政政策工具——税收政策、国企利润分配政策、国债政策和财政支出政策的初次分配和再分配的理论分析框架，为实证分析提供理论依据。其次，数理模型的拓展性：拓展了含税收因素、财政支出因素的内生增长模型，推导出所得课税、劳动课税、资本课税及消费课税和生产性财政支出对劳动分配率（份额）的影响；拓展了国有企业税后利润收入对行业间收入差距影响的数理模型，将税后利润上缴比例（分红比例）纳入含税收因素的内生增长模型中，从数理推导方面证明分红比例的高低与国有（垄断）企业员工工资收入负相关关系，政府参与国有（垄断）企业的分红有助于缩小行业间收入差距。

　　本书的编写和出版得到了安徽省高校人文社会科学研究重点项目（SK2015A227）安徽财经大学著作出版基金的资助。特此感谢！

常晓素
2017 年 9 月

目　　录

第 1 章 导　　论

1.1　研究背景与研究意义

1.1.1　研究背景

1978 年经济体制改革以来，平均主义被打破、社会资源分配效率得到极大提高，随着初次分配市场化程度的深化，各阶层收入差距已经拉开。经济快速增长的同时，收入分配不均、收入差距持续扩大的现象也越来越严重。在初次分配环节，劳动收入分配率（份额）比重持续下降，由 1996 年的 53.26% 降至 2010 年的 45.01%，有的年份甚至不足 40%；再分配环节基尼系数已经步入世界收入差距最大的国家之列，已接近 0.5，早已超过国际公认的警戒线 0.4 的标准。居民收入分配不平等程度的不断加深，在经济上导致内需不足，从而成为困扰我国经济发展的重要因素；在政治上导致社会不稳定加剧。由此看来，研究缩小中国收入差距的对策已迫在眉睫。所以，收入分配问题和收入差距恶化问题日益受到人们的重视，人们在积极探索完善居民收入分配的宏观经济政策，寻求提高低收入群体收入的长效保障机制、稳定中等收入群体收入的形成，并力图探寻一条发展成果由人民共享的路径，从而形成合理有序的收入分配格局。

缩小收入差距、实现收入分配的公平是一项艰巨的任务，我们不能仅仅采取"劫富济贫"的方式实现居民收入分配公平化。库兹涅兹所提出的倒"U"形曲线拐点不会自动实现，市场经济比较成熟的国家的经验告诉我们，随着市场力量的发展和强大，政府就愈加难以直接调控基尼系数。然而，政府可以利用其自身的优势影响宏观分配格局，通过宏观分配关系的改善实现公平分配、缩小居民间收入差距。为此，中国政府自 2006 年起，开始有计划有步骤地调整宏观分配格局，在初次分配环节努力提高劳动者报酬及其占国内生产总值的比重，再分配环节加大财税政策对收入分配的调控力度。然而，政府政策要想达到预期效果，关键在于中间环节传导机制的通畅，否则，改革措施则会出现实施不到位，甚至与初衷相背离。因此，完善财政政策和理顺宏观分配格局对居民收入分配的传导、对收入分配体制改革起着至关重要的作用。

1.1.2 研究意义

财政政策是政府进行宏观调控不可或缺的一个重要手段，也是经济学理论领域研究的重要课题。财政政策效应更是国内外财政理论研究的重点内容之一，国内学者对财政政策效应的研究多集中于财政政策的需求效应（包括投资、消费）和经济增长效应，而对财政政策的收入分配（包括初次分配和再分配）效应的研究不足，由于受传统观念的影响，认为财政政策只在再分配领域发挥作用，所以对财政政策的初次收入分配效应影响的研究更是不足，由此，深入研究财政政策的收入分配效应具有重要的理论和现实意义。

（1）丰富和发展我国收入分配理论。本书通过税收政策、国有企业利润分配政策、国债融资政策和财政支出政策所构成的财政政策对收入分配调节机制的理论研究，形成比较系统的财政政策调节收入分配的机制理论。

（2）拓宽财政政策宏观效应范围。传统理论认为，财政政策对收入分配的作用机制一般在再分配领域，书中以理论模型和实证分析验证财政政策工具对初次分配和再分配都会产生影响，为财政政策在初次分配发挥作用提供一定的理论基础，公共财政理论得以拓宽。

（3）延展财政政策调节收入分配的改革思路。党的十七大提出提高"两个比重"，即提高居民收入在国民收入分配中的比重和提高劳动报酬在初次分配中的比重，这两个比重近年来不升反降，所以要努力创造条件，增加居民劳动收入和财产性收入。在此过程中，政府有着不可推卸的责任，改善财政政策的收入分配效应，通过财政政策缩小收入分配差距，具有很强的现实意义；中国财政政策的收入分配效应研究，有利于完善我国宏观调控体系和改善财政政策调控效率和效果，同时，对于解决我国收入分配差距过大、缓解当前内需不足等问题都具有十分重要的意义。

1.2 文献回顾与评述

本书意在研究财政政策工具（税收政策、国有企业利润分配政策、国债融资政策和财政支出政策）对收入分配的影响，这种影响体现在初次分配环节和再分配环节，因此，我们从两个层次对国内外涉及财政政策收入分配效应的主要文献加以梳理、归纳。更加详细的相关文献见诸财政政策工具收入分配效应实证分析的各章中。

1.2.1 文献回顾

1. 国外研究现状

在国外早期文献中，系统研究财政政策收入分配效应的文章极少。与此相关的主要是财政政策的宏观经济效应（含有收入分配），收入分配与经济增长关系方面的研究。这些研究大多在近代经济增长理论（如新古典经济增长理论、内生经济增长理论）框架下进行的，比较有代表性的如刘易斯（Lewis，1954）、库兹涅茨（Kuznets，1955）、卡尔多（Kaldor，1957）、帕西内蒂（Pasinetti，1962），20 世纪 80 年代中后期，随着新经济增长理论的发展，掀起了研究收入分配理论的新浪潮，理论界从不同角度研究收入分配。其中，从财政收支角度研究收入分配的不乏佳作。

（1）财政政策初次分配效应的研究。

①税收政策对初次收入分配影响的研究。德瑞（Deran[1]，1967）研究结果表明，社会保障税主要由雇主承担而不是雇员承担，因此，开征社会保障税降低了雇主的利润，进而减少了资本分配份额。但霍夫曼（Hoffman[2]，1968）指出其研究方法和数据有明显的缺陷。马丁·费尔德斯坦（Martin Feldstein[3]，1974）认为，公司所得税的大部分由劳动承担，会降低劳动收入份额；富勒顿和梅特卡夫（Fullerton & Metcalf[4]，2002）从税收转嫁和税负归宿的角度分析，认为税收归宿并不是由要素平均地承担，当税负变化不是来自全局性税种，不同部门产品生产技术的资本密集程度、要素之间的替代弹性、各部门产品需求弹性的差异以及产品市场不完全竞争都将使税负变化对要素分配产生影响。大卫·凯里和乔塞特·罗

[1] Elizabeth Deran. Changes in Factor Income Shares Under the Social Security Tax. The Review of Economics and Statistics, Vol. 49, No. 4 (Nov., 1967), Pages: 627-630.

[2] Ronald F. Hoffman. Factor Shares and the Payroll Tax: A. Comment. The Review of Economics and Statistics, Vol. 50, No. 4 (Nov., 1968), pp. 506-508.

[3] Martin Feldstein. Incidence of a Capital Income Tax in a Growing Economy with Variable Savings Rates. The Review of Economic Studies. Vol. 41, No. 4 (Oct., 1974), pp. 505-513.

[4] Gilbert E. Metcalf, Don Fullerton. The Distribution of Tax Burdens: An Introduction. Working Paper 8978 http://www.nber.org/papers/w8978.

宾森纳（David Carey & Josette Rabesona[1], 2002）从平均有效税率的角度估算了税收对 OECD 国家劳动和资本的影响，他们认为，对劳动收入征税时若将社会保障扣除，并将雇员的养老金纳入劳动收入将使劳动的平均有效税率下降；若将一系列财产税纳入资本税，将使资本的平均有效税率上升，进而使劳动收入份额上升，资本收入份额下降。布克哈德·希尔等（Burkhard Heer et al. [2], 2004）研究了发展中国家对劳动和资本收入征税造成的影响。在发展中国家由于家庭经营占有较大份额，而这种自产经营有些参与市场，有些不参与市场活动（非市场活动不征税）。对劳动和资本收入征税促使人们将市场生产转向家庭生产，此种状况下，较高的资本税税率既降低了资本密度，又促使人口增长，对劳动和资本征税都不利于资本的积累和资本收入份额的提高。范尼·德莫伊和盖坦·尼克德曼（Ruud A. De Mooij & Gaetan Nicodeme[3], 2006）针对欧洲20世纪80年代以来公司税税率下降，而公司税占 GDP 的比重却逐年上升的现象进行研究，发现其原因在于公司税税率的降低刺激人们设法实现收入转换，即由个人收入转为公司收入，导致公司税税基扩大，收入转移使得公司税在 GDP 的比重上升，从而导致税前资本收入份额上升。米希尔·德赛（Mihir A. Desai[4], 2007）从公司税负担的角度，运用美国跨国公司相关数据研究表明，在大国经济下，公司税的45% ~75% 都由劳动负担，这样，公司税降低了工人的真实工资，即降低了劳动收入份额。豪格等（Haufler et al. [5], 2009）认为，由于经济一体化，资本的流动性增强，特别是对外直接投资规模的扩张，致使支出不断增长的"大政府"对公司税的依赖程度降低，转而提高工资税，这种趋势导致公司税税率的下降和工资税税率的上升，进而促使资本收入份额上升而劳动收入份额下降。加西亚 - 佩纳洛萨和图诺夫斯基（García – Peñalosa & Turnovsky[6], 2011）在拉姆齐模型框架下考察了税收政策对初始资本禀赋不同的个人财富和收入分配的影响。

---

① David Carey and Josette Rabesona. Tax ratios on labor and capital income and on consumption. OECD Economic Studies No. 35, 2002/2, pp. 130 – 174.

② Burkhard Heer and Mark Trede. Taxation of labour and capital income in an OLG model with home production and endogenous fertility. Int. J. Global Environmental Issues, Vol. 4, Nos. 1/2/3, 2004: pages: 73 – 88.

③ Ruud A. De Mooij & Gaetan Nicodeme. Corporate Tax Policy, Entrepreneurship and Incorporation in the EU. DEC. 2006 CESifo Working Paper No. 1883.

④ Mihir A. Desai. Labor and Capital Shares of the Corporate Tax Burden: International Evidence, Harvard University, 2007 – jourdan. ens. fr.

⑤ Haufler, A., A. Klemm and G. Schjelderup, Economic integration and the relationship between profit and wage taxes, 2009 Public Choice, Vol. 138, No. 3 – 4.

⑥ García – Peñalosa, Turnovsky. Taxation and Income Distribution Dynamics in a Neoclassical Growth Model. Journal of Money, Credit and Bankong, Vol. 43, No. 8 (Dec 2011): 1543 – 1577.

②国有企业利润分配政策对初次分配影响的研究。[①] 市场经济成熟的国家对垄断及垄断利润收入分配效应的研究由来已久。斯利克特（Slichter[②]，1950）利用美国制造业数据分析发现，职工工资与企业利润显著正相关，这是最先研究竞争性市场模型不成立的证据。科曼诺和斯迈利（Comanor & Smiley[③]，1975）在两部门利润分享模型的基础上，运用美国1890~1962年的数据，研究了企业由于拥有市场垄断力量，从而可以将由垄断形成的利润转化为企业收益权享有者的收入，并由此产生财富效应。兰克福德和斯图尔特（Lankford & Stewart[④]，1980）对此模型由局部均衡拓展至一般均衡，从数理推理角度分析了垄断对各方个体利益主体的收入分配效应。后续的研究一般都是在上述模型的基础上展开研究的，只是研究方法趋于多样化和细致化，比较有代表性的如租金分享理论认为，具有垄断优势的企业在攫取超额利润时，参与产品制造和经营的企业管理层和普通员工也能够分享一部分超额报酬（Neven & Röller[⑤]，1996；Nickell[⑥]，1999）。而乔纳森（Jonasson[⑦]，2008）运用原始调查数据分析了行业内部和行业间的工资收入差距，研究发现，收入差距超过50%源于行业内部，60%甚至更多源于在行业内及其职位，而且导致这些差距的因素有太多的制度因素，如工会、租金分享等。

③国债融资政策对初次收入分配影响的研究。我们所收集的文献中，仅有克里希纳艾米塔瓦·杜特和姚荣一（Amitava Krishna Dutt & Jong – Il You[⑧]，1996）直接论及国债对收入分配的影响，他们运用后凯恩斯理论动态模型，假设封闭经济下，经济增长率是由总需求决定的，而不是由劳动等资源的供给决定的；收入是在工人和资本家之间分配，并假定工人只领取工资、资本家获得利润和利息收入。研究的结论是：其他因素不变时，债务—资本比率上升意味着收入不平等的扩大，但这不是因为向穷人征税，而支付给富人国债利息造成的，而是

---

① 非税收入中，社会比较关注的是国企利用国家垄断权力导致的收入分配不公问题，所以，本书选择国有垄断企业造成的行业差距为研究重点，而且这种收入分配不公一般在初次分配环节。

② Sumner H. Slichter. Notes on the Structure of Wages [J]. The Review of Economics and Statistics Vol. 32, No. 1 (Feb. , 1950), pp. 80 – 91.

③ William S. Comanor and Robert H. Smiley. Monopoly and the Distribution of Wealth. The Quarterly Journal of Economics Vol. 89, No. 2 (May, 1975), pp. 177 – 194.

④ Ralph Lankford and John F. Stewart. The Distributive Implications of Monopoly Power: A General Equilibriim Analysis. Southern Economic Journal [J]. Vol. 46. No. 3. 1980 (01): 918 – 924.

⑤ Damien J. Neven & Lars – Hendrik Röller. Rent Sharing in the European Airline Industry [J]. European Economic Review. 1996 (40): 933 – 940.

⑥ Nickell, Stephen. Product Markets and Labour Markets [J]. Labor Economics. 1999 (06): 1 – 20.

⑦ Fairris D. Jonasson E. What accounts for intra-industry wage differentials? Results from a survey of establishments [J]. Journal of Economic Issues. 2008 (02): 169 – 191.

⑧ Jong – Il You and Amitava Krishna Dutt, Government Debt, Income Distribution and Growth. Cambridge Journal of Economics 1996 (20): 335 – 351.

由于债务增加引起的扩张效应使得债务利息的支付上升快于工人税后收入；其他因素变化时，财政扩张政策使得债务—资本比率的上升，也有可能使得收入分配无论在长期还是短期都得到改善；如果由于任何的原因使得政府采取财政政策把债务—资本比率恢复到初始值，在短期这种政策会恶化收入分配，甚至长期也可能恶化收入分配。所以，政府要慎用这种为削减债务而互相矛盾的政策。

④财政支出对初次收入分配的影响。摩根雷诺兹和尤金·斯摩棱斯基（Morgan Reynolds & Eugene Smolensky[1]，1977）以美国1950年、1961年和1970年的数据为基准数据，在税负归宿假设下，政府每年的配置（政府税收和支出）都会使要素收入或货币收入分配更趋于公平。同时发现，税式支出、增加政府税收和支出的组合政策，对收入公平性作用却不显著。阿莱西拉和罗德里克（Alesina & Rodrik[2]，1994）建立了一个包括政治体制、财富分配和增长的模型，根据此模型，研究了政府不同的政策组合对两个阶级（工人和资本家）的资本/劳动份额分配的影响。如政府以增长最大化作为其最优目标，此时的政府仅仅关注"资本家"，资本和劳动收入分配率（份额）差距就会拉大。帕斯夸莱·科迈达等（Pasquale Commendatore et al. [3]，2011）在后凯恩斯模型下，分析了不同政府支出项目对增长的影响，分别在卡莱茨基和新古典哈罗多线性下考察了不同政府支出项目对经济增长的利弊，与巴罗（Barro，1990）在政治经济学杂志上的那篇文章进行了比较，并指出可能会出现多重均衡、滞后效应和低增长陷阱进而影响收入分配状况。

从上述文献可以看出，在少量的研究中，都认为财政政策会影响到初次分配环节，即会影响要素收入分配率（份额），而且多是从直接税角度进行研究，这和成熟的市场经济国家以所得税为主体税的税制模式是息息相关的。

（2）财政政策再分配效应的研究。

①税收政策对收入再分配影响的研究。有部分学者研究了发展中国家税收政策对收入再分配的影响，如法里德·哈桑等（Fareed M. A. Hassan et al. [4]，1996）采用1992年保加利亚家庭预算调查分析表明，该国收入差距较低，现行的收入税收制度是累进的，城市部门相对其收入支付更多的税。爱德华

---

① Morgan Reynolds and Eugene Smolensky. Public Expenditures, Taxes, and The Distribution of Income: The United States, 1950, 1961, 1970. 1977 New York: Academic Press, Inc.

② Alesina, A. and D. Rodrik, 1994, Distributive Politics and Economic Growth, Quarterly Journal of Economics, Vol. 109, No. 2 (May): 465－490.

③ Pasquale Commendatore, Carlo Panico and Antonio Pinto. The Influence of Different Forms of Government Spending on Distribution and Growth. Metroeconomica Volume 62, Issue 1, pages 1－23, February 2011.

④ Fareed M. A. Hassan and Zewko Bogetik. Effects of Personal Income Tax on Iicome Distribution: Example from Bulgaeia. Contemporary Economic Policy (ISSN 10743529) Vol. X N, October 1996.

多恩格尔等（Eduardo Engel et al. ①, 1999）考察了智利税收对居民家庭收入分配的影响，发现税收结构对收入分配影响很小，通过进一步计算发现，降低收入再分配的不平等起决定性作用的是政府转移支付政策和比例税，而不是累进税。

楚克文等（Ke-young Chu et al. ②, 2000）对发展中国家（和转型国家）收入分配研究发现，与发达国家相比，发展中国家税前收入分配较不公平，且政府不能有效使用税收和转移支付政策以降低收入不平等。维尔纳·贝尔等（Werner Baer et al. ③, 2008）解释了巴西税负高启和收入分布不断集中看似矛盾的现象，说明国家税收和支出结构加剧了收入不断集中的程度，其财政政策的收入分配效应较弱。

大部分学者研究了发达国家税收政策对收入再分配的影响，如安德鲁·米特里希等（Andrew Mitrusi et al. ④, 2000）分析了1979~1999年美国家庭的工资税负担和收入分配的关系。博奇–埃里克·拉卢和杰里·拉特（Lars–Erik Borge & J. rn Ratts⑤, 2004）以挪威的数据为依托分析了税制结构与收入分配的关系，验证了在挪威存在梅尔兹·理查德假设，即收入分配越不公平，越需要再分配（指税制结构）调节。戈文德·谢伊等（Govind S. Iyer et al. ⑥, 2008）以卡克瓦尼（Kakwani）指数分解法检验了美国1986年税改法案个人所得税的累进度，解释了标准税率（法定税率的衍生品）、平均税率与收入分配的关系，建议政府制定税收政策时，需要考虑法定税率的衍生品——标准税率，设法降低其对税前收入不平等的负面累进效应。迈贾森等（Myung Jae Sung et al. ⑦, 2011）运用韩国2007年家庭收支调查数据，分析了包括消费税和非现金福利在内的韩国财政政策的收入再分配效应。研究认为，税收和转移支付使韩国的收入不平等状况不同程度的降低，只有消费税对收入再分配起到较弱的逆向调节。

① Eduardo Engel, Alexander Galetovic and Claudio Raddatz. Taxes and Income Distribution in Chile: Some Unpleasant Redistributive Arithmetic, Journal of Development Economics, Volume 59, Issue 1, June 1999, Pages 155–192.

② Ke-young Chu, Hamid Davoodi, and Sanjeev Gupta. Income Distribution and Tax and Government Social Spending Policies in Developing Countries, IMF Working Paper WP/00/62 March 2000.

③ Werner Baer, Antonio Fialho Galvão Jr. Tax burden, government expenditures and income distribution in Brazil. The Quarterly Review of Economics and Finance. 48 (2008) 345–358.

④ Andrew Mitrusi and James Poterba (2000) The Distribution of Payroll and Income Tax Burdens, 1979–1999. NBER Working Paper No. 7707 May 2000.

⑤ Lars–Erik Borge, J. rn Ratts. Income distribution and tax structure: Empirical test of the Meltzer–Richard hypothesis. European Economic Review 48 (2004) 805–826.

⑥ Govind S. Iyer, Andrew Schmidt, Ananth Seetharaman. The effects of standardized tax rates, averagetax rates, and the distribution of income on tax progressivity, Journal of Accounting and Public Policy 27 (2008) 88–96.

⑦ Myung Jae Sung and Ki-baeg Park. Effects of Taxes and Benefits on Income Distribution in Korea. Review of Income and Wealth Series 57, Number 2, June 2011: 345–353.

　　还有学者从跨国比较研究的角度分析税收政策的再分配效应，萨缪尔·达斯特鲁普（Samuel R. Dastrup et al. ①，2007）运用卢森堡收入研究（LIS）数据，分析13个国家不同年份税收和转移支付对收入分配的影响，他们使用不同的分布函数，用极大似然的估计方法估计了不同收入的基尼系数。研究表明，考虑跨期行为时，几乎所有国家（不论何种收入）的基尼系数都在增加，即加剧不公平程度；总的来说，劳动收入的不平等程度超过可支配收入的不平等程度；不同国家的政府收入再分配政策（税收和转移支付）效应显著不同。

　　②国债融资政策对收入再分配影响的研究。雅各布·科恩（Jacob Cohen②，1951）在一定的假设条件下，使用减法估算各收入阶层的净转移，计算结果表明，联邦政府债务的分配效应有利于高收入阶层。古典经济学家马尔萨斯认为，政府举借国债可以增加有效需求，且具有收入再分配的效应。但其他的古典经济学家认为，政府举借国债会刺激政府扩大支出，挤出私人投资，不利于经济的发展。另外，由于购买国债的大多是土地所有者或资本家等食利阶层，国债利息的支付会加大收入不公平程度。如果国债融资用于战争，则有利于公平收入分配。因为战争胜利的成果可以让几代人来偿还为之筹集的国债本息。托宾（Tobin③，1980）认为，巴罗—李嘉图等价定理的限制条件太多，与现实不符，从全社会的角度看，公债政策不是减少了消费，而是增加了消费，公债替代税收实际上是一种收入再分配政策。珀利彻和哈兰德（Prechel & Harland④，1985）主要讨论了出口、外债和经济发展对收入不平等的影响。埃尔门多夫和曼昆（Elmendorf & Mankiw⑤，1999）对国债的宏观经济效应进行回顾时指出：如果政府实施减税公债，而支出不变的预算赤字政策，则可以增加居民（家庭）当期的可支配收入，或者可以增加一生的财富性收入。曼昆（Mankiw）在分析李嘉图等价定理不成立时认为，举债使得将来税收的增加落在下一代人身上，所以举债代表财富从下一代人向当代人转移，存在财富的代际转移。豪嘉德杰森·斯文（Svend E. . Hougaard Jensen et al. ⑥，

① Samuel R. Dastrup & Rachel Hartshorn & James B. McDonald. The impact of taxes and transfer payments on the distribution of income: A parametric comparison. J Econ Inequal (2007) 5: 353 - 369 DOI 10. 1007/s10888 - 006 - 9039 - 3.

② Jacob Cohen. Distributional Effects of the Federal Debt. The Journal of Finance [J]. Vol. 6, No. 3 (Sep., 1951), pp. 267 - 275.

③ Janes Tobin. Asset Accumulation and Economic Activity. University of Chicago Press, 1980.

④ Prechel, Harland, The Effects of Exports, Public Debt, and Development on Income inequality, Sociological Quarterly, 26: 2 (1985: Summer) pp. 213 - 234.

⑤ Elmendorf, Douglas W. , and N. Gregory Mankiw. 1999. Government Debt. In (J. B. Taylor & M. Woodford (ed.)) Handbook of Macroeconomics 1, part 3: 1615 - 1669.

⑥ Svend E. . Hougaard Jensen, Bernd Raffelhuschen, Willi Leibfritz. Public Debt, Welfare Reforms, and Intergenerational Distribution of Tax Burdens in Denmark University of Chicago Press January 1999.

1999）针对丹麦财政赤字和国债规模日益扩大的情况，研究认为，鉴于丹麦国债现状及其潜在的人口状况，现行的财政政策确实把负担转移到下一代（存在代际负担）。

③财政支出政策对收入再分配影响的研究。保罗·霍伊特和哈里·艾尔（Paul G. Hoyt & Harry W. Ayer[①]，1977）认为，政府财政政策确实会对收入产生再分配效应，然而，这种再分配有时使收入更加不公平。帕特里夏·拉格尔斯和迈克尔·奥希金斯（Patricia Ruggles & Michael O' Higgins[②]，1981）利用美国 20 世纪 70 年代人口普查、美国国内收入署的微观数据，详细讨论了美国公共支出对美国家庭收入、家庭的劳动人口及种族、性别的影响。约翰·阿贝尔（John D. Abell[③]，1994）认为，由于用于每个居民军费开支不同、妇女和少数民族很难成为军火商，会产生性别、种族军费开支及与此有关的商业活动方面的收入分配不平衡。麦嘉轩詹姆斯·沃达（Ayesha Yaqub Vawda[④]，2003）认为，公共支出总体上可以改善穷人的状况。爱德华·沃尔夫和阿吉特·撒迦利亚（Edward N. Wolff & Ajit Zacharias[⑤]，2007）测算了美国 1989 年和 2000 年政府支出与税收对居民家庭经济福利的影响。政府净支出可以大大降低居民家庭间的收入分配不平等；政府公共支出对于降低家庭居民收入不平等程度要高于税收的调节力度。泽维尔·拉莫斯和奥里奥尔·罗卡－萨加莱斯（Xavier Ramos & Oriol Roca－Sa-gales[⑥]，2008）考察了英国财政政策对产出和收入分配的长期影响，研究发现，增加政府公共支出（包括公共投资和消费）能明显降低收入分配的不平等，增加（间接税）税收却加剧了收入分配的不平等。马克·伦巴底（Marc Lombard[⑦]，2010）检验了 OECD 国家中所谓的福利国家与政府干预是否是以牺牲经济效率为代价的。他们检验的结果表明：从公平角度来看，政府支出高的国家好于支出低的国家。

---

①　Paul G. Hoyt and Harry W. Ayer. Government Expenditure Benefits in Metro and Nonmetro Arizona Western Journal of Agricultural Economics Vol. 1, No. 1 （June 1977）, pp. 238 – 241.

②　Patricia Ruggles, Michael O' Higgins The Distribution of Public Expenditure among Households in the United States Review of Income and Wealth Volume 27, Issue 2, pages 137 – 164, June 1981.

③　John D. Abell Military Spending and Income Inequality Journal of Peace Research Vol. 31, No. 1 （Feb. , 1994）, pp. 35 – 43.

④　Ayesha Yaqub Vawda. Who Benefits from Public Education Expenditures? Economic Affairs Volume 23, Issue 1, Mar. 2003 pages 40 – 43.

⑤　Edward N. Wolff, Ajit Zacharias The Distributional Consequences of Government Spending and Taxation in the U. S 1989 and 2000 Review of Income and Wealth Volume 53, Issue 4, Dec. 2007, pages 692 – 715.

⑥　Xavier Ramos, Oriol Roca－Sagales Long－Term Effects of Fiscal Policy on the Size and Distribution of the Pie in the UK Fiscal Studies Volume 29, Issue 3, Sep. 2008：387 – 411.

⑦　Marc Lombard. Government Intervention in OECD Member Countries：Equity at the Expense of Efficiency? A journal of applied economics and policy Volume 29, Issue 3, Sep. 2010：310 – 316.

2. 国内研究现状

（1）财政政策初次分配效应的研究。

①税收政策对初次收入分配影响的研究。在 21 世纪以前，我国学术界曾就税收是否能够成为调节国民收入初次分配的手段进行过争论（吴建荣，2000）①。现已达成共识，税收政策既能调节国民收入的初次分配，又对居民个人（家庭）收入分配即再分配具有调节作用。如李绍荣和耿莹②（2005）认为，资源税类、财产税类、流转税类以及所得税类在总税收收入中的份额增加，资本要素和劳动要素的收入差距将会扩大，并且这种对收入差距的影响是依次递减的，即资源税类份额的增加，对收入差距的影响最大，所得税类份额的增加，对收入差距的影响最小。赵振宇、白重恩③（2007）验证了我国 2006年取消农业税有助于缩小城乡收入差距。禹奎④（2009）分析认为，由于"税收增长红利"的作用，使得我国宏观税负偏高，再加上我国是以间接税为主体的税制结构模式，使企业部门可将大量间接税转嫁给居民部门承担，造成居民部门税负上升，这种变动对国民收入分配格局产生深刻的影响，由于居民部门主要得到劳动报酬收入（刘扬，2002）⑤，则居民部门税负的增加使得劳动收入份额降低，最终降低了居民部门的可支配收入。白重恩、钱震杰⑥（2010）在解释劳动收入分配率（份额）下降的原因时，研究发现，税负水平对劳动收入份额的影响显著为负。郭庆旺、吕冰洋⑦（2011）研究认为，我国税收对劳动收入分配率（份额）具有明显的影响：个人所得税中对劳动征税部分降低了劳动分配率（份额）；增值税明显降低劳动分配率（份额）但对资本分配份额影响不明显，营业税明显降低资本分配份额而对劳动分配率（份额）的影响不明显。

②国有企业利润分配政策对初次分配影响的研究。罗楚亮、李实⑧（2007）

---

① 吴建荣. 对税收能否成为国民收入初次分配手段的探讨 [J]. 经济问题探索, 2000 (11): 65 – 66.
② 李绍荣, 耿莹. 中国的税收结构、经济增长与收入分配 [J]. 经济研究, 2005 (05): 118 – 126.
③ 赵振宇, 白重恩. 政府税收对中国城乡居民人均收入差距的影响 [J]. 中国软科学, 2007 (11): 48 – 56.
④ 吕冰洋, 禹奎. 我国税收负担的走势与国民收入分配格局的变动 [J]. 财贸经济, 2009 (03): 72 – 77.
⑤ 刘扬. 对近年来我国国民收入分配格局的研究——兼论税收在国民收入分配过程中的作用 [J]. 税务研究, 2002 (09): 2 – 8.
⑥ 白重恩, 钱震杰. 劳动收入份额决定因素：来自中国省际面板数据的证据 [J]. 世界经济, 2010 (12): 3 – 27.
⑦ 郭庆旺, 吕冰洋. 论税收对要素收入分配的影响 [J]. 经济研究, 2011 (06): 16 – 30.
⑧ 罗楚亮, 李实. 人力资本、行业特征与收入差距——基于第一次全国经济普查资料的经验研究 [J]. 管理世界, 2007 (10): 19 – 30.

根据第一次全国经济普查资料，分别讨论了企业和行业收入分配的基本特征，发现企业之间人均工资水平存在较大差距，同时用不同的统计指标衡量福利补贴和工资的分布，发现前者比后者更加不均等，而且后者进一步扩大了收入差距；在此基础上实证检验了企业和行业的工资水平与福利补贴的决定机制，认为垄断程度比盈利能力的影响更大。刘志彪、陈爱贞①（2008）在科曼诺和斯迈利（Comanor & Smiley，1975）利润分享模型的基础上，与中国的实际相结合，建立了一个两部门利润分享模型，运用 2000～2004 年行政垄断行业上市公司数据，分析了行政垄断对各收入阶层之间、城乡之间的收入分配效应。傅娟②（2008）从整个收入分布情况角度，研究了垄断行业和其他行业的收入差距情况，通过进一步运用 DFL 分解技术进行瓦哈卡（Oaxaca，1973）分解，结果表明，行政垄断是垄断和其他行业收入差距的最主要因素，教育水平等个人特征对中国垄断行业高收入有一定的解释力，但并不大。其后任重，周云波③（2009）、岳希明等④（2010）、杜鑫⑤（2010）、张原⑥（2010）等从不同的角度探讨了中国垄断行业与非垄断行业收入差距形成的原因，并得出了具有一定研究价值的结论。

③国债融资政策对初次分配影响的研究。国内学者龚仰树⑦（1998，2000）较早论述国债的收入分配效应，他一方面从国债的发行、流通和偿还三个环节，分析了国债运行过程中对社会成员收入的影响；另一方面从国债负担的角度，分析了国债对不同代人收入的影响。刘忠敏⑧（2009）分析认为，我国国债发行的主要目的在于刺激经济增长，没关注收入分配的公平目标，致使国债对居民收入分配并没有产生影响；通过对我国国债对代际分配的实证检验，发现我国国债在支出方向上没有产生代际负担。张宇⑨（2005）从国债资金的用途及国债的偿还方式（借新债还旧债）的角度，分析了国债的代际负担问题，认为若国债资金用于民生性的投资，有利于代际间的负担公平；若以借新债还旧债的方式偿还国

① 陈爱贞，刘志彪. 中国行政垄断：利益主体的博弈与载体的泛化趋势［J］. 经济评论，2007（06）：49－54.

② 傅娟. 中国垄断行业的高收入及其原因：基于整个收入分布的经验研究［J］. 世界经济，2008（07）：67－77.

③ 任重，周云波. 垄断对我国行业收入差距的影响到底有多大［J］. 经济理论与经济管理，2009（04）：25－30.

④ 岳希明，李实，史泰丽. 垄断行业高收入问题探讨［J］. 中国社会科学，2010（03）：77－95.

⑤ 杜鑫. 中国垄断性行业与竞争性行业的收入差距：基于北京市微观数据的研究［J］. 南开经济研究，2010（05）：111－124.

⑥ 张原. 中国行业垄断的收入分配效应［J］. 经济评论，2010（04）：54－63.

⑦ 龚仰树. 国债学［M］. 北京：中国财政经济出版社，2000：331－341；龚仰树. 国内国债经济分析与政策选择［M］. 上海：上海财经大学出版社，1998：49－73.

⑧ 刘忠敏. 中国国债经济效应的计量分析［D］. 辽宁大学博士学位论文，2009：88－102.

⑨ 张宇. 国债、债务负担与代际公平［J］. 吉林财税高等专科学校学报，2005（03）：22－26.

债，会造成巨大的代际不公。

④财政支出政策对初次收入分配影响的研究。林伯强①（2005）研究认为，政府各类公共投资（包括农村教育、农业研发和农村基础设施）对农村经济增长、降低贫困和缩小地区不均等方面的作用存在地区和时期的差异。沈坤荣、张璟②（2007）研究认为，政府公共支出总体上有利于提高农村居民的可支配收入，从而有助于缩小城乡收入差距，但从结构方面来考察存在农村公共支出投入规模偏小，城乡配置不均；而且政府公共支出中生产性支出和基础设施建设支出比重过大，科研和社会福利支出比重较小，再加上政府投资支出的市场化程度和信息透明化程度较低，从而影响了政府对农公共支出在促进农民收入增长、缩小城乡差距方面的作用。安体富、蒋震③（2009）认为，居民收入下降的原因为政府以税收的形式对居民的"攫取"速度超过居民收入占 GDP 比重的增长，以及居民非劳动收入增长缓慢和转移性支出制度不完善。蔡跃洲④（2008，2010）从数理和实证方面分析了我国财政对初次收入分配和再分配的影响，从长期看，政府公共支出结构将有利于人力资本积累，劳动要素收入比重会逐渐上升，进而会缩小初次分配差距。

（2）财政政策再分配环节收入分配效应的研究。

①税收政策收入再分配效应的研究。刘怡、聂海峰⑤（2004）研究发现，我国增值税和消费税具有累退性，且消费税的累退程度高于增值税，而营业税具有累进性；增值税和消费税的累退程度超过营业税的累进程度。通过计算比较税前和税后基尼系数，得出间接税扩大了收入分配差距。吕冰洋⑥（2010）分析了流转税、所得税和财产税等税种对三种收入分配的影响。由于流转税存在税负转嫁、税收增长较快和重复征税的问题，从而恶化了居民收入分配；个人所得税受到税收收入规模和征管模式的制约，加之居民收入来源的多样性，其对收入分配的调节非常有限；财产税规模小，一方面对要素收入调节有限，另一方面对居民收入几乎不起作用。赵桂芝等（ZHAO Guizhi et al.⑦，2011）认为，我国现行的

---

① 林伯强. 中国的政府公共支出与减贫政策 [J]. 经济研究，2005（01）：27 - 37.

② 沈坤荣、张璟. 中国农村公共支出及其绩效分析——基于农民收入增长和城乡收入差距的经验研究 [J]. 管理世界，2007（01）：30 - 42.

③ 安体富，蒋震. 调整国民收入分配格局 提高居民分配所占比重 [J]. 财贸经济，2009（07）：50 - 55.

④ 蔡跃洲. 转型社会中财政对收入分配的影响——基于我国不同发展阶段的理论实证 [J]. 财经研究，2008（11）：4 - 15；蔡跃洲. 财政再分配与财政制度安排——基于不同分配环节的实证分析 [J]. 财经研究，2010（01）：77 - 88.

⑤ 刘怡，聂海峰. 间接税负担对收入分配的影响分析 [J]. 经济研究，2004（05）：21 - 29.

⑥ 吕冰洋. 我国税收制度与三类收入分配的关系分析 [J]. 税务研究，2010（03）：28 - 32.

⑦ Guizhi ZHAO, Bowen WEI. Research on Effects of Chinese Current Tax System Adjustment on Income Distribution of Urban Residents. Canadian Social Science Vol. 7, No. 3, 2011, pp. 35 - 39.

税制几乎没有影响城镇居民的收入分配。万莹[①]（2011）从税收累进性和平均税率两方面，对我国个人所得税的再分配效应进行解析，认为我国个人所得税的再分配力度非常小。何辉等[②]（2011）从平均税率累进性和税前税后基尼系数的角度，分析了股利所得税的收入再分配效应。

②国债融资政策再分配效应的研究。张志超、王铁[③]（2004）认为，通过国债资金的使用加快社会保障、社会援助体系的建设，使之迅速发挥实质性的保障作用，对于改善国民经济预期，提高中低收入者的收入水平，减少不合理收支安排对居民边际消费倾向和消费能力的制约，进而稳定国内消费、投资需求具有重要意义。林细细、龚六堂[④]（2007a，2007b）、陈建奇[⑤]（2006）从福利角度研究收入分配，认为国债政策会对居民社会福利产生影响。

③财政支出政策再分配效应的研究。陶然、刘明兴[⑥]（2007）研究了地方财政支出和分权程度对城乡收入差距的影响，认为地方财政支出对城乡收入差距的影响大小取决于地方政府开支对上级政府转移支付的依赖程度，而这种依赖度削弱了地方政府支出对缩小城乡收入差距的效果。刘穷志[⑦]（2008b）认为，中国政府支出有利于农村居民收入的增长，但对较贫困地区农村收入增长的刺激效果不显著；政府支出扩大了农村收入不平等，但却改善了较贫困地区农村收入不平等状况。陈安平、杜金沛[⑧]（2010）认为，财政支出总量的增加对缩小城乡收入差距的效果并不理想，而财政支出结构中对农业的支出和科教文卫支出的增加能有效地缩小城乡收入差距。莫亚琳、张志超[⑨]（2010）研究发现，财政支出结构中只有财政支农支出可以缩小西部地区的城乡收入差距，而诸如基本建设支出、文教科卫支出、挖潜改造和科技三项费用支出和行政管理费支出对西部地区收入差距的改善并不显著，有的甚至拉大了收入差距。王艺明、蔡翔[⑩]（2010）检验了我国财政支出结构对城乡收入差距的影响，检验结果表

①　万莹. 个人所得税对收入分配的影响：由税收累进性和平均税率观察 [J]. 改革，2011（03）：53 – 59.
②　何辉，尹音频，张清. 股息红利所得税的收入再分配效应研究 [J]. 统计研究，2011（06）：11 – 15.
③　张志超，王铁. 国债资金用于公共消费领域的经济分析 [J]. 经济学动态，2004（05）：34 – 39.
④　林细细，龚六堂. 中国债务的福利损失分析 [J]. 经济研究，2007（01）：56 – 67；生产性公共开支经济中政府债务的福利损失 [J]. 管理世界，2007（08）：4 – 11，22.
⑤　陈建奇. 庞氏骗局、动态效率与国债可持续性 [J]. 世界经济，2006（12）：63 – 72.
⑥　陶然，刘明兴. 中国城乡收入差距，地方政府开支及财政自主 [J]. 世界经济文汇，2007（02）：1 – 20.
⑦　刘穷志. 增长、不平等与贫困：政府支出均衡激励路径 [J]. 财贸经济，2008（12）：58 – 62.
⑧　陈安平，杜金沛. 中国的财政支出与城乡收入差距 [J]. 统计研究，2010（11）：34 – 39.
⑨　莫亚琳，张志超. 我国西部地区增加财政支出对社会收入分配的影响 [J]. 经济体制改革，（2010）（06）：116 – 120.
⑩　王艺明，蔡翔. 财政支出结构与城乡收入差距——基于东中西部地区省级面板数据的经验分析 [J]. 财经科学，2010（08）：49 – 58.

明，财政支出项目对缩小城乡收入差距的影响力度不同，且存在区域性差异。金双华①（2011a，b）以辽宁省为例分析认为，财政转移性支出对收入分配差距起到逆向调节作用。

1.2.2 文献评述

从已研究的成果来看，财政政策的收入分配效应受到学界的广泛关注，从中可以得到以下几点结论：

1. 研究的成熟之处

从可得的数据和资料表明，国内外学者对财政政策的收入再分配效应的研究是多角度的，范围比较广泛，运用的方法比较多样化，一致认为，财政政策工具特别是税收和财政支出能够调节收入差距（有的正向、有的逆向）；大多学者研究认为，发展中国家税前和转移支付前的收入分配差距低于工业化国家，工业化国家能够通过税收和转移支付有效改善收入分配状况，而发展中国家和工业化国家相比，前者税后和转移支出后的收入不平等程度再分配效应不明显。

2. 争议之处

我国收入分配不公形成的原因及对策分析由于不同的学者分析的角度不同，其侧重点则有所不同，得出的结论也不尽相同。分析财政政策的分配效应时，我国学者一般采用规范分析，国外学者一般采用实证分析；我国财政政策微观数据的不健全甚至缺失，使得对财政政策特别是对税收收入分配效应微观层面的实证分析相对较少，而且因对样本数据区间取样、收入概念界定的口径不一致，导致我国税收收入再分配效应的实证结果也是千差万别。

3. 研究的薄弱之处

（1）研究视角相对单一。通过对文献梳理可知，国内外学者关于财政政策对初次收入分配影响的研究比较少，一方面是由于成熟的市场经济国家，市场发育比较完善，初次分配相对比较公平，政府对收入分配调节重在二次调节；另一方面我国实行市场经济比较晚，市场发育尚不成熟，再加上改革开放以来政府精力

---

① 金双华. 地方财政支出对收入分配差距影响的统计评价——基于辽宁省的分析 [J]. 财经问题研究，2011（06）：137－144；金双华. 财政支出水平对地区收入差距作用的统计评价 [J]. 统计研究，2011（02）：39－44.

旨在发展经济，在"效率优先，兼顾公平"的倡导下，一度出现资本"饥渴症"，造成资本要素价格远高于劳动价格的现象，形成我国劳动收入分配率（份额）逐年下降和居民收入差距日趋拉大的趋势。再者对财政功能的定位于再分配，所以财政政策对初次分配影响的研究甚为鲜见。

（2）缺乏系统性。国内学者在研究财政政策的收入分配效应大多是分而治之，即要么研究税收（多是个人所得税）对收入分配的影响，要么是研究财政支出（总体和结构）对收入分配的影响，只有陈卫东（2008）从整体角度研究财政政策对缩小收入差距的作用，但他的研究中财政政策工具仅限于税收和财政支出，没有考虑国债融资政策和国有企业利润分配政策的收入分配效应。

本书将应用数理模型分析和实证研究相结合的方法，从收入初次分配和再分配两个环节分析财政政策的调节作用，系统地考察财政政策的收入分配效应，力图通过实证研究为缩小我国收入差距、构建和谐社会的财政政策实践提供客观依据。

1.3　研究方法与结构安排

1.3.1　研究方法

1. 规范分析与实证分析相结合

我们使用规范分析和实证分析两种方法，在规范分析的基础上进行实证研究。具体来看，运用规范分析方法从收入分配基本理论、财政政策理论的一般分析中归纳出财政政策的收入分配效应的影响因素，在此基础上归纳出财政政策收入分配效应的运作机理；结合我国收入分配制度的演进和财政政策对收入分配实践运行归纳出我国收入分配体制的正负效应；结合理论分析，实证检验我国各财政政策工具实施后的收入分配效应。

2. 数理分析与实证检验相结合

本书运用数理分析和实证检验相结合的分析方法，在数理分析的基础上进行实证检验。我们运用数理分析方法，依据财政政策对收入分配的运行机理和影响收入分配的要素建立数理模型，使得相关理论更加明晰化，以此为基础建立计量经济模型，进行实证检验财政政策工具的收入分配效应，为调整和优化财政政策提供经验支持。

3. 静态分析与动态分析相结合

本书综合运用静态分析和动态分析相结合的方法分析财政政策的收入分配效应。我们使用静态分析方法分析各个市场达到均衡时的均衡增长路径上财政政策的初次分配效应，运用比较静态分析方法比较财政政策工具采用前后不同阶层居民收入的变化情况，运用动态分析方法实证检验各税收政策和财政支出政策的时空效应。

4. 整体分析与结构分析相结合

本书对财政政策的收入分配效应运行机理和我国收入分配体制与财政政策的实践分析中从整体和结构两个方面进行阐释；在税收政策等对收入再分配的实证研究时，以基尼系数和累进度两个指标从整体和结构两个角度，全面分析税收政策等对收入分配是否发挥作用，使结论和政策建议更具针对性。

1.3.2 结构安排

本书的结构安排遵循的基本思路是，采用理论与实证研究相结合的方法，从收入初次分配和再分配两个环节对财政政策的收入分配效应进行理论分析和实证检验。我们在收入分配理论分析的基础上归纳出影响收入分配的因素主要包括要素供求、要素积累、价格、市场化程度（包括垄断和工会组织）、政府政策等因素；在财政政策理论分析的基础上系统地阐释了财政政策及其工具对收入分配的作用机理，为实证研究提供理论依据；结合我国的收入分配体制和财政政策实践定性分析了我国财政政策对收入分配现实影响，为实证研究提供实践样本；在理论和实践分析的基础上建立数理模型，进而实证检验税收政策、国有企业利润分配政策、国债融资政策及财政支出政策的初次分配和再分配效应；依据数理分析和实证检验的结果，综合评价了财政政策的收入分配效应，并结合我国现实背景，提出进一步优化财政政策对收入分配所应发挥作用的路径。

本书研究的结构安排如图1-1所示。

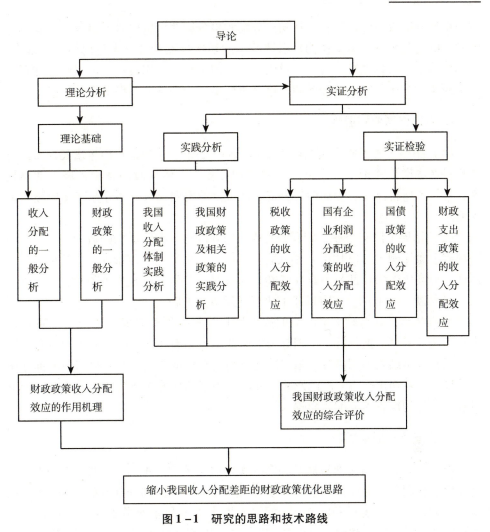

图 1-1 研究的思路和技术路线

1.4 可能的创新及不足

1.4.1 可能的创新

1. 理论分析的拓展性

文献研究显示，国内学者研究财政政策的再分配效应比较多，而涉猎财政政策的初次分配效应的比较少，从初次分配和再分配两个层次研究财政政策收入分配效应的更是鲜见。本书在构建财政政策的初次分配和再分配理论体系基础上，分别构建了各财政政策工具——税收政策、国企利润分配政策、国债政策和财政支出政策的初次分配和再分配的理论分析框架，为实证分析提供理论依据。

2. 数理模型的拓展性

（1）拓展了含税收因素的内生增长模型。目前，学界运用内生增长模型研究税收对经济增长的影响，本书对此模型加以拓展，将税收因素纳入内生增长模型，推导出所得课税、劳动课税、资本课税及消费课税对劳动分配率（份额）的影响。

（2）拓展了国有企业税后利润收入对行业间收入差距影响的数理模型。将税后利润上缴比例（分红比例）纳入含税收因素的内生增长模型中，从数理推导方面证明分红比例的高低与国有（垄断）企业员工工资收入负相关关系，政府参与国有（垄断）企业的分红有助于缩小行业间收入差距。

（3）拓展了含财政支出因素的内生增长模型。借鉴巴罗（Barro，1990）内生经济增长模型，把公共支出划分为生产性支出和消耗性支出（非生产性支出），将消耗性支出纳入效用函数，生产性支出纳入企业生产函数，从数理角度推导出生产性支出对初次收入分配的影响，并以此为基础从整体和结构两方面实证检验财政支出对初次收入分配的影响。

3. 实证分析的拓展性

（1）尝试性地将企业税后利润纳入实证分析模型。本书尝试性地将（国有）企业税后利润纳入实证分析模型，多角度（包括变量选取的准确性和稳健性检验）地验证了企业税后利润在1%的显著性水平下与企业员工收入呈正相关关系，实证结果表明，利润率每提高1%，员工人均工资将提高600～1350元。为政府采取提高垄断行业分红比例，缩小行业差距的政策提供了现实根据。

（2）实证考察了国债融资政策的初次分配和再分配效应。本书在国债动态数理模型分析的基础上，以我国历年数据为样本实证检验了国债的收入分配效应，实证结果表明：仅考察国债发行规模，国债政策不利于劳动分配率（份额）的提高，结合国债使用综合考虑，国债融资则有利于提高劳动分配率（份额）；再分配环节，从国债利息所得分布来看，国债政策加大了居民间的收入差距，财富效应非常明显。

（3）从福利视角实证考察了财政支出的再分配效应。为消除计算的单一性和提高结果的可靠性，本书在考察税收和国债的再分配效应时以基尼系数指标进行考量，在考察财政政策的再分配效应时，采用效用指标进行计算，同时和基尼系数对比，结果表明，两个指标衡量财政支出的再分配效应都比较弱，可以说不尽如人意。

4. 研究视角的全面性

本书从初次分配和再分配两个环节、从宏观和微观两个层面、整体和结构两个视角整合分析了财政政策的各项政策工具的收入分配效应。从整体框架来看，财政政策收入分配的运行机理和各财政政策工具收入分配效应的实证分析，都是从初次分配和再分配两个环节展开研究。从结构视角来看，对各财政政策工具收入分配效应进行实证分析时，初次分配环节，从宏观层面分析税收、国债和财政支出政策初次分配效应，而分析国有企业利润分配政策的收入分配效应时则是从微观角度展开；再分配环节，实证检验税收、国债和财政支出的再分配效应时也是从微观层面剖析，并且从整体和结构两个视角分别阐释。

1.4.2　主要不足

1. 微观层面的实证分析不足

由于受获取微观数据的限制，我们分析财政政策的再分配效应时只分析了各财政政策工具对城镇不同阶层居民的收入分配影响。而对农村不同收入阶层居民收入分配的影响将是我们以后要拓展的方向。

2. 财政政策与其他配套措施的实证分析不足

收入分配涉及各方面的利益关系，单单依靠财政政策改善我国收入分配差距过大的现实不可能立竿见影，所以财政政策需要和其他的措施有效配合，而书中仅对相关配套措施的分析只做了规范分析。

第2章　财政政策收入分配效应的理论分析

2.1　收入分配的一般分析

经济发展史可以说是一部收入分配史，经济生产活动与收入分配是如影相随。马克思的社会再生产理论认为，整个社会再生产由生产、分配、消费等环节构成，西方学者曾将收入分配理论作为经济理论的核心，可见，收入分配理论在经济发展过程中的地位非同一般。所以，本节内容主要分析与收入分配相关的概念和收入分配理论的嬗变过程，从中探寻影响收入分配的主要因素。

2.1.1　收入分配等相关概念

1. 收入

依据西方经济学给出的个人收入的概念，个人收入是指个人从各种来源所获得收入的总和，包括薪金、租金收入、股利股息、社会福利收入、失业救济金、保险等。国民经济核算体系（SNA）（1993）如此定义个人收入："个人收入包括个人从所有形式的收入来源中得到的收入。包括工资和薪金、其他劳动收入、业主收入、租金、利息、红利、企业和政府对个人的转移支付以及个人对社会保险的支付额（负值）。"这里的个人收入实际上就是个人可支配收入，即最终可以用于消费和储蓄的收入。

随着经济体制改革和分配领域的变革，我国个人收入来源日益多样化。计划经济时期，人们狭隘地认为，个人收入仅仅指物质生产部门中个人的劳动收入，即劳动者在一定时期内获得的货币形式的收入。改革开放后人们的收入来源已从原来单一职业的劳动收入转向劳动收入、兼职收入、投资收入等多样化收入并存，近年为配合个人所得税的改革，税法中对个人应纳税的收入①解释为以下 11 项："工资、薪金所得""个体工商户的生产经营所得""对企事业单位的承包经营、承租经营所得""劳务报酬所得""稿酬所得""特许权使用费所得""利息、股息、红利所得""财产租赁所得""财产转让所得""偶然所得"和"其他所得"。为此，我们书中的居民收入即指个人收入，理论上包括个人通过合法途径所获得的一切收入，在实证分析中，我们会根据数据来源的可得性界定收入的范围。

2. 收入分配的含义

收入分配是指对一定时期形成的社会总收入，各要素所有者按照其要素贡献率进行分享，而对无法提供要素的社会成员，则由政府通过转移支付加以救助。现代经济学家将收入分配分为功能收入分配（Functional Distribution of Income）和规模收入分配（Size Distribution of Income）两种类型。功能收入分配也称要素收入分配，是指国民收入按照各生产要素在生产中所做的贡献或发挥的作用，在各种生产要素所有者之间的分配；生产要素主要包括劳动、资本、土地，这三个要素的收入分别是工资、利润和地租，即劳动所有者因提供劳动而获得劳动报酬；资本的所有者因资本的形态不同而获得不同形式的收入：借贷资本所有者获得利息收入；股权所有者获得红利或未分配利润；土地所有者因出租土地而获得地租；政府因直接或间接介入生产过程而获得生产税或支付补贴。而规模收入分配也称个人收入分配或家庭收入分配，它是指国民收入以居民或家庭为主体，在居民之间或家庭之间的分配。功能收入分配以效率为原则，规模收入分配以公平为原则。功能收入分配决定和影响着规模收入分配，一般情况下，功能收入分配差距越大，规模收入差距也就越大；从外延来讲，功能收入分配又称为初次分配，规模收入分配称为再分配。初次分配的结果形成各个机构部门的初次分配总收入，是收入分配差距产生的主要根源；再分配是政府实施调控，意在纠正初次分配中产生的收入分配差距的结果，即在初次分配的基础上，政府运用财政调节职能，对国民收入进行第二次分配。一般来说，是向富人多收税少补贴（转移支付），向穷人少收税多提供补贴（转移支付）；初次分配领域形成的收入分配不公、差距过大的话，在再分配环节是很难矫正的。② 随着经济的发展，无论是发达国家还是发展中国家，各收入阶层不仅仅拥有单独简单劳动，雇员不仅拥有相当比例的有形财产，而且拥有通过人力资本投资（包括国家和个人）而积累的诸如知识和技能的无形资产，因此，经济发展过程中收入分配的变化仅通过分析功

---

① 税法中的应纳税收入实际上也就涵盖了个人收入的所有来源。
② 从外延来讲，功能收入分配又称为初次分配，规模收入分配称为再分配，所以本书中功能收入分配、要素收入分配和初次分配是同一概念，而规模收入分配、个人收入分配和再分配是同一概念。

能性分配或规模性分配是不可能做出适宜的判断，所以本书从初次分配和再分配两个环节分析财政政策的分配效应。

3. 公平的含义

从收入分配的角度探讨公平的含义，公平一般包括经济公平和社会公平。

经济公平一般体现在初次分配环节，包括起点公平与过程公平。起点公平是指在市场经济的自由竞争中，每一经济行为主体在占有、使用劳动力要素或其他生产要素方面应当享有平等竞争的权利和机会，不因民族、年龄、性别和社会地位差别而拥有某种优先权力或受到任何歧视。斯密将这一权利看做是一项基本的人权。过程公平也称规则公平，它是指经济行为主体在市场规则面前都是平等的。任何人不得例外，所有生产要素都能充分自由流动，每个社会成员都能获得与其提供的劳动或其他生产要素相当的收入，任何收入的取得都必须以一定的投入（包括劳动、精力、承担风险等）为依据。收入与投入大体一致。由于起点公平能使不同的人享有同等的参与收入分配的权利，过程公平能使不同的人通过遵守相同的竞争规则来获取相应的收入，因此，起点公平和过程公平又可归结为机会公平，即人们参与收入分配和获取相应收入的权利与机会的相对平等。自由竞争的市场经济体制下，达到经济公平，也实现了整个社会资源的优化配置，从而有利于经济稳定发展，所以经济公平和效率是统一的。

社会公平指宏观再分配公平，即收入分配差距合理，主要强调结果公平，是政府通过税收调节、财政转移支付、社会保障等再分配手段，对过大的收入差距进行调节，满足低收入阶层最基本的生活需要，避免出现两极分化，使之处于社会所能承受的范围内。社会公平强调最终分配结果，涉及社会各收入阶层或家庭，最终目标是缩小收入差距。

4. 收入分配公平的衡量指标

收入分配不公是财政政策调节的前提，因而对收入分配公平性的测度为我们的研究提供了基础。实证研究中测度收入公平的指标有很多，这些指标主要分为两大类，一类是经济公平指标，主要有劳动分配率和资本分配率；另一类是社会公平指标，主要有基尼系数、库兹涅茨指数、泰尔指数等。经济公平发生在初次分配环节，初次分配与GDP的来源和创造相联系，按要素进行分配，在生产领域进行，初次分配使资源合理配置。初次分配形成原始收入——劳动者原始收入、国家财政原始收入和生产单位原始收入。当前和今后一段时期内，我国经济处于转轨时期，居民收入的主要来源仍是劳动收入，而且政府在采取各项积极措施来提高"两个比重"，所以，我们书中衡量经济公平的指标主要是劳动分配率

（劳动者报酬及其占国内生产总值的比重），认为有利于提高劳动分配率或劳动分配份额的政策符合经济公平原则。再分配在初次分配的基础上无偿转让其原始收入的一部分给他人，或从他人那里获得一部分转移性收入。经常性转移收支有：现期所得税、财产税等税收收支；社会保险和福利；其他经常转移收支等。衡量社会公平的指标主要使用基尼系数，为便于比较，同时使用（税收、收益）累进度指标。

（1）经济公平指标——劳动分配率（份额）。一般来说，衡量一国国民收入初次分配是否公平的主要指标是分配率，即要素报酬总额占国内生产总值的比重。劳动报酬占国内生产总值的比率称为劳动分配率，也称为劳动分配份额①；即：

$$劳动分配率（份额）= 劳动者报酬 / 国内生产总值 \qquad (2-1)$$

资本报酬占国内生产总值的比率称为资本分配率，也称为资本分配份额。我国长期以来，劳动者报酬占 GDP 的比重偏低"强资本、弱劳动"的局面一直没有改观，为此，政府提出"初分配也要注重公平"。书中分析认为，如果劳动者的报酬总额占 GDP 的比重的提高，则说明国民收入的初次分配符合经济公平。

衡量初次分配的指标还有每小时劳工成本中的福利开支；社会保障税与个人所得税占政府税收收入的比重等指标。我们根据研究的需要，将劳动分配率（份额）的绝对指标——工资收入作为考核实证分析中初次分配是否公平的指标，具体分析见第 5 章。

（2）社会公平指标。

①洛伦兹曲线和基尼系数。洛伦兹曲线（Lorenz curve）是指在一个总体（国家、地区）内，以"最贫穷的人口计算起一直到最富有人口"的人口百分比对应各个人口百分比的收入百分比的点组成的曲线。洛伦兹曲线用以比较和分析一个国家或地区在不同时代或者不同国家在同一时代的收入（财富）不平等。如图 2-1 所示。

如图 2-1 中纵轴为收入百分比，横轴为人口（家户）百分比，直线 OD 为绝对平均线，这条线上的每个点表示人口比重与收入比重相等。这意味着收入平均地分配给了每一个人或家户。OED 为绝对不平均线，表示所有的收入都集中在最后一个人或家户的手中。在现实生活中，洛伦兹曲线介于 OD 和 OED 之间，越靠近 OD，即越远离 OED，表示收入分配越平均，收入差距越小；相反，越远离 OD，即越靠近 OED，表示收入分配越不平均，收入差距越大。洛伦兹曲线的含义简单明了，而且比较直观；但当两条洛伦兹曲线相交的时候，就不能比较两条

---

①　在书中后面章节实证分析时，假设生产投入为资本和劳动，所以我们分析财政政策的初次分配效应时，由于劳动和资本分配率之和为 1，再者居民收入重要的来源为劳动收入，因此只考核劳动分配率这一指标就足以说明问题。

曲线所代表的不均等程度了。在图 2-1 中，我们可以明确地知道，洛伦兹曲线 OCD 所表示的收入分配不均等程度大于 OAD（或 OBD）所表示的收入分配的不均等程度，但是却不能比较 OAD 和 OBD 两条洛伦兹曲线所表示的不均等程度的大小。为弥补这一缺陷和更能清楚地比较收入分配不平等程度的大小，学者们以基尼系数来描绘。即为图 2-1 中的由 OAD 曲线与绝对平均线 OD 围成的面积（A1）与三角形 ODE 的面积（A1 + A2）之比$\left(G = \dfrac{A1}{A1 + A2} \right)$，用积分形式可以表示为：

$$G = \frac{1}{2} - \int_0^1 f(x)\,dx \qquad (2-2)$$

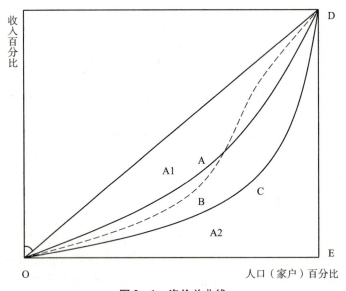

图 2-1　洛伦兹曲线

　　基尼系数的取值范围为 0~1。一般而言，数值越小，表示收入差距越小，收入分配越平均；数值越大，表示收入差距越大，收入分配越不平均。正是由于基尼系数有了一定的取值范围，因此，也就有了利用它对收入差距进行价值判断的基础。国际上比较公认的标准是，基尼系数在 0.2 以下，收入分配处于高度平均状态；基尼系数在 0.2~0.3 时，为相对平均；基尼系数在 0.3~0.4 时，为比较合理；基尼系数超过 0.4 时，收入分配差距偏大。基尼系数能够综合的反映收入差距的总体状况，几何含义简单明了，方便对收入差距的比较，为大多数学者所采用。本书反映收入公平性的指标主要采用初次分配中的收入分配率和再分配中的基尼系数。但基尼系数也有一定的缺陷，主要表现在基尼系数的计算方法对低收入阶层赋予的权重比较小，因此对低收入阶层收入比重的变化不敏感；二是当基尼系数发生变化时，它不能反映收入各阶层具体的变化情况；三是与其他指标一样，缺乏直接的经济含义。所以，分析各财政政策工具的再分配效应时，同时使用了累进度指标。

②库兹涅茨指数。库兹涅茨指数反映的是一个社会分配体系中最富有的 20% 人口的收入占全社会收入的份额。这一指标最小值为 0.2，指数越大，表明收入越向高收入者集中，收入差距也越大；反之，则表明收入差距越小。库兹涅茨指数只能用来衡量高收入群体在整个收入分配群体中的比重，无法反映其他群体的收入状况。

③泰尔指数[①]。泰尔指数用收入的对数值与等值分配的对数测度它们之间的差别，并用收入比重加权：$T = \sum q_i (\log y_i - \log \mu)$，此式被称为 "T—测度方法"或者称为泰尔指数，可以进行如下分解：$T = T_B + \sum q_i T_i$，这里，T_i 是第 i 组内部的泰尔指数，T_B 是各组之间的差别的泰尔指数。1979 年，Bourguigon 提出一种新的指标测度收入差别，与泰尔指数只有一点区别，即用人口比重加权，称为 "L—测度方法"：$L = \sum p_i (\log \mu - \log y_i)$ 或者 $I = \dfrac{1}{n} \sum (\log \mu - \log y_i)$。学者们根据自己对收入分配的研究角度不同还采用了其他测度指标，具体的其他衡量收入差距的方法可参见陈宗胜（1991），陈宗胜、周云波（2002）等。

5. 收入差距与收入公平

收入差距与收入分配存在内在的统一性，总的收入在量上不均等地在个人或家庭之间进行分配，必然造成收入差距。收入差距是指居民家庭或个人在一定时期内（一般为 1 年）直接或间接以货币衡量的收入来源上的差别，收入差距有绝对收入差距和相对收入差距。绝对收入差距指以货币单位或其他实物指标表示的收入差别；相对收入差距指的是以收入比重（百分比）或相对份额表示的收入差别。在我国，收入差距可以从不同的角度进行分类，如从区域角度可以分为城乡收入差距，东部、中部、西部收入差距和省际间收入差距等；可以从行业或部门角度分为不同行业之间的收入差距和不同所有制之间的收入差距；可以从社会分层角度分为不同收入阶层之间的收入差距；等等。本书将根据研究的需要从不同的角度研究我国收入分配的状况。

收入分配是否公平与收入差距有直接联系，这里的公平是社会公平，是人们看到的最终结果，这个最终结果内涵有由经济公平所引致的社会公平。通常人们

---

① 陈宗胜，周云波. 再论改革与发展中的收入分配　中国发生两极分化了吗 [M]. 北京：经济科学出版社，2002：19 – 29.

就是根据收入分配差距的大小来测度收入分配公平与否。一般情况下，收入分配差距越大，收入分配越不公平。但二者之间并不是完全的正相关关系，收入分配差距过大会导致收入分配不公平，收入差距过小（如我国经济体制改革前的收入分配的平均主义）也会导致收入分配的不公平。所以，公平的收入分配是一种差距合理的收入分配，在判断收入分配是否合理时，关键看收入分配差距是否超过了社会成员的心理承受能力，是否诱发社会风险。

2.1.2　收入分配理论的嬗变

谈及收入分配则离不开对收入分配理论的追溯，下面就分配理论主要内容做一简单梳理，结合探寻收入分配不公产生的主要原因，试图寻求解决收入分配不公的财政政策。

1. 古典学派的收入分配理论

古典经济学家通常把生产要素分为三类：土地、劳动和资本，其价格依次表现为地租、工资和利润，分别归地主、劳动者和资本家所有，即社会总产品在三个阶级之间进行分配。至19世纪末，为适应垄断企业超大型生产规模的特点和需要，企业家才能作为一种新的生产要素被引入，从而形成四要素、四种收入的分配体系。至此，利润被视为企业家才能的收入，而资本所有者的收入被界定为利息。在古典经济学家看来，生产是创造价值的过程，更是创造剩余的过程。

古典经济学研究收入分配，大体上遵循这样的分析路径：无论是劳动价值论，还是"三要素"理论，都是从成本角度理解价值（价格）；将工资作为一个外生变量纳入要素分配理论的分析框架，认为工资由生活费用或者说由生存工资水平决定，而生存工资水平在很大程度上由包括经济发展水平在内的社会综合因素决定；资本是生产的核心要素，在工资外生性这一条件给定之后，剩余，也就是利润，成了分配问题的核心。[①]

古典经济学家认为，剩余分配与利润率、进而与资本积累率有着因果关系。正是通过对这种关系的长期、动态性分析，古典经济学家作出了对分配法则的理论说明：劳动者将得到保证最低生活水平的工资，而资本的利润率从长期来看有下降的趋势。

2. 马克思的收入分配理论[②]

马克思的收入分配理论内容十分丰富，思想深刻，归纳起来可以分为两方面：

---

① 周振华，杨宇立. 收入分配与权利、权力 [M]. 上海：上海社会科学院出版社，2005：5.
② 王洪亮. 收入不平等与收入流动性的实证研究 [M]. 南京：南京大学出版社，2010：15.

（1）马克思关于资本主义条件下的收入分配理论。马克思关于收入分配理论是建立在劳动价值论的基础上。他认为，除了人类的劳动之外，其他的一切生产要素都不创造价值。在此基础上，他在经济学说史上，第一次对资本主义条件下工人的工资、资本家的利润和土地所有者获得的地租等进行了科学的论述，形成了科学的收入分配理论。马克思从劳动价值论和剩余价值论出发，把劳动划分为生产劳动和非生产劳动，进而把消费资料的分配划分为在生产领域中进行初次分配和在非生产领域中进行的再分配。马克思的收入分配理论可以用下面公式简洁地予以说明：①

$$m' = \frac{u' + 1}{s'} g \qquad (0 < m' < a) \qquad (2-3)$$

式（2-3）中，g 为经济增长率；m′为剥削率，在量上等于剩余价值 m（利润）与可变资本 v 之比 $\frac{m}{v}$，是马克思用以表示收入差别的重要指标，即是国民收入中资本收入份额同劳动收入份额之比；s′为积累率，等于积累同全部剩余价值之比；u′为资本有机构成，即资本—劳动之比，在技术进步的推动下，不断提高；a 为收入不平等最高值，或称阶级斗争爆发点，它限定了 m′的阈值。虽然马克思只承认劳动是创造价值和剩余价值的唯一源泉，有其历史的局限性，但此式清楚地表明了收入差别的影响因素有经济增长率 g、积累率 s′和资本有机构成。②

（2）马克思对未来社会主义制度收入分配的科学预测。马克思认为，在未来的社会主义社会，将实行按劳分配。但按劳分配的前提条件为：一是生产资料的公有制，用"公共的生产资料进行劳动，并且自觉地把他们许多个人劳动力当作一个社会劳动力来使用"；二是整个社会的有计划按比例生产，社会劳动时间有计划的分配，调节着各种劳动职能同各种需要的适当的比例；三是商品生产以及作为商品交换媒介的货币消失，通过劳动时间可以直接计量每个生产者的劳动贡献，"劳动时间又是计量生产者个人在共同劳动中所占份额的尺度，因而也是计量生产者个人在共同产品的个人消费部分中所占份额的尺度"。

3. 新古典学派的收入分配理论

新古典学派的收入分配理论按照理论发展演变可以概括为边际生产力理论和生产要素价格均衡理论。

（1）边际生产力理论。边际生产力分配理论是以市场微观主体中的企业为基础说明收入分配问题的。在假定自由竞争条件下，参加生产的要素主要有劳动、

---

① 陈宗胜. 经济发展中的收入分配［M］. 上海：上海三联书店，1991：90.
② 由于具体影响因素的推演有着严格的假设前提，在此没有扩展地展开。具体可参见陈宗胜（1991）：90.

资本和土地，也有人将企业家才能归入生产要素，收入由这三（四）部分生产要素共同创造的，则各种生产要素都应参与收入分配，获得相应的收入。即：

$$\max \prod$$
$$\text{s. t. } Y = F(K, L, G, ET) \qquad (2-4)$$

式（2-4）中，$\prod$、Y、K、L、G、ET 分别代表利润、产出、资本、劳动、土地和企业家才能。完全竞争企业利润最大化条件下，产品市场均衡时满足：

$$w = MP_L \cdot P$$
$$r = MP_K \cdot P$$
$$\nu = MP_G \cdot P$$
$$\pi = MP_{ET} \cdot P \qquad (2-5)$$

式（2-5）中，w、r、ν 和 π 分别为劳动、资本、土地和企业家才能的价格，MP_i 为各要素的边际产量，P 代表产品价格，即要素价格由其边际生产力决定。各要素价格等于各要素的边际产量与其所创造的产品价格的乘积。

（2）生产要素价格均衡理论。马歇尔以边际生产力理论为基础，把边际生产力理论与古典经济学的劳动价值论相结合，同时把边际分析方法引入生产成本方面，建立了要素价格决定的供求均衡论。19 世纪 30 年代，希克斯和罗宾逊引入替代弹性概念，用来分析要素价格相对变动与收入分配份额相对变动的关系。在标准的柯布道格拉斯函数下，要素分配份额不受要素投入量变动的影响。

新古典经济学家关注的是既定资源的最优配置问题，价格及分配都围绕着这一核心而展开，并且将分配问题完全转化成要素的定价问题。新古典分配理论可以用一句话予以概括：一个人所得到的，恰恰就是他所应当得到的。

4. 凯恩斯及后凯恩斯主义的收入分配理论

（1）凯恩斯的收入分配理论。古典和新古典收入分配理论都是以市场机制为基础来研究收入分配的，凯恩斯的《就业、利息和货币通论》问世以后，经济学家们逐渐将收入分配问题与政府的宏观调控结合起来研究。凯恩斯主张政府干预经济，凯恩斯认为，实现充分就业必须解决分配不公的问题。如果财富过多地集中在资本家手中，必然会降低社会消费倾向，从而降低社会总需求。因此，采取加强征收富人所得税的办法来重新分配收入，改变分配不公状况，使社会消费倾向提高，以刺激总需求的扩大，总需求增长将导致国民收入的扩张。

（2）后凯恩斯的收入分配理论。20 世纪 50 年代中期以来，涌现了大量的后凯恩斯主义的经济增长和收入分配模型，在后凯恩斯主义的分配理论中，卡尔多的分配理论起着基础性的作用。

①卡尔多的收入分配理论。卡尔多的收入分配理论建立在凯恩斯有效需求原理基础上的，以充分就业为假设前提，提供了一个哈罗德—多马均衡条件下的宏观收入分配模型。即长期充分就业均衡条件下

$$I = S \ 或 \ \frac{I}{Y} = \frac{S}{Y} \tag{2-6}$$

卡尔多假定储蓄函数线性条件下，工人和资本家的边际储蓄倾向不变时，认为国民收入 Y 由工资和利润构成，储蓄 S 来源于由工人储蓄 S_w 和资本家储蓄 S_c。即：

$$Y = W + P \tag{2-7}$$
$$S = S_w + S_c \tag{2-8}$$

把式（2-7）、式（2-8）带入式（2-6），便有：

$$\frac{I}{Y} = s_w \frac{W}{Y} + s_c \frac{P}{Y} = (s_c - s_w) \frac{P}{Y} + s_w \tag{2-9}$$

其中，s_w、s_c 分别为工人的储蓄倾向和资本家的储蓄倾向，I 为投资，W 为工资总额，P 为利润总额。

$$\frac{P}{Y} = \frac{1}{s_c - s_w} \frac{I}{Y} - \frac{s_c}{s_c - s_w} \tag{2-10}$$

用 $\frac{Y}{K}$ 乘方程两边（K 为资本存量），式（2-10）就变成：

$$\frac{P}{K} = \frac{1}{s_c - s_w} \frac{I}{K} - \frac{s_w}{s_c - s_w} \frac{Y}{K} \tag{2-11}$$

式（2-10）和式（2-11）表示为卡尔多的分配模型，其中，式（2-10）表示收入分配方程，式（2-11）表示利润率方程。在 $s_w \neq s_c$ 和 $s_c > s_w$ 的限制条件下，卡尔多分析了工人阶级和资本家储蓄倾向的关系对收入分配的影响。

②帕西内蒂的收入分配理论。另一位后凯恩斯主义代表人物帕西内蒂（Luigi Pasinetti）对卡尔多模型做了修改和完善。在卡尔多模型的基础上，把总利润归为资本家利润和工人利润。于是有：

$$P = P_w + P_c \tag{2-12}$$

其中，P_w、P_c 分别为资本家利润和工人利润，则储蓄函数此时为：

$$S_w = s_w(W + P_w) \tag{2-13a}$$
$$S_c = s_c P_c \tag{2-13b}$$

则均衡条件则为：

$$I = S = s_w(W + P_w) + s_c P_c = s_w Y + (s_c - s_w) P_c \tag{2-14}$$

由式（2-12）得到分配方程：

$$\frac{P_c}{Y} = \frac{1}{s_c - s_w} \frac{I}{Y} - \frac{s_w}{s_c - s_w} \qquad (2-15)$$

$$\frac{P_c}{K} = \frac{1}{s_c - s_w} \frac{I}{K} - \frac{s_w}{s_c - s_w} \frac{Y}{K} \qquad (2-16)$$

式（2-15）和式（2-16）与前面的式（2-10）和式（2-11）相比，前者表示国民收入在两个阶级之间的分配。后者则表示国民收入在利润和工资之间的分配。

根据式（2-12），帕西内蒂的分配模型中的总利润份额和总利润率可以表示为：

$$\frac{P}{Y} = \frac{P_c}{Y} + \frac{P_w}{Y} \qquad (2-17)$$

$$\frac{P}{K} = \frac{P_c}{K} + \frac{P_w}{K} \qquad (2-18)$$

若令 K_w 为工人间接拥有的资本量即贷给资本家使用，i 为贷款利息率，把式（2-16）代入式（2-18），则有：

$$\frac{P}{K} = \frac{1}{s_c - s_w} \frac{I}{K} - \frac{s_c}{s_c - s_w} \frac{Y}{K} + \frac{iK_w}{K} \qquad (2-19)$$

在工人资本对总资本的比例与工人的储蓄对总储蓄的比例相等的条件下，根据均衡条件 I=S，有：

$$\frac{K_w}{K} = \frac{S_w}{S} = \frac{s_w(Y - P_c)}{I} = \frac{s_w s_c}{s_c - s_w} \frac{Y}{I} - \frac{s_w}{s_c - s_w} \qquad (2-20)$$

把式（2-18）代入式（2-17），利润率方程为：

$$\frac{P}{K} = \frac{1}{s_c - s_w} \frac{I}{K} - \frac{s_w}{s_c - s_w} \frac{Y}{K} + i\left(\frac{s_w s_c}{s_c - s_w} \frac{Y}{I} - \frac{s_w}{s_c - s_w}\right) \qquad (2-21)$$

把式（2-19）代入式（2-18），利润率方程则为：

$$\frac{P}{K} = \frac{1}{s_c - s_w} \frac{I}{K} - \frac{s_w}{s_c - s_w} \frac{Y}{K} + i\left(\frac{s_w s_c}{s_c - s_w} \frac{Y}{I} - \frac{s_w}{s_c - s_w}\right) \qquad (2-22)$$

用 $\frac{K}{Y}$ 乘以式（2-20）两边，得到总利润份额方程：

$$\frac{P}{Y} = \frac{1}{s_c - s_w} \frac{I}{Y} - \frac{s_w}{s_c - s_w} + i\left(\frac{s_w s_c}{s_c - s_w} \frac{K}{I} - \frac{s_w}{s_c - s_w} \frac{K}{Y}\right) \qquad (2-23)$$

进一步，帕西内蒂假设在均衡下，利息率与利润率两者是相等的，则式（2-23）就变为：

$$\frac{P}{K}\left(1 - \frac{s_w s_c}{s_c - s_w} \frac{Y}{I} + \frac{s_w}{s_c - s_w}\right) = \frac{1}{s_c - s_w} \frac{I}{K} - \frac{s_w}{s_c - s_w} \frac{Y}{K} \qquad (2-24)$$

或

$$\frac{P}{K} \frac{s_c(1 - s_w Y)}{I} = \frac{I - s_w Y}{K} \qquad (2-25)$$

在 $I \neq s_w Y$ 的条件下，式（2-23）可化为：

$$\frac{P}{K} = \frac{1}{s_c} \frac{I}{K} \qquad (2-26)$$

式（2-26）两边同乘以 $\frac{K}{Y}$，可得：

$$\frac{P}{Y} = \frac{1}{s_c} \frac{I}{Y} \qquad (2-27)$$

式（2-26）和式（2-27）便是帕西内蒂分配模型的结论。内涵为：在长期，资本家与工人间的分配受工人的储蓄倾向的影响（如式（2-15）所示），但利润和工资之间的分配（如式（2-27）所示）以及利润率（如式（2-26）所示）却不受其影响。

从以上的分析可知，在后凯恩斯主义的分配理论中，不同的储蓄率是与不同的经济或社会阶级相联系的。后凯恩斯主义者不仅关注投资支出对利润和工资间的分配对国民收入的影响，同时关注了垄断对收入分配的影响，并提出：通过累进所得税、高额财产税等措施对财产和收入多的阶层征收更多的税，然后进行国民收入的再分配；给低收入家庭以适当的补助，把花在军备上的钱拨给国民，以提高劳动生产率和增进人民福利；除给孤儿寡母留下适当的终身财产所有权外，实行没收性的财产税，把由此获得的税收用于改进卫生、教育服务等公共支出以此有效防止私有财产过度集中；以政府预算盈余购买公司股份，实现部分国有化；达到消灭食利者阶层的最终目标。

后凯恩斯主义者所主张的分配理论对新古典学派的理论提出批判，被"正统"经济学视为"异端邪说"，但后凯恩斯学派首次将收入分配与经济增长放在同一模型下分析，激发了人们探究收入分配对经济增长的影响机制和方向。而库兹涅茨提出的倒"U"型假说激起经济学家们对经济增长过程中收入分配不平等的长期变化趋势和原因的探寻。

5. 当代收入分配理论的新进展

20 世纪 70 年代初期，理性预期学派逐步成为主流，宏观经济学家以微观为基础，假设个人间无差异、理性的优化自身行为，在此基础上建立代表性个人的宏观经济理论，使得理论界对收入分配的研究兴趣有所下降。20 世纪 80 年代，由于发展中国家的崛起，发展过程中收入不平等与经济增长关系问题又成为经济理论界的焦点，库兹涅茨倒"U"型假说再次受到普遍关注。这一时期，随着新经济增长理论的兴起，经济增长与收入分配之间的相互关系问题，收入分配、技术进步以及结构变迁的互动演进等一系列相关研究使得现代收入分配理论的研究范围不断扩大，如在内生增长模型下分析经济增长与收入分配的关系、人力资源特别是教育对收入分配的影响、政府在收入分配中的作用等。

2.1.3　影响收入分配的因素[①]

综合以上收入分配理论的分析，我们可以看出，经济学家对收入分配的研究由最初的功能性收入分配逐步深入，研究范围逐渐扩大，研究视角出现多元化，特别是当代收入分配理论，随着数学分析在经济学中的广泛应用，由最初的规范分析越来越注重实证分析；学者们对影响收入分配的因素，由于分析的角度和所处的社会经济环境的差异，众说纷纭，莫衷一是。我们在总结各种收入分配理论的基础上，将影响收入分配的因素概括如下，如图2-2所示。[②]

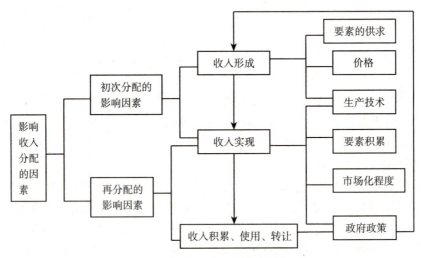

图 2 - 2　收入分配的影响因素

---

① 谈及影响收入分配的因素时，从经济的角度来讲，最根本的因素应该是经济发展或经济增长，这里没有作为一个单独的影响因素进行分析，是考虑到经济发展（增长）对收入分配的影响可以说是贯穿始终，不能独立出经济发展（增长）对收入分配的哪个环节产生怎样的影响。经济发展与收入分配的关系自从库茨涅茨的倒"U"型理论提出后，引发了中外经济学家们从不同的角度对这个问题的热议，其中，刘易斯的"二部门"经济理论作出了更具有说服力的解释，也较为符合发展中国家的现实。我国的经济发展和收入分配间是否存在倒"U"规律有大量的文献，较有代表性的如陈宗胜（1991）认为我国公有制经济存在倒"U"现象。

② 由前面收入分配理论分析可知，收入分配分为功能性收入分配（收入初次分配）和规模性收入分配（收入再分配）。古典经济学派、马克思、新古典经济学派和后凯恩斯的收入分配理论都是从功能性收入分配角度分析收入分配的，当代收入分配理论在寻求收入差距时也认为，收入差距形成的最主要因素为要素收入差距。而功能性收入分配决定和影响着规模性收入分配，追根导源，最终收入分配的影响因素来源于功能性收入分配的影响因素。现实经济的动态运行中，初次分配环节的影响因素和再分配环节的影响因素很难划清一道明显的界限，为分析方便，我们姑且从静态角度给予划分。

从空间结构来看，收入分配分为初次分配和再分配，初次分配环节主要是在市场机制的作用下形成的，主要体现的是人们追求利益分配合理性的价值理念，财富创造效率及其按要素贡献分配的制度性安排。当出现市场"失灵"或扭曲时，政府可以借助其强制力参与要素的配置，对收入分配达到"纠偏"作用。如在初次分配领域里提高工人工资、增加福利待遇，可以降低劳动收入与实物资本收入之间的差距；通过征税改变要素和商品的价格，从而影响要素之间的相对收入份额；如果政府加大对低收入阶层或者贫困阶层的投资补贴（支出）和教育补贴（支出），则有利于缩小不同收入阶层之间的收入差距。在此基础上政府对市场机制所形成的分配状况进行有效调节，即再分配，使整个社会的分配做到效率和公平的兼容。根据图 2－2，我们分别就其对收入分配的影响机制进行分析。

1. 收入初次分配的影响因素

初次分配环节包括收入形成和收入实现两个部分。收入形成主要是从财富来源或收入的创造进行分析，根据市场机制的运行规律，影响收入形成的因素主要有要素的贡献或要素的边际生产力和商品的价格，而要素的边际生产力因素内含生产率和技术进步；收入的实现是初次分配的结果，其影响因素较为复杂，主要概括为要素的供求、价格、生产技术、要素积累、市场化程度和政府政策。

（1）收入形成环节。

①要素的供求。市场经济条件下，每种要素所要得到的报酬取决于该要素的供给和需求，而需求又取决于某种要素的以边际产量值衡量的边际生产率。在均衡时，每种生产要素赚到了它在物品与劳务生产中的边际贡献的价值。以劳动要素为例，当工厂进行生产时，假设只投入一种劳动要素（其他要素的分析原理和劳动要素相同），即 $Y = F(L)$，一个竞争性的、利润最大化的企业雇用的工人数要达到劳动的边际产量值等于工资的那一点，即 $W = P \cdot F_L = P \cdot MP_L$，也就是要素报酬等于产品价格乘以要素边际产量。要素收入份额是要素的投入量和要素报酬的乘积，在边际产量递减规律的作用下，在一定的生产技术状况下，某种要素投入越多，其边际产量值相对就较低，其报酬相对降低，从而要素的收入份额随之下降；反之，一种供给稀缺的要素边际产量高，报酬也较高，其收入份额就高。因此，当某种要素供给减少时，它的均衡要素价格上升。如图 2－3 所示，改变劳动供求的任何事件都会使均衡工资和边际产量值等量变动。

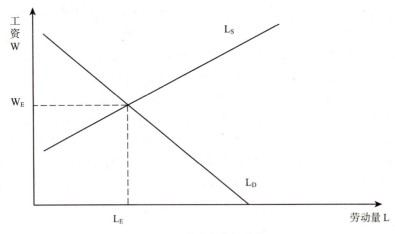

图 2 - 3　劳动力市场均衡

②价格。① 市场经济体制下，价格机制决定资源的配置效率。由式 $W = P \cdot F_L = P \cdot MP_L$ 可知，当要素价格等于以边际产品价值衡量的要素的边际生产率时，市场交易所形成的价格才是最有效的。而且，价格本身又是一个社会财富的初始分配工具，价格形成的合理与否直接决定着社会财富在不同社会群体之间的初始分配状态。这样，只要价格是合理的，由价格形成的社会财富的初始分配就是公平的，这种公平即所谓的经济公平。然而，市场价格有时甚至在大部分情况下都不是公平的，这种不公平主要来自于市场交易过程中的垄断势力和不合理的价格管制，尤其对处于转型时期的经济而言，这种由垄断势力导致的价格不公平更是非常严重（Jean et al.，2004）。价格的不公平必然导致收入分配的不公平。这种收入分配不公状态在垄断势力消除之前无法通过市场机制自身有效地解决。正是上述原因，我们一般将消除收入分配不公状态的责任赋予一国的政府②；另一方面，价格水平（P）的变动，会直接导致居民的名义收入实际购买力（P_B）的增减，进而影响居民的实际可支配收入（Y_D）③ 即 $P \uparrow \rightarrow P_B \downarrow \rightarrow Y_D \downarrow$ 或 $P \downarrow \rightarrow P_B \uparrow \rightarrow Y_D \uparrow$，即是价格的"收入效应"。

（2）收入实现环节。

前面的分析建立在生产技术一定的条件下的，从整个社会再生产的过程来看，当生产技术变化时，既会影响收入的形成又会影响收入的实现。

———————

① 这里价格指广义的价格，即指要素的价格也含有商品的价格，还含有价格水平。

② 李永友，沈坤荣. 财政支出结构、相对贫困与经济增长 [J]. 管理世界，2007（11）：15.

③ 这里已经涉及收入的实现和收入的使用、积累和转让，所以价格水平是影响收入分配全过程的一个主要因素。

①生产技术。生产技术变化对要素收入份额的影响表现在要素价格相对价格的变化和要素投入比的变化。我们假设整个经济体的生产服从新古典模型下的一般生产函数，生产中投入两种要素——劳动和资本，且没有折旧的情况下分析。①

$$Y(t) = F(K(t), L(t)T(t))$$

$$\text{s. t. } \dot{K} = I = sY \qquad (2-28)$$

在式（2 - 28）中，Y(t) 为整个社会的产出，K(t)、L(t)、T(t) 分别为资本投入，劳动投入和技术进步。$\dot{K}$ 为资本积累，I 为投资，在不考虑折旧的情况下，投资和资本积累相同，为社会产出按照储蓄率（s，也成为积累率）的比例进行积累。稳态经济下劳动的价格：

$$w = \frac{\partial Y}{\partial L} = \frac{\partial Y}{\partial F} = T(t)[f(k_t) - k_t f'(k_t)] \qquad (2-29)$$

资本的价格：

$$r = \frac{\partial Y}{\partial K} = \frac{\partial F}{\partial K} = f'(k_t) \qquad (2-30)$$

则要素份额的变化表示为：

$$G = \frac{T(t)[f(k_t) - k_t f'(k_t)]L}{f'(k_t)K} \qquad (2-31)$$

生产技术的变化对收入差距 G 的影响为 $\frac{\partial G}{\partial T} = \frac{[f(k_t) - k_t f'(k_t)]L}{f'(k_t)K} = \frac{w}{r} \cdot \frac{L}{K}$，表明要素收入份额的变化 G 是由要素相对价格 $\frac{w}{r}$ 和要素投入之比 $\frac{L}{K}$ 决定的。当物质生产技术使 $\frac{w}{r}$ 提高时，利润最大化的厂商将用资本替代劳动，从而 $\frac{L}{K}$ 将减少。由于 $\frac{w}{r}$ 和 $\frac{L}{K}$ 的变化对要素相对收入比起着相反的作用，因此，要素相对收入比及要素分配份额的最终变化方向并不清楚。

为解决这一问题，琼·罗宾逊用资本和劳动之间的替代弹性（用 σ 表示）即要素相对投入比 $\frac{K}{L}$ 的变化率与要素相对价格 $\frac{w}{r}$ 变化率的比值，这一比值由生产技术决定，可根据生产函数计算。$\frac{w}{r}$ 提高会促使企业用资本替代劳动，从而 $\frac{K}{L}$ 增加，根据要素替代弹性的大小，可以确定劳动收入份额的变化方向：当 σ < 1 时，

---

① 为使问题简化和分析的方便，一般采用生产服从规模报酬不变的柯布 - 道格拉斯生产函数，技术进步为劳动增进型（因为技术进步为劳动增进型时才有稳态）。

$\dfrac{K}{L}$增加的幅度小于$\dfrac{w}{r}$增加的幅度，此时劳动收入份额将增加（价格效果为主）；当

$\sigma>1$时，$\dfrac{K}{L}$增加的幅度大于$\dfrac{w}{r}$增加的幅度，劳动收入份额减少（替代效果为主）；

当$\sigma=1$时，价格效果和替代效果相互抵消，要素分配份额不会发生变化。

②要素积累。[①] 首先分析物质资本积累对收入分配的影响。在劳动所得一定时，即 wL 不变的情况下，此时国民收入（产出）除了支付工资外全部用于积累，由式（2-28）及$\dot{K}=I=sY$，可得：

$$\dot{K}=Y(t)-wL \tag{2-32}$$

$$s_t=\frac{Y(t)-wL}{Y(t)}=1-\frac{wL}{Y(t)} \tag{2-33}$$

同样，由式（2-28）可以得到 Solow 增长模型的动态方程，即：

$$\dot{k}=s_tf(k_t)-(n+g)k_t \tag{2-34}$$

式（2-34）中$k=\dfrac{K}{TL}$，为单位有效劳动的资本存量，$\dot{k}$为其变动率，由每

单位有效劳动的平均实际投资$s_tf(k_t)$和持平投资$(n+g)k$这两项之差决定，在储蓄率（积累率）s 外生的情况下，不同储蓄率下的均衡的单位有效劳动资本存量k^*也有所不同（如图2-4所示）。

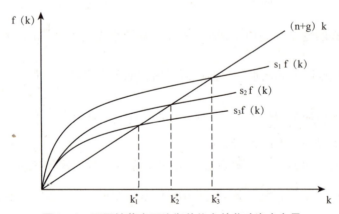

图2-4　不同储蓄率下均衡单位有效劳动资本存量

在稳态情况下，$\dot{k}=0$，根据式（2-34）则有：

---

① 这里的要素包括物质资本和人力资本，现实经济中还有管理等要素的积累。

$$sf(k^*) = (n+g)k^* \tag{2-35}$$

由此可知，k^* 是 s 的函数。式（2-35）两边对 s 求导得：

$$f(k^*) + sf'\frac{dk^*}{ds} = (n+g)\ \frac{dk^*}{ds} \tag{2-36}$$

$$\Rightarrow \frac{dk^*}{ds} = \frac{f(k^*)}{(n+g) - sf'(k^*)} = \frac{f(k^*)k^*}{(n+g)k^* - sf'(k^*)k^*} = \frac{k^*f}{sf - sf'k^*} = \frac{k^*f}{s(f - f'k)}$$

又　　　　　　$\dfrac{\partial Y}{\partial L} = f - kf' > 0 \Rightarrow \dfrac{dk^*}{ds} = \dfrac{k^*f(k^*)}{s(f(k^*) - f'(k^*)k^*)} > 0$ 　　（2-37）

说明在稳态下，积累率 s 的不断提高意味着单位有效劳动资本存量的不断提高，如果劳动收入增长过慢或保持相对稳定，由式（2-33）可知，人均产出 $\dfrac{Y}{L}$ 就会不断下降，即是劳动生产率下降，人均资本收益则不断提高，从而使得劳动收入相对份额不断降低。

在式（2-28）的生产函数中引入人力资本，为简化起见，我们仍设全部国民收入（产出）用于物质资本和人力资本的积累，且资本的折旧率都为 0，设函数形式为 C - D 生产函数，若实物资本的积累比例为 μ，则人力资本的积累比例为（$1-\mu$）。

$$Y = AK^\alpha H^\eta [LT]^{1-\alpha-\eta}$$

$$\left. \begin{array}{l} \dot{K} = s\mu Y \\ \dot{H} = s(1-\mu)Y \end{array} \right\} \Rightarrow \dot{h} + \dot{k} = sAk^\alpha h^\eta - (n+g)(k+h) \tag{2-38}$$

式（2-38）中，α、η 和 $1-\alpha-\eta$ 分别为物质资本、人力资本和简单劳动的产出份额，社会生产函数服从规模报酬不变。

在均衡条件下，物质资本和人力资本的分配份额等于它们对产出的贡献份额，则有：

$$\frac{\partial Y}{\partial K}K = \alpha Y$$

$$\frac{\partial Y}{\partial H}H = \eta Y \tag{2-39}$$

与单独资本积累模型类似，考虑人力资本的情况下，人均产出 $\dfrac{Y}{L}$ 的增长不仅取决于技术进步的增长率 g，而且取决于人均物质资本（k）和人均人力资本 h 的变化，我们以 $\dot{k}$ 和 $\dot{h}$ 分别表示人均实物资本和人均人力资本的变化，通过推导可得：

$$\frac{d\left(\dfrac{Y}{L}\right)}{dt} = ag + b\dot{k} + c\dot{h} \quad a,\ b,\ c > 0 \tag{2-40}$$

在产出一对一地用于物质资本和人力资本投资，剩余产出用于消费时，索洛模型的动态方程为：

$$\dot{k} + \dot{h} = sAk^{\alpha}h^{\eta} - (n+g)(k+h) \tag{2-41}$$

稳态情况下，类似式（2-36）有：

$$sAk^{\alpha}h^{\eta} = (n+g)(k^* + h^*) \tag{2-42}$$

则（$k^* + h^*$）是 s 的函数，式（2-42）两边对 s 求导得：

$$\frac{d(k^* + h^*)}{ds} = \frac{Ak^{\alpha}h^{\eta}}{(n+g) - sf'(k^*, h^*)} > 0 \tag{2-43}$$

式（2-43）说明，资本积累总体来说有利于增加其收入份额，如果实物资本积累比例超过人力资本比例，则存在"强资本、弱劳动"，这时收入差距会在拥有资本和劳动的阶层间拉大；在资本积累一定的情况下，从成本补偿的角度来看，人力资本积累在不同收入阶层会表现出人力资本积累较多的阶层劳动收入往往会大于人力资本少的甚至无人力资本积累的阶层，会形成不同收入阶层间的收入差距。

③市场化程度。在完全自由竞争的市场，无论是要素市场还是产品市场都能够在价格机制的作用下实现均衡，使资源达到优化配置，实现收入分配的经济公平。但现实的市场环境很难达到这种状况，这种市场化程度的高低就会通过价格机制的"扭曲"影响收入分配的状况。要素市场的不完全竞争主要体现为劳资双方的讨价还价能力；产品市场的不完全竞争带来垄断利润。存在劳资谈判的情况下，劳动者谈判能力大小将影响垄断租金在不同要素所有者间的分配比例，进而影响要素分配份额，即垄断程度变化对要素分配份额的影响由劳动者的谈判能力确定；当劳资之间不存在谈判机制时，垄断利润为资本方取得，劳动收入份额将随垄断程度增加而减少。①

2. 收入再分配的影响因素

收入实现是收入初次分配和再分配的枢纽——既是初次分配的结果又是再分配的起点。收入的使用、积累、转让是再分配完成后形成一般的个人可支配收入，对这一环节的影响因素除收入初次分配外，另一重要的影响因素则是政府相关政策，特别是以税收和转移支付为主的财政政策。

市场和国家在资源配置方面都是必不可少的。市场交易是买主和卖主在资源基础上的自发行为，市场是通过协调人们追求自利的活动来提高社会经济福利的

① 白重恩，钱震杰. 劳动收入份额决定因素：来自中国省际面板数据的证据 [J]. 世界经济，2010 (12)：3-27.

组织。而国家是一种拥有合法的强制力量的垄断组织，国家使用这种强制力量和由它制定的一套规章制度来协调人们的活动。市场在配置资源有其效率优势，但却不能有效实现收入分配的公平，这就为政府的介入提供了理论依据，而政府的干预政策可以减缓收入分配不公。在初次分配领域通过直接和间接的手段调节影响初次分配的因素，弥补市场收入分配不公的缺陷，收入形成规范化，尽量减少起点的不公平；在再分配领域里体现在收入的使用、积累、转让环节，政府实施累进税制、救济法、免费教育、扶贫投资等，则可以调节不同收入阶层之间的收入差距。

2.2　财政政策的一般分析

2.2.1　财政政策的性质

1. 财政政策的含义

财政政策是市场经济下政府对国民经济进行宏观调控的基本手段之一，在调节社会经济生活中发挥着至关重要的作用。由于中西学者所处的经济背景和经济体制等的差异，对财政政策含义的理解可以说是千差万别。萨缪尔森认为："财政政策是指制定税收和公共开支的过程，以达到抑制经济周期波动和维持增长高度就业的经济之目的，避免出现难以控制的通货膨胀。"[①] O. 埃克斯坦著的《公共财政学》中则表达为："政府为了实现充分就业和稳定物价水平的这些短期目标而实行的各种税收和财政支出的变化。"[②] 冯宗容、杨明洪主编《财政学》中的定义是："财政政策是指一国政府为实现一定的宏观经济目标而调整财政收支规模、结构和收支平衡的指导原则及其相应的措施。"[③] 陈共教授主编《财政学》给出的定义为："财政政策是指一国政府为实现一定的宏观经济目标而调整财政收支规模和收支平衡的指导原则及其相应措施。"[④] 张馨教授主编《财政学》的表述是："财政政策，是指政府通过税收和公共支出的运作，以达到充分就业、通货适度稳定、国际收支平衡等经济目标的一种经济稳定政策，它是政府宏观经

---

① 保罗·A·萨缪尔森、威廉·D·诺德豪斯：经济学（上册）[M]. 北京：中国发展出版社，1992 年中文版.

② O. 埃克斯坦著. 公共财政学 [M]. 北京：中国财政经济出版社，1983：144.

③ 冯宗容，杨明洪. 财政学（第 2 版）[M]. 成都：四川大学出版社，2004：327.

④ 陈共. 财政学 [M]. 北京：中国人民大学出版社，2007：402.

济政策的一个组成部分。"① 温来成主编的《政府经济学》是这样定义的："财政政策是指政府根据客观经济规律的要求，为达到一定的目标而采取的财政措施和手段。"②

纵观中外学者的表述，我们不难发现这些不同表述并没有本质性区别，各种定义的内涵基本是一致的，财政政策是指以特定的财政理论为依据，运用各种财政工具，为达到一定的财政目标而采取的财政措施的总和。简言之，财政政策是体系化了的财政措施。它是国家（或政府）以特定的财政理论为依据，运用各种财政工具以达到一定财政目标的经济政策，是国家经济政策的重要组成部分，其制定和实施的过程也是国家实施财政宏观调控的过程。本书主要侧重中国财政政策收入分配效应分析，从这方面来看，我们所研究的财政政策应该更加注重对财政政策手段和财政政策目标的理解，即我们所要考察的财政政策主要是"政府在特定的经济形势下，综合运用各种财政政策工具，以达到一定宏观调控目标的经济政策"。所以本书将财政政策范围界定为税收政策、国有企业利润分配政策、国债融资政策和财政支出政策。

2. 财政政策类型

财政政策可以从不同视角加以分类。依据财政政策调节经济周期和对实现机制的构造方式不同，可以将财政政策划分相机抉择的财政政策和自动稳定器的财政政策，而依据财政政策对经济总量的调节方式不同，相机抉择财政政策又分为扩张性财政政策、紧缩性财政政策和中性财政政策。我们根据所研究的内容，按照财政政策对经济调节的目标不同，将财政政策划分为分配性财政政策和调节性财政政策。

（1）自动稳定器的财政政策与相机决策的财政政策。

①自动稳定器的财政政策。所谓自动稳定器的财政政策，是指财政制度本身就可以根据经济状况调整财政收支，促进经济政策目标的实现，而无须政府采取任何行动。此种类型的财政政策主要通过以下制度发挥作用：③

第一，税收的自动稳定功能。税收制度本身具有一种随经济系统波动而自动发生变化的内在机动性和伸缩性，有助于减轻经济波动的影响。主要表现在：经济萧条时，国民产出水平下降，个人收入水平随之减少，税率不变的情况下，政府税收收入也会相应的减少，这在一定程度上会影响居民的可支配收入。而且在实行累进税制的情况下，经济的衰退导致居民收入下降，自然会使一部分人从高

① 张馨. 财政学［M］. 北京：人民出版社，2002.
② 温来成. 政府经济学［M］. 北京：国家行政学院出版社，2009：367.
③ 高鸿业. 西方经济学（第二版）［M］. 北京：中国人民大学出版社，2004：541.

档税率自动降为低档税率，从而使税收收入自动减少，在税收收入下降幅度超过收入下降幅度时，在一定程度上有利于抑制国民经济增长水平的下滑。反之，在经济繁荣时，这种税制结构的安排会起到抑制通货膨胀的作用。

第二，财政支出的自动稳定功能。财政支出也具有一定的自动稳定功能，但并不是所有的财政支出都具有自动稳定功能，可用的主要是政府的转移性支出——主要为政府的失业救济和各种福利支出。具体表现在：在经济衰退或萧条时，个人收入减少，失业增加，此时就会有更多的人需要政府的救济，转移性支出就会相应地大幅度增加，从而起到缩小社会有效需求下降的作用，减弱经济周期波动。当经济发展处于繁荣时期，就业率提高，人们收入水平也会随着提高，需要救助的人数下降，政府的救助支出就会大幅度下降，可起到抑制社会有效需求过度增长的作用。

②相机抉择的财政政策。财政政策的内在稳定器作为政府稳定经济的第一道防线，在经济处于轻微波动时能够起到一定的辅助作用，但当经济出现大的经济波动时——经济出现严重衰退或严重通货膨胀时，单独依靠其"自动稳定"很难使经济稳定发展，此时就需要政府采取主动措施，在经济萧条时，政府采取诸如减税和扩支的行动来刺激经济复苏，从而增加国民收入；当经济出现过热时，政府采取增税和减支措施，以抑制经济过度膨胀和物价水平的稳定。这种政府根据经济形势的发展风向而逆风向采取的财政政策我们称之为"相机抉择"的财政政策，是政府的一种主动行为。具体包括：①

第一，扩张性财政政策。扩张性财政政策也称膨胀性财政政策，是指通过减少财政收入或增加财政支出刺激社会总需求的政策。它是通过减少税收或增加政府支出来实现刺激经济的目的。当经济衰退，失业率较高，有效需求不足时，政府往往采取这一政策，政府通过降低税率、实行免税或退税等方式，减少税收规模，把收入留给企业和个人，以刺激企业和个人的消费和投资。同时，政府增加公共支出，包括公共工程的支出、政府对物品和劳务的购买及政府对个人的转移支付，这一方面直接增加社会总需求，另一方面会带动民间投资，间接增加总需求。另外，两者还可以发挥乘数作用，起到"四两拨千斤"的作用，使经济尽快摆脱困境，以更快的速度增长。

第二，紧缩性财政政策。紧缩性财政政策也称为紧的财政政策。它是指通过财政分配活动，即增加财政收入或减少财政支出来抑制社会总需求，是经济过热，总需求膨胀时，政府采取的抑制性措施。其内容是减少政府支出，增加税收收入。其对经济的作用原理正好和扩张性财政政策相反。

---

①　陈共. 财政学（第五版）[M]. 北京：中国人民大学出版社，2007：411 - 413.

第三，中性财政政策。中性财政政策是指通过保持财政收支的基本平衡，来实现社会总需求与总供给平衡的财政政策。其政策功能在于保持社会总供给和总需求的同步增长，以维持社会总供需相对稳定的格局。当经济发展相对平稳时，财政在主观上对经济"保持中立"的财政政策，此时的财政政策表现为财政收支在数量上基本一致。因此，中性财政政策对社会总供需关系不具有倾向性的调节作用。

（2）分配性财政政策与调节性财政政策。①

根据财政政策对社会经济活动的影响不同，可以将财政政策划分为分配性和调节性财政政策。

①分配性财政政策。分配性财政政策包括一般分配性财政政策和再分配性财政政策。一般分配性财政政策将服务和利益分配给特定的个人或团体。有些分配政策只向少数受益者提供，有些政策则使许多人受益。一般分配性财政政策通常是运用公共财政资金去援助特定的团体，所以，从这个角度讲，一般分配性财政政策只会产生受益者，不会产生失利者。再分配性财政政策是在社会各阶层或团体中进行有意识的财富、收入、财产或权利转移性分配。由于再分配政策涉及金钱或权力的再配置，因此，在具体制定和通过时会遇到许多困难。再分配性财政政策主要包括累进所得税和转移支付等手段。累进所得税制建立在支付能力原则的基础之上，而且税率分档定率，具有强烈的再分配性。转移支付也是政府采取"抽肥补瘦"的形式，把从纳税人手里取得的收入再补贴给需要补助的人，属于典型的再分配手段。

②调节性财政政策。调节性财政政策对经济活动的影响主要在于调节，它往往与限制或制约个人和团体的行为有关。这种政策的实施与分配性财政政策不同，它将会减少受调节人的自由和权力。调节性财政政策主要通过提出行为的基本原则，即采取指令的形式命令人们可以这样做，或可以那样做。从而实现政府的政策意图。比如，成本列支范围的规定、税收减免措施的规定等。

此外，财政政策还可从其他不同的角度分为不同的类型。例如，财政政策按财政收入、支出和管理活动分类，可分为财政收入政策、财政支出政策和财政管理政策等。而财政收入政策又可分为税收政策、公债政策，财政支出政策则可分为购买支出政策与转移支付政策，财政管理政策可分为国家预算政策和国有资产管理政策。每一项政策都具有不同的特点，从而构成有机的财政政策体系。财政政策按长短期目标划分，可分为中长期财政政策和短期财政政策。中长期财政政策是为国民经济发展的战略目标服务的财政政策，具有长期稳定的特点；短期财

① 孙文学，齐海鹏等. 中国财政政策实证分析与选择［M］. 北京：中国财政经济出版社，2000：20－21.

政政策属于战术性政策，适用于特定时期的范围。

2.2.2 财政政策体系的构成

1. 财政政策工具

财政政策工具是为了实现一定的财政政策目标而实行的各种具体的措施。财政政策工具通常有以税收和非税及国债为主的收入政策工具，及以政府购买性支出和转移性支出为主的支出政策工具。

（1）税收政策工具。税收是国家凭借政治权力，按照法律的规定进行强制性无偿性征收。税收既是政府组织收入的基本手段，也是调节经济的重要杠杆。作为经济杠杆，其调节功能主要体现在两方面：第一，调节社会总需求和总供给。这主要通过累进税制来体现，即当经济快速增长时，税收收入的增加会快于经济增长的幅度，导致个人可支配收入的增长低于经济的增长，以减轻需求过旺的压力。相反，在经济不景气时，税收收入的减少也大于经济下滑的速度，使个人可支配收入的增长快于经济的增长，从而缓解有效需求不足。同时，政府还可通过扩大或缩小税基、提高或降低税率、增加或减少税收优惠来调节社会总供求的关系。第二，调节个人收入和财富，实现公平分配。这主要是通过所得税和财产税来抑制高收入者的收入，通过税收优惠和财政补助来解决低收入者及其家庭的困难。[1]

（2）国有企业利润分配政策[2]工具。国家凭借所有者身份，行使所有者权力参与国有企业的利润分配。国有企业利润实现后，还要通过各种形式进行初次分配和再分配。国家首先以社会行政管理者的身份对企业利润征收所得税，然后，国家还要以资产所有者身份取得企业利润的一部分，即投资回报。国家取得收入多少的决定因素有：企业经营的好坏；国家对国有企业中国有资产的经营方式的选择；国家对国有企业规定的利润分配制度。国有企业的经营方式，按其资产所有权与经营权是否分离及分离的程度不同来分，主要有国家直接经营、国有企业的承包经营、国有企业的租赁经营和国有企业的股份经营等。不同的经营方式，有与之相对应的利润分配制度。

（3）国债政策工具。国债作为一种财政信用形式，最初是用来弥补财政赤字

---

[1] 何忠伟. 宏观经济学 [M]. 北京：中国农业科学技术出版社，2008：122.
[2] 国家参与国有企业利润分配的收入属于非税收入，非税收入类别很多，在我国当前对收入分配有重要影响，也为人们所诟病的是国有垄断企业员工与一般竞争性企业员工的收入差距问题，即行业收入差距，所以本书重在研究国有垄断企业税后利润是否上缴以及上缴多少对行业收入差距的影响。

的，随着信用制度的发展，国债已成为调节货币供求、协调财政与金融关系的重要政策手段。国债对经济的调节作用主要体现在三个方面：

①收入效应。不论是以未来年度增加税收还是以发行新债来偿还，国债持有人在国债到期时，不仅收回本金而且获得利息收入。而政府发行国债主要用于社会公共需要，人人均可享有，这样，在一般纳税人与国债持有人之间就产生了收入的转移问题。此外，国债所带来的收入与负担问题，不仅影响当代人，而且还存在"代际"收入与负担的转移问题。对这些问题的分析，即所谓的收入效应分析。

②排挤效应。即由于政府发行国债，使市场微观主体（企业和居民个人）的投资或消费资金减少，从而可以调节市场微观主体的投资行为或消费行为。

③货币效应。即由于政府国债的发行而引起货币供求变动。它一方面可能使"潜在的货币"变为现实流通货币，另一方面可能把存在于民间部门的货币转到政府部门，或由于中央银行购买国债加大货币的投放。[①]

国债的作用主要通过国债规模、持有人结构、期限结构、公债利率等综合体现出来。政府可以通过调整公债规模，选择购买对象，区分公债偿还期限，制定不同公债利率等来实现财政政策的目标。在现代信用经济条件下，公债的市场操作是沟通财政政策与货币政策的主要载体，通过公债的市场操作，可以协调两大政策体系的不同功能。一方面，可以淡化赤字的通货膨胀后果，因为公债的市场融资比政府直接向央行透支，对基础货币的变动影响小；另一方面，可以增加中央银行灵活调节货币供应的能力。

（4）财政支出工具。政府的支出政策工具主要是财政支出。政府通过调整财政支出的规模和结构改变市场经济主体的行为，改变其生产或消费行为，从而达到满足政府需求管理的目标和稳定社会总供给、总需求大体平衡的初衷。在实际运行过程中，由于财政支出的性质、目的、规模等方面存在较大的差异，对财政支出的效应评价标准很难统一。[②] 我们综合财政支出的各个分类方法，并结合我们研究的需要，将财政支出分为消费性支出、投资性支出和转移性支出，前两者同属于购买性支出。

①购买性支出。购买性支出反映政府购买商品和服务的活动，所体现的是政府直接参与市场性的资源配置活动，因而对社会的生产和就业有直接的影响，对分配的影响则是间接的。购买性支出包括购买日常政务活动所需的支出和购买国家用于投资的商品和服务的支出，前者为消费性支出，后者为投资性支出。两者

---

① 陈共. 财政学（第五版）[M]. 北京：中国人民大学出版社，2007：410.
② 孙开. 公共经济学 [M]. 武汉：武汉大学出版社，2007：303 - 304.

都是社会总需求的一部分，因此，购买性支出的对国民收入的形成和增加具有重要的影响，它的增减就成为宏观调控的一种有效方法，当社会总需求超过总供给时，政府通过削减购买性支出，直接减少社会总需求，反之则可以增加社会总需求。

②转移性支出。转移性支出实际上是政府对社会资源的部分索取权的一种转移，并不要求同时获得等价商品和劳务的补偿。转移性支出能够增加企业和家庭在市场上的购买力。按用途不同，转移性支出主要包括社会保障和社会福利费用支付、财政补贴费用支付。社会福利支付实际上是"抽肥补瘦"——将富人的一部分收入转移给穷人，以促进公平分配。所以，社会福利支付政策是实现收入公平分配、反周期波动目标的主要工具。财政补贴又包括消费性补贴和生产性补贴。前者主要是对居民日常生活用品的价格补贴，这种补贴能够直接增加消费者的可支配收入；后者主要是对生产者的特定生产投资活动的补贴，可以直接增加生产者的收入，从而提高生产者的投资能力和供给能力。西方经济学家认为，通过增加消费性补贴，可以刺激总（有效）需求；通过增加生产性补贴，可以提升总供给，这样就可以在一定程度上缓和供求矛盾。综上所述，我们可以用图 2 - 5 表示财政政策工具。

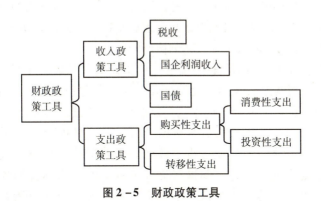

图 2 - 5　财政政策工具

2. 财政政策目标

财政政策目标是财政政策所要实现的期望值。这个期望值在不同的国家和不同的时期受到其经济条件的制约，由于不同时期的社会经济发展战略和目标不同，政策目标也就不同，纵观世界各国各个时期的财政政策目标，财政政策的目标主要有经济的稳定增长目标、资源高效配置、收入分配合理等目标。

（1）经济稳定增长目标。经济的稳定增长包括较高的经济增长速度和保持物价的基本稳定两个方面。经济的增长就要求经济发展保持适度的经济增长速度，拒绝经济的大起大落，一般情况下，经济的增长是和物价上涨相伴的，如果在经济增长的过程中物价的上涨速度超过了经济的增长速度，经济增长则是虚增长，所以在经济增长的过程中，要注重提高经济增长的质量和效益，一般在经济增长的过程中需将物价上涨幅度控制在 2% ~ 3% 的合理范围内。经济发展过程中，要加快经济结构的战略调整，调整好消费与投资的关系，增强消费对经济增长的推动力；要保持社会供求总量的基本平衡，避免经济大起大落；同时，要加快经济发展方式的转变，提高劳动生产率，协调各项资源的优化配置。实现经济增长过程也就是协调包括劳动、资本、技术等要素的优化配置过程，因此，经济的稳定增长是财政政策的基本目标。

（2）资源高效配置目标。资源高效配置涵盖资源进入"充分就业"状态和资源配置结构合理化。资源的高效配置是使社会有限的资源（包括人力资源）达到"帕累托标准"最佳状态，即资源不论投向哪里，其边际产出都是相等的。但由于实践中种种客观条件的限制，社会资源不可能实现最优的配置，只能使其达到一种较为理想的状态，即资源的高效配置。

（3）收入分配合理目标。收入分配合理要求收入分配要有一定的差距，同时收入差距又不能太大。市场经济条件下收入分配不能搞平均主义，适当的收入差距可以调动人们的积极性，提高经济效益，为公平收入分配提供必要的物质基础，但如果收入差距过大，可能导致社会矛盾激化，产生社会动荡。因此，收入分配在政策导向上存在着公平和效率的协调问题。

财政政策能否达到预期目标，要视政府借助的财政政策工具发挥作用的大小而定。而由于现实经济运行状况的复杂多变性和财政政策的时滞，财政政策工具对现实经济真正发挥调节作用是个复杂而漫长的过程，所以需要对经济运行的一系列传导变量有准确的把握和充分的认识。财政政策主要通过收入分配、货币供应与价格等传导变量将财政政策工具的作用传导出去。财政政策工具变量的改变主要是通过引起这些传导变量的改变来达到预期目标的。如果对传导变量引起的传导机制认识不清，就无法解释财政政策在贯彻执行中的种种偏差效应，也无法说明财政政策体系的整体作用机理。本书所研究的财政政策收入分配效应就是对财政政策工具的实施怎么引起收入分配状况的变化，从而改变市场微观主体的投资、生产和消费行为，而最终影响政策目标的实现。

2.2.3　财政政策效应

财政政策效应是指政府为实现一定的经济目标，运用财政政策工具，实施一定的财政政策后，对政策的作用客体和相关环境所产生的影响及其效果。财政政策是否有效主要看政策执行的结果，由于财政政策作用的范围不同和经济环境的复杂性，往往其政策效应也是多种多样的，从总体来看，大致可以分为以下几个方面。

1. 直接效应与间接效应

从财政政策对社会经济活动影响相关程度来说，财政政策效应可分为直接效应和间接效应。直接效应就是指某项财政政策实施所产生的直接反应。比如，在其他条件不变的情况下，扩张性财政政策将直接导致财政赤字，间接效应是指某项财政政策实施所产生的相关反应。

2. 正效应与负效应

从财政政策对社会经济活动影响的方向来说，政策效应可分为正效应和负效应。正效应是指与政策制定者的合理预期相同或相近的调节效应。反之，则是负效应，如果一项政策措施只有负效应，那实际是属于政策制定和实施的失误，而不是政策功能的效应问题。在政策的实施过程中，正效应与负效应有时同时产生。例如，采取紧缩性财政政策，可以有效地压缩总需求的过度膨胀，抑制通货膨胀剧烈上升的势头，这属于一种正效应；但与此同时，也会导致市场疲软、企业产品积压等负效应。一项政策措施的负效应，有时是可以避免的，有时是不可避免的。这就要求政府在两难的选择中，注意政策工具的互补和政策工具力度的合理运用，尽量取得政策的正效应，减少负效应。

3. 即时效应与滞后效应

从对社会活动发生作用的时间来看，财政政策效应可分为即时效应和滞后效应。前者是指财政政策一经出台很快就发生的作用效果；后者是指政策实施后，经过一段时间后才发生的作用效果。例如，在运用折旧率这个政策手段时，在其他条件不变的情况下，提高折旧率，其即时效应是企业的生产成本增加，利润减少；但经过一段时间，由于企业技术改造步伐加快了，生产设备得到了更新，将会提高企业的生产效率，使产量增加和质量提高，增加了企业收益，这就是折旧率提高的滞后效应。[①]

---

① 孙文学，齐海鹏等. 中国财政政策实证分析与选择 [M]. 北京：中国财政经济出版社，2000：45 - 46.

2.3 财政政策收入分配效应的作用机理：整体视角

财政政策的收入分配效应属于财政政策经济效应的一种，是市场经济条件下，财政通过各种政策工具（主要是财政的收入和支出政策），参与一定时期社会总产品或国民收入的初次分配与再分配，实现收入在社会各部门、各地区、各单位以及各社会成员之间的合理分割，缩小收入差距，体现社会公平。简单地说，财政政策的收入分配效应为政府参与社会产品分配的过程中，有目的地运用财政政策工具而对市场微观主体收入的形成、实现和使用所产生的影响。

通过对收入分配理论的回顾及其影响因素的分析，可知政府在调整收入分配方面的作用可以与市场并驾齐驱。而政府对收入分配的调节一般是通过财政政策手段来达到其目的的，我们将从整体和结构层面来分析财政政策财政政策对收入分配影响的机理。

2.3.1 财政政策收入分配效应的作用机理：图解分析

国家根据经济发展情况采取包括财政政策在内的宏观政策，首先根据经济形势判断选择实施何种财政政策，一旦选定，相应的财政政策进入具体的实施阶段，实施是通过具体的财政收入政策变量和财政支出政策变量来实现的。图2-6从政策判断和政策实施两个阶段就财政政策对收入分配进行调节的整个机理过程进行了阐释。在政策判断阶段，关键是根据经济形势判断财政政策的有效性，特别是理清财政收入政策和支出政策的效果，为政策实施寻找依据；在政策实施阶段，关键是分析各种财政政策工具如何直接和间接影响初次收入分配和收入再分配的。在财政政策影响收入分配的整个过程中，政策判断是基础，制定实施是核心。

2.3.2 财政政策收入分配效应的作用机理：理论模型分析

根据上述的作用流程，我们应用内生增长模型，来分析财政政策对收入分配的作用机理。当存在人力资本和物质资本的差异时，企业的总产出是物质资本、人力资本、简单劳动和政府投资的函数，以利润最大化为目标；家庭部门提供劳动（包括人力资本和简单劳动）获得劳动收入，提供物质资本获得资本收益，获

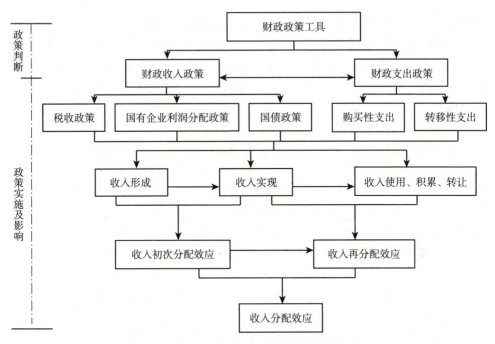

政
策
判
断

政
策
实
施
及
影
响

图 2 - 6　财政政策对收入分配的作用流程

得政府的转移支付收入，用于消费以实现效用的最大化；政府以征收税收、非税收入和发行债券的政策筹集资金，用于政府的转移性支出、支付债券利息和购买性支出（包括政府投资和政府消费），以实现社会的总效用最大化。由此，则有：

$$
\begin{cases}
Y = AF(K, \ LH, \ LT, \ G_K) \\
\dot{K} = I_K - \delta K, \ \ \dot{H} = I_H - \delta H \\
\max\pi = Y - wL - (r + \delta)K \\
\max U = \displaystyle\int_0^\infty e^{-(\rho - n)t} u(C) \\
\dot{A}_s = wL + rA_s - C \\
G_k + G_c + TR + rD = \tau_y Y + \tau_c C + \tau_w W + \tau_k R + D + \tau\theta(1 - \tau_y)Y
\end{cases}
\tag{2-44}
$$

式（2-44）中，Y 代表国民收入（总产出），A 为生产技术，K 和 $\dot{K}$ 为物质资本和物质资本积累，H 和 $\dot{H}$ 为人力资本和人力资本积累，LH 为简单劳动总投入，G_k 为政府的购买性支出中的政府投资支出，δ 为折旧率（假设人力资本和物质资本的折旧率相同），π 为企业利润；U 为家庭消费所带来的效用，ρ 和 n 分别为家庭的主观贴现率和人口增长率，消费物品和劳务给家庭带来效用，u（C）

为其消费函数，TR 为政府转移性支出，$\dot{A}_s$ 为家庭资产的积累，来源于工资性收入 wL 和拥有的资产收益（包括以资本所有权形式的和持有的债券）rA_s 扣除消费 C 后的剩余；政府购买性支出（包括投资性支出 G_k 和消费性支出 G_c）和转移性支出来源于收入税 $\tau_y Y$、消费税 $\tau_c C$、劳动所得税 $\tau_w W$、资本所得税 $\tau_k R$、发行的公债 D 和部分国有资产经营收益 $\tau\theta(1-\tau_y)Y$（θ 表示国有资本经营收入的范围，τ 表示税后收益率）。

政府利用税收和国有企业利润分配政策及投资性支出、教育支出等参与市场经济活动，影响要素的分配规则和要素供求状况，将提高居民收入比重逐年纳入政府年度计划，以落实国家关于既要做大"蛋糕"，也要分好"蛋糕"的经济政策。即完成对国民收入、财富分布和社会福利的初次分配，也就是居民收入的形成和实现阶段。初次分配形成后，居民要以获得的劳动、资本收入等要素收入用于消费、积累、转让等活动，政府可以税收和政府转移性支出等对初次分配不平等状况进行再次调节，如完善财政转移支付制度，在各级政府财政预算支出中逐步明确增加用于民生建设的比例及随财政收入增长相应提高的幅度，加大向"三农"、贫困地区和城镇低收入居民的转移支付力度，加大向社会保障基金的投入力度；明确界定各级政府的民生建设财政支出责任，合理调整政府间的财政收入划分，逐步实现各级政府事权与财权的对等，促进全国范围内的基本公共服务均等化；改进完善并实施分类征收和综合征收相结合的个人所得税制度，参照价格指数和生活质量，提高起征点，建立以家庭为基本单位并根据家庭负担状况的费用扣除制度，降低低收入群体的税负；调整消费税，开征遗产税、赠与税和物业税等税种，强化对高收入行业、群体的税收调节；适度提高各项社会保障标准，使之与我国的经济发展阶段和水平相适应，更好地保障我国贫困居民和低收入者的生活。也就是结合财政政策的再分配，形成整个国家的最终收入分配格局。具体的作用机制我们将分别从四种财政政策工具进行详细分解。

2.4 各类财政政策工具的作用机理：结构视角

2.4.1 税收政策工具的作用机理

税收对收入分配的影响可以说贯穿于整个社会再生产过程，具体体现在收入初次分配环节和再分配环节。在初次分配环节通过对各生产要素价格的调节来影响收入形成和收入实现；在再分配环节通过具体的税制结构来影响收入实现和收入使用、积累、转让，最终影响居民的可支配收入。

1. 税收政策在初次分配中的作用机理

对于市场机制不健全或者存在刘易斯所说的"二元经济"的发展中国家（包括当前的中国），"强资本、弱劳动"的现实使得收入在初次分配形成环节就存在差距过大的状况，税收可以充分发挥税收调节功能，就市场在收入分配方面的"失灵"进行有效调节，如图 2－7 所示，可以在初次分配环节按照公平税负的原则对劳动、资本、土地、技术管理等要素进行税收调节，充分发挥其税收"楔子"的作用。

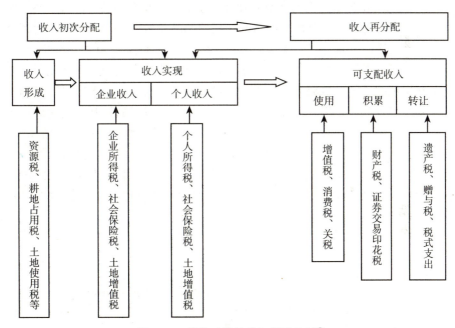

图 2－7　税收政策的收入分配机制①

（1）收入形成环节。在收入形成环节课征资源税、耕地占用税和土地使用税，不仅可以做到简税制，且可提高要素的使用效率；特别对是水、矿等稀缺资源征收资源税，有利于保护环境，提高发展质量，并使资质好的市场主体占有相对多的资源份额，提高生产起点的公平竞争性；另外对生产企业课以统一的增值税，可以使不同的生产条件"平等化"，营造起点公平，在此基础上对奢侈品课

---

① 贾绍华. 国民收入分配与税收调节机制［J］. 扬州大学税务学院学报，2010（10）：13.

征消费税，加大对高收入者的调节，还可以对生活必需品实行低税或免税政策和提高增值税和营业税的起征点，可以减轻中低收入者的税负。收入形成环节的税收调节机制如图2－8所示。

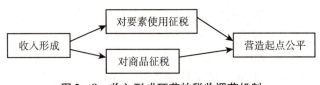

图2－8　收入形成环节的税收调节机制

（2）收入实现环节。在对所有企业征收企业所得税和社会保障税，不影响市场发挥在资源配置和收入分配中的基础作用的同时，对有垄断利润的企业课以重税，并对其使用的要素课以资本税，可以对生产方向和结构进行干预，有利于平均利润的形成；市场经济机制下，由于个人拥有的劳动禀赋和资本禀赋不同，特别是资本禀赋的不同是造成个人收入差距过大的主要因素，个人所得税对调控个人收入差距起着关键作用，这种作用可以依据个人所得税的税基、税率规定来达到目标。税基是对个人收入进行合理扣除后的应纳税所得额，经过多项扣除后，可以相对增加低收入阶层的实际收入；税率则实行累进税率，累进税能够使高收入者缴纳更多的税，低收入者则缴纳较少的税，同时对非劳动收入课以较高的税，有利于形成合理的劳资关系，缩小个人间的收入差距。收入实现环节的税收调节机制如图2－9所示。

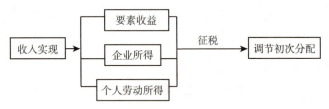

图2－9　收入实现环节的税收调节机制

2. 税收政策在收入再分配中的作用机理

如图2－10所示，税收的收入再分配效应是在初次分配的基础上，对已经形成的要素收入进行再调节。收入实现是初次分配和再分配的枢纽——既是初次分配的结果又是再分配的起点，再分配完成后形成一般的个人可支配收入。

（1）收入使用环节。政府课征消费税和关税影响居民的货币购买力，间接调节其收入水平。当居民以初次分配环节形成的收入进行消费的时候，如果政府对

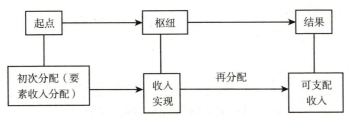

图 2 - 10　收入实现的枢纽作用

其消费的商品课征特别消费税，或在进口环节对部分商品选择性地征收关税，由于这两种税都是流转税，都会依据商品的供求状况和供求弹性，或多或少地最终转嫁给消费者，所以会使居民的实际购买力下降，即是降低了居民的实际收入水平，这样，可以在一定程度上调控居民的收入分配状况。收入使用环节的税收调节机制如图 2 - 11 所示。

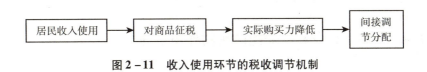

图 2 - 11　收入使用环节的税收调节机制

（2）收入积累环节。政府课征财产税可以对居民的收入分配进行调节。财产税是对个人历年的收入累积所课征的一种税，对个人收入分配具有重要的调节作用。财产作为一个人财富的一部分，象征着拥有者经济实力的大小，直接能够反映出其纳税能力，对财产征收有利于促进财富分布的公平；另外，财产税税负不易转嫁，直接能够减少财产拥有者的财富，有利于防止社会财富过度集中、缓解个人收入分配不公，同时，可以对个人所得税的分配调节不足起到亡羊补牢的作用。收入积累环节的税收调节机制如图 2 - 12 所示。

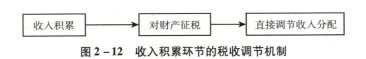

图 2 - 12　收入积累环节的税收调节机制

（3）收入转让环节。在此环节课征遗产和赠与税，可以在动态上对居民的收入分配进行调节。遗产和赠与税是被继承人或财产所有人死亡时，在其财富转移时，对其遗留的财产课征的一种税。一方面政府可以采取区别税负，将拥有高额遗产者一部分财产归为社会所有，用以扶持低收入者的生活及社会福利事业，形成一种社会分配的良性循环，另一方面，遗产税和赠与税的开征，可以将部分私有财产转化为国家所有，可以适当限制私人资本，从而可以调节贫富差距过于悬殊的情况。收入转让环节的税收调节机制如图 2 – 13 所示。

图 2 – 13　收入转让环节的税收调节机制

从上面税收调控收入公平分配的机制分析中不难看出，多层次、多环节的税收调控体系对收入分配形成全方位的调控，但各税种的调控也各具特点。通常由于流转税对从事生产和经营的企业征收，又具有转嫁特征，对居民收入分配只有间接作用。而所得税和财产税难以转嫁，其税收负担的归宿比较明确，加之一般实行累进税率，因而对于调控收入公平分配具有特殊的意义。因而，各国税收制度中主要依靠个人所得税、财产税、社会保险税在居民收入的形成环节、使用环节和积累环节进行较为直接的有效调控。

2.4.2　国有企业利润分配政策的作用机理

税收政策是国家凭借其社会管理者身份（政治权力）执行其社会职能（包括收入分配职能）的，国有企业利润分配政策主要是国家凭借其所有者身份，行使财产权利，参与企业税后利润分成，取得财政收入、进行宏观调控的一项制度。在我国，国企凭借其垄断地位、由此形成的高额垄断利润及政府对高额垄断利润所有权缺失，是行业间收入差距形成的主要原因，所以，对国有企业利润分配政策的分配效应分析，我们旨在阐释垄断国企及其税后利润（红利）收入和使用对收入分配的影响（如图 2 – 14 所示）。

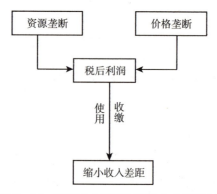

图 2 – 14　国有企业税后利润收入分配机制

1. 国有企业超额垄断利润是行业收入差距拉大的前提

国有企业得天独厚的地位，使其以低于市场价格，甚至是无偿形式获得资源，再加上对资源垄断性的制造（如烟草）或开采（如石油、天然气），国有垄断企业的高额垄断利润得以长期存在；另外，国有垄断企业凭借定价权，来提高垄断产品价格①，获得高额垄断利润。国企垄断地位及其凭借垄断地位获得的垄断利润，破坏了市场经济的规则公平。这种超额垄断利润的存在为企业职工和高管的高收入、高福利提供了前提条件。

2. 国有资产所有权缺失是行业收入差距拉大的助推器

高额垄断利润只是为国企职工和高管的高收入和高福利提供了可能，如果国有企业按照市场经济规律运行，作为"经济人"的国企，其目标也应是企业利润最大化，而不是职工福利和收入最大化，但由于我国国企的特殊性，② 使得国有（垄断）企业出现内部人控制和所有者缺位的现象，两种现象的共同作用，使得国有垄断企业的经营者倾向于将本该属于全民所有的利润转化为企业职工和管理层的收入，从而导致了垄断行业和竞争性行业之间收入差距过大。

3. 课征国有企业红利的分配效应

假设国有企业作为市场微观主体，其生产函数为：

$$Y = F(K, L) = K^{\alpha}L^{1-\alpha} \tag{2-45}$$

国家除向企业征收所得税（税率为 τ_Y）外，还凭借所有权身份参与国有企业税后利润的分配，设分配率为 τ，则在企业净收益最大化的一阶条件下，要素的价格为：

$$W = (1-\alpha)(1-\tau)(1-\tau_Y)K^{\alpha}L^{-\alpha} \tag{2-46}$$

$$r = \alpha(1-\tau)(1-\tau_Y)K^{\alpha-1}L^{1-\alpha} \tag{2-47}$$

根据要素收入分配率的定义，劳动分配率 S_L 表达式为：

$$S_L = WL/Y = (1-\alpha)(1-\tau)(1-\tau_Y) \tag{2-48}$$

从式（2-48）可看出，劳动分配率与企业上缴红利比率呈反向变化，即国家提高国有企业税后利润的上缴比例，会降低劳动分配率（份额）。国家凭借所

①　这里超额垄断利润的形成与自然垄断定价下形成的垄断利润原理相同，具体可参见：高鸿业. 西方经济学（微观部分，第五版）[M]. 北京：中国人民大学出版社，2011：322-325.

②　我国垄断性企业一般都是国有的，国有加垄断形成行政性垄断企业，与市场经济条件下形成的自然垄断企业运行和管理存在很大的区别，具体可参见：杨兰品，郑飞. 中国垄断性行业收入分配问题研究述评 [J]. 江汉论坛，2011（07）：69-73.

有者身份参与企业税后利润的分配，会使企业净收入减少，从而可以减少国有企业将税后利润转化为企业员工收入和福利，有可能降低行业间的收入差距。

4. 国企红利使用的分配效应

国企红利收入作为财政收入的一部分，政府可以统筹安排使用，如可以用于弥补社会保障资金的缺口、可以用于医疗、教育等社会公共事业、也可以用于全民分红等民生性支出，可以一定程度上缓解收入差距过大的现状。

2.4.3　国债融资政策工具的作用机理

国债是国家凭借其信用，按照自愿有偿原则发行的有价证券，是政府财政赤字政策筹集收入的首要来源，也是国家进行宏观政策调控的主要政策工具，其发行、流通和偿还都会对国民财富的分配产生影响，这种影响就是国债的分配效应。国债的分配效应静态体现在国债发行、使用和偿还等各个环节，动态上体现在筹集资金的使用上。国债政策的收入分配机制如图 2 – 15 所示。

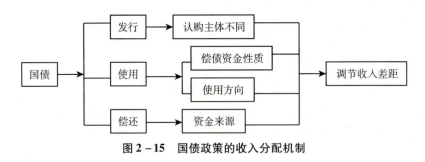

图 2 – 15　国债政策的收入分配机制

1. 国债发行的分配效应

国债的发行实质上是一个国民收入再分配的过程，不论政府借债的目的是为弥补财政赤字，还是筹集建设资金，这种再分配的结果都可使国民收入从认购者手中转向国家，在增加政府可支配财力的同时，减少了个人、企业等认购者可支配的财力。这种国民收入分配结构的改变，在不同的经济条件下可能产生不同的影响。

纵观世界各国，财政赤字已是世界性的问题，发行适量的国债可以弥补财政赤字，还可以在不影响认购者正常支出的同时增加政府财政支出，起到优化国民收入分配的整体结构作用；同时，政府支出的扩大为政府职能的实现创造了财力前提，这也有利于经济的稳定增长。反之，如果国民收入分配中政府集中度已经过高，居民个人和企业的财力在满足了必要的消费和生产发展后所余不多，则国债发行余地已十分有限，此时若强制性摊销国债，势必给人民生活和经济发展带来消极影响。

2. 国债使用的分配效应

政府以发行国债的形式筹集到资金之后，将这部分资金按照实现政府职能的要求去安排和使用。国债使用方向对国民收入产生什么样的分配效应，主要取决于偿还国债的资金性质和国债的使用方向两个因素。可能出现的情况有以下几种：

（1）国债用于无偿性消费支出。国债资金如果是以购买性支出的方式给公众免费提供公共产品（服务），即国债用于无偿性消费支出时，其对收入分配的影响视偿债资金的来源而定。

①用税收偿还国债。如果国债以征税来偿还的话，一般认为，会加剧收入分配的不平等，因为国债购买者是比较富裕的人，国债的"财富效应"会使得富人更富。但是，以税收方式筹集资金来偿还国债，除了考虑国债的财富累进效应外还应该考虑到税收的累进效应，国债的收入分配效应是正（收入差距缩小）还是负（收入差距拉大），要看两者的累进程度而定（如图 2 - 16 所示）。

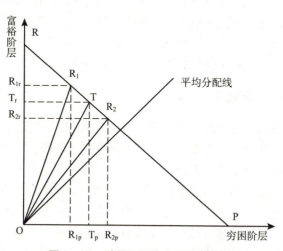

图 2 - 16　赋税和利息分布可能性线

图 2 - 16 中，直线 PR 为赋税分布可能性线和利息分配可能性线，如果国债所有权分布累进程度高于税收的累进程度，以 ξ 为斜率的直线 PR_1 在直线 OT 之上，点 R_1 反映出利息收入在两个阶层之间分配情况。比较 T、R_1，由图可知，

富裕阶层分配的利息收入高于赋税支出（$R_{1r} > T_r$）；相反，贫困阶层的利息收入低于其赋税支出（$R_{1p} < T_p$）。反之，则点 R_2 在点 T 之下，此时 $R_{2r} < T_r$，$R_{2p} > T_p$，表示富裕阶层的利息收入小于其赋税支出，穷困阶层的利息收入多于其赋税支出。

②用通货膨胀方式偿还债务。当用通货膨胀来偿还债务时，相当于国家开动印钞机印钞，从而导致物价明显上涨，政府以减轻债务负担的方式来偿还债务。如果政府采用这种方式偿还债务，会造成一切货币财富的贬值，相当于政府征收铸币税，财富由公众转向政府；在社会内部，谁持有货币财富越多，谁的损失越大。一般来说，富裕阶层拥有的货币财富较穷困阶层多，通货膨胀使富裕人处于相对不利地位，类似于累进所得税的效果。

（2）国债资金用于购买性支出中的投资性支出。如果政府将国债资金用于经济建设投资，则国债再投资后产生的收益可作还本付息的资金来源。在这种情况下，国债偿还不会形成债务人（政府）或纳税人的经济负担，对收入分配不会产生直接的影响；如用于教育提高人力资本的素质，则可以从"源头"缩小低收入群体和高收入群体的贫富差距；若投资于"三农"，为农业提供基础设施，则有利于提高农业的生产率，有助于缩小城乡之间的收入差距；若投资于垄断行业，可以打破此行业市场垄断局面，则有助于缩小行业间收入差距过大的局面。

（3）政府将筹集的国债资金用于转移性支出。政府将筹集的国债资金用于转移性支出时，国债政策对国民收入的影响体现在：资金单方面转移给低收入者，增加了低收入者的可支配收入，相对减少了高收入者的可支配收入，结果使社会贫富差距趋于缩小，有利于促进社会收入分配的平等。

3. 国债偿还的分配效应

国债的偿还是国民收入再分配的重要手段。根据政府偿债资金的不同来源，国债偿还所产生的分配效应表现为：一是在国债偿还阶段，若国债资金应用于转移性支出的，因转移支出具有无偿性，此时，国债对收入分配的影响与国债收入用于无偿性消耗支出时相同；二是国债偿还是以经济建设的投资收益作为还本付息来源，如前所述，此时，国债对收入分配不会产生直接的影响；三是借新债还旧债，实现信用关系的延续或替代。在债务偿还期，政府往往采用"借新还旧"，由此产生了一种新旧债权主体的替代效应，并延长了政府对国债的使用时间，在分配上，是国民收入通过政府在新旧债权主体之间实现转移。

在实践中，国债政策对收入分配的影响由于国债的认购是自愿原则往往是打折扣的，到底国债政策的收入分配效应是正还是负，需根据经济的实际运行做实证分析才能得出结论。

2.4.4 财政支出政策工具的作用机理

1. 转移性支出的收入分配机制

转移性公共支出对收入分配的影响是直接的，但不同类型的转移性支出对社会公平的作用力度也是不一样的。

（1）社会保障支出。各类社会保险支出是体现个人收入自我平衡的特点，而财政对社会保险的"保底"支出提高了领受人的收入水平。社会救济支出是典型的提高低收入者收入水平的支出，而兴建公共福利设施、开展社会服务以及举办各种福利事业支出，增进每一个社会成员利益，也使低收入者的实际收入效应增加。如图 2-17 所示，领受社保的人群会使其收入预算线从 AA 提高至 BB。由于领受社会保障金只是增加消费者的收入，并不影响相对价格体系，因此提高后的预算线 BB 与原来的预算线 AA 平行。

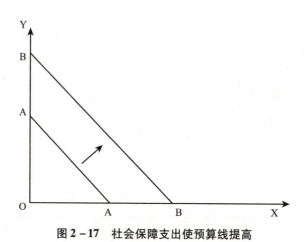

图 2-17　社会保障支出使预算线提高

（2）财政补贴支出。财政补贴支出中与社会保障支出一样，支付条件都是无偿的。从领取补贴者的角度看，无论以什么名目得到的政府补贴，都意味着实际收入的增加。因而经济状况都较前有所改善。财政补贴的类型比较多，有对生产者的供给进行的补助（农业补贴、投资补贴等），有对消费者的消费进行的补助（实物补贴、现金补贴等），每种补贴又可以分为无限制补贴和有限制补贴，下面只对消费者采取的无约束实物补贴和现金补贴的作用机制进行分析，其他类型的补贴分析类似于此类分析。

①无约束实物补贴的作用机制。如图 2－18 所示，直线 AB 为均衡价格条件下消费者总预算约束线，OA 或 OB 都可视为消费者收入预算的总规模。AB 曲线与无差异曲线 U_1 的切点 E_1，表明在既定的收入水平和价格条件下，消费者购买 OE 的补贴品和 OF 的非补贴品可以得到最大的效用满足。现在，政府对补贴品消费提供无限制实物补助，其效果就相当于降低这些产品的价格，并向生产或销售这些产品的企业提供补贴。当补贴品的价格下降时，消费者的预算约束线将发生位移，变成 AC，在效果上相当于消费者的收入增加，与更高的无差异曲线 U_2 相切于点 E_3，这表明政府的补贴满足了消费者的更高需要，消费者对补贴品和非补贴品的购买都增加了。对于其中政府补贴所引起的收入效应与替代效应分析如下：假定消费者的真实收入不变，政府补贴将使补贴品价格相对于非补贴品价格变得更便宜，从而使他们对补贴品的需求相对增加，而对非补贴品的需求会相对地减少。①

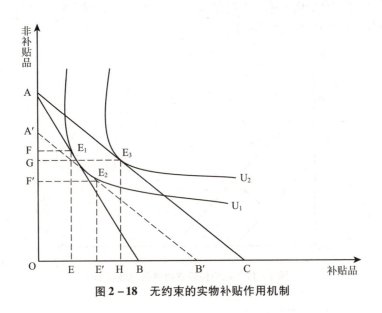

图 2－18　无约束的实物补贴作用机制

从图 2－18 中直观地看，消费者从原来的均衡位置 E_1，沿着无差异曲线 U_1 移至新的均衡位置 E_2，其预算约束不变，但由于政府补贴，预算线却相当于从 AB 变成 A′B′。这时，消费者对补贴品和非补贴品的购买量分别由 OE 和 OF 变化为 OE′和 OF′，这就是财政补贴引致的替代效应。A′B′是一条在理论分析中使用

---

① 这里考虑的都是"正常消费品"，而不是"劣质品"或"吉芬商品"，因为在财政补贴中，通常不会对后两者提供补贴。

的预算线，它没有考虑消费者真实收入因政府补贴而提高了的情况。引进消费者真实收入变化的因素后，新的预算约束线应该绕着 A 点向右上方旋转后的 AC，它与更高的无差异曲线 U₂ 相切于 E₃，代表着消费者对补贴品和非补贴品的购买量分别为 OH 和 OG，其中，对补贴品的购买量由 OE′增至 OH，对非补贴品的购买量由 OF′增加到 OG，这是政府财政补贴引致的收入效应。

②无约束现金补贴的作用机制。政府对消费者的实物补贴其实可以看作所谓的"暗补"，一般是通过控制价格实现的，消费者觉察得不明显，而用现金进行的补贴则是看得见的，是一种"明补"，对此分析与对实物补贴的分析比较类似（如图 2－19 所示）。

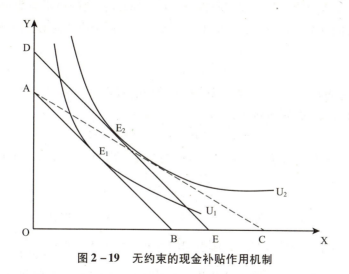

图 2－19　无约束的现金补贴作用机制

图 2－19 分析了现金补贴的影响，图中的 AB、AC 线的含义同图 2－18。假定政府过去一直对消费者提供无限制的实物补贴，现在出于某种考虑打算取消，同时，放弃原来对补贴品市场价格的控制。根据前面对实物补贴的分析可以知道，这一政策行为减少了消费者的实际收入，消费者的预算约束线将由 AC 回到 AB。对于一直享受着政府无限制实物补贴的消费者来说，取消无限制实物补贴，从而减少实际收入，是他们难以接受的。为了使消费者的实际生活水平不致降低，维持社会安定，政府决定改暗补为明补，实施现金补贴。

现金补贴增加了消费者的名义收入，在物价水平不变、消费者的消费偏好不变的前提下，现金补贴将使消费者的预算约束线向右上方平行位移。要使消费者从现金补贴上得到从无限制实物补贴上所得到的同样满足程度，预算约束线必须移到同无差异曲线 U₂ 相切的时候为止。图中的 DE 为新的预算约束线。通常情况下可以证明，DE 与 U_2 的切点（新的消费组合）E_2 必然位于原切点 E_1 的左上方。

到底是实物补贴还是现金补贴给消费者带来的效用更大，或是福利损失更小，我们这里不多加讨论，我们关注的是这些补贴的分配效应。

2. 购买性支出的收入分配机制

购买性支出对收入分配会产生间接的影响，其运行机制我们以购买性支出乘数来进行说明。假设是在一个简单的封闭经济环境下，社会总收入总由消费需求（C）、投资需求（I）和政府消费性购买支出（G_c）组成，舍去了对外贸易，投资需求包括私人投资（I_p）和政府投资（I_g）。假设社会的边际消费倾向为 c，政府税收以比例税率（t）向总收入（Y）征收，则消费需求可以表示成收入的线性函数：

$$C = C_0 + c(1-t)Y \qquad (2-49)$$

式（2-49）中，C_0 为收入以外影响消费的因素——诸如股票、债券和房屋等资产的所有权。总需求则可以写成：

$$Y = C_0 + c(1-t)Y + I_p + I_g + G_c \qquad (2-50)$$

对式（2-50）求导，可以得出政府购买性支出与国民收入之间的关系，即：

$$\alpha = \frac{dY}{dG_c} = \frac{1}{1-c(1-t)} \qquad (2-51)$$

式（2-51）中的 α 为消费性政府购买支出乘数。表示在封闭经济中，当政府购买支出增加 1 个单位时，它所引起的均衡国民收入增加 $\frac{1}{1-c(1-t)}$ 倍。

通过上述分析可知，购买性公共支出对收入分配的影响是间接的，这种间接性作用是通过乘数进行传导的。且不同的购买性支出对收入分配的影响也是不同的，首先，从政府采购角度看，政府可以将所采购商品用于公共产品提供，但在政府采购时，为政府采购进行生产经营的企业和部门其员工的收入就有间接增加的可能性。其次，看一看政府投资支出，由于政府投资有一定的目的性，对所投资的行业、地区有一定选择，能够接受政府投资的行业和地区的有关人员其收入水平通过投资参数也有可能间接提高。第三，提高政府公务员工资和其他"吃财政饭"的人员工资，直接增加了这部分人的收入。以上三种情况导致有关人员收入水平的提高对全社会公平或全社会基尼系数的影响，可以简单分析其原来的收入水平情况，如果这些人原来收入水平比较低，那么提高他们的收入水平有利于社会公平程度的提高，反之则会降低社会公平程度，因此，这三种情况，由于受益人的收入水平的不确定性，很难评价其对社会公平的作用。

　　财政对教育和医疗保健支出是针对起点公平情况而言的，政府为每个人创造平等的受教育条件和平等的医疗保健条件都属于起点公平的范畴，为最终实现结果公平创造条件，是影响社会公平的重要因素。农产品属于私人产品，农产品市场是一个竞争市场，但农产品的生产有特殊性，对农业进行扶持和保护是各国政府所普遍采取的政策，特别在中国由于存在比较大的城乡差距，财政支农支出又体现了解决城乡之间差距的作用，这样财政支农支出对解决全社会公平能起到重要作用的。

2.5　基本结论

　　本章在分析收入分配理论和财政政策理论的基础上，从不同的角度着重分析了财政政策的分配效应的运行机制。财政政策对收入分配的影响是通过财政政策工具——收入工具和支出工具来达到其政策目标的。

1. 收入分配的一般性分析

　　通过对收入分配理论的梳理，我们从中提炼出从收入形成、实现到收入使用的各个环节，影响收入分配的因素主要有要素供求、价格、生产技术、要素积累、市场化程度和政府政，策等，着重分析了各个因素影响收入分配的路径。并介绍了衡量收入公平性的几个指标，为后面章节的实证研究做一铺垫。

2. 财政政策的一般性分析

　　在财政政策的一般性分析中，概括性地解释了财政政策的含义、类型、目标，从财政政策工具角度重点分析了财政政策体系，财政政策主要包括收入政策工具和支出政策工具。收入政策工具主要有税收政策工具、国有企业利润分配政策和国债融资政策工具；支出政策工具又可以划分为购买性支出和转移性支出工具。每项政策工具对经济的调节作用不尽相同，但都是围绕财政政策的目标展开的。

3. 财政政策的收入分配效应分析

　　财政政策的收入分配效应具体体现为财政政策工具对收入分配的影响。我们着重分析了税收政策、国有企业利润分配政策、国债政策和财政支出政策对收入分配（初次分配和再分配）影响的内在机理，为以后章节的实证研究奠定理论基础。

第3章 我国收入分配体制与财政政策实践分析

整个社会经济活动由生产、分配、交换和消费构成，有经济活动就离不开分配，所以收入分配是社会经济再生产的一个重要环节。从建国到现在的经验表明，我国政府历来都比较重视经济领域中的收入分配政策，每次经济体制的改革都涉及经济利益的调整，实际就是收入分配格局的调整，以利于经济政策的顺利实施和经济的平稳运行发展。

3.1 我国收入分配体制时空演进

3.1.1 计划经济体制下收入分配政策的演进

1949 年新中国成立后，我国经济面临崩溃的边缘，新一代领导人高瞻远瞩，在积极从事政治经济等工作转换的基础上，实行了一系列的收入分配政策，如表 3－1 所示。

表 3－1 　　　　　　　　　　计划经济体制下收入分配政策演变

年份	重大事件	收入分配政策演变
1949～1952	没收官僚资本；土地改革	实行公私兼顾、劳资两利；低工资、多就业和劳动致富的收入分配政策
1953～1956	对资本主义工商业进行大规模的社会主义改造	实行以按劳分配为主、兼顾平等的分配体制
1958 年"大跃进"时期和十年"文化大革命"时期	城市形成了"低工资、多就业、加补贴"的工资模式	单一的平均主义的分配模式，取代了按劳分配的方式
	农村人民公社运动	单一化、固定化和平均化的分配模式

由此可以看出，计划经济体制下，我国所有制形式为单一公有制形式，这种形式决定我国当时的分配体制为高度集中的计划分配体制，其实质是平均主义的分配方式，这种分配方式的长期存在，挫伤了劳动者的生产积极性，社会生产力发展迟缓。正如邓小平所说："过去搞平均主义，吃'大锅饭'，实际上是共同落后，共同贫穷，我们就是吃了这个亏。"①

3.1.2　改革开放以来收入分配体制的演进

1978 年拉开了经济体制改革的序幕，收入分配体制作为经济体制改革的切入点，其改革的重心是打破"平均主义"现象，调动广大人民群众的生产积极性。当年 12 月的中央工作会议上，邓小平提出："在经济政策上，我认为要允许一部分地区、一部分企业、一部分工人农民，由于辛勤努力成绩大而收入先多一些，生活先好起来。一部分人先好起来，就必然产生极大的示范力量，影响左邻右舍，带动其他地区、其他单位的人们向他们学习。这样，就会使整个国民经济不断地波浪式地向前发展，使全国各族人民都比较快地富裕起来。"以此为契机，中国的收入分配体制改革先后经历了四个阶段的政策演变。

1. 1978～1984 年：以农村家庭联产承包责任制为核心的收入分配体制改革恢复期

农村家庭联产承包责任制的核心是以家庭为单位，农户向集体组织承包土地等生产资料，完成生产任务的农业生产责任制形式。这期间的收入分配体制的改革和演变可以由表 3－2 概括。

表 3－2　　　　　　　　　　1978～1984 年我国收入分配体制演变

年份	重大事件	收入分配体制演变
1978	十一届三中全会；农村家庭联产承包责任制	确立按劳分配、多劳多得是社会主义的分配原则；在农村实行"交够国家的，留足集体的，剩下全是自己的"，明确划分了国家、集体、个人的责、权、利
1979	扩大国营工业企业经营管理自主权；实行奖励和计件工资制度	放权让利使企业获得了一定的经营自主权和部分的分配决策权；开始恢复和试行计件工资和奖金制度
1980	全民所有制企业推行了经济责任制	企业职工的工资开始浮动
1983	国营企业实行利改税	企业奖金开始同经济效益联系起来

---

① 《邓小平文选》第三卷［M］．北京：人民出版社，1993：155．

在此期间，农村家庭联产承包经营基本确定了新时期农村居民收入分配制度的框架，打破了平均主义，逐步恢复了按劳分配的收入分配体制。城市里，恢复计件工资和奖金制度，调动了职工的劳动积极性；国营企业实行的利改税，增强了企业的活力，但真正的收入分配政策改革尚未触及，只是恢复了按劳分配的收入分配体制。

2. 1984～1992 年：以城市改革为重心的收入分配体制改革探索期

农村家庭联产承包责任制改革的成功，其示范效应推动了城镇收入分配体制改革，城市收入分配体制改革是以国有企业改革为重心展开的，改革的主要内容如表 3－3 所示。

表 3－3   改革探索期的收入分配体制

年份	重大事件	收入分配体制演变
1984	中共十二届三中全会通过中共中央关于经济体制改革的决定	以减税让利为核心实行企业利润留成办法、两步利改税、承包制、税利分流试点等，规范和调整国家与企业的关系
1985	国营企业工资改革	改革国营企业工资制度，引入多种分配方式
1985	国家机关和事业单位工资改革	建立了职务工资为主的结构工资制和正常的晋级增资制度
1987	党的十三大	按劳分配为主体，其他分配方式为补充
1991	"八五"计划纲要	结合价格、住房和医疗制度的改革，把一部分福利补贴纳入工资，并同工资调整和工资制度改革结合起来，改变补贴中的平均主义现象，实现收入货币化

1984～1992 年，我国收入分配政策逐步扭转了计划经济时期的高度平均的现象，确立了"按劳分配为主，其他分配方式为辅"的分配政策。

3. 1992～2003 年：收入分配体制改革的市场导向期

1992 年，小平同志的南方谈话为市场经济体制改革揭开了神秘的面纱。中共十四大确立了社会主义市场经济体制，与之相适应，我国的收入分配体制改革也以市场为导向，逐步形成了"效率优先，兼顾公平"的收入分配理念，即"初次分配注重效率，再分配注重公平"。分配方式由以"按劳分配为主，多种分配方式并存"转向"按劳分配与按劳动、资本、技术和管理等生产要素的贡献分配相结合"的收入分配政策。这期间收入分配改革的主要内容如表 3 – 4 所示。

表 3 – 4　　　　　　　　　　市场导向期的收入分配政策

年份	重大事件	收入分配政策演变
1992	党的十四大	建立现代企业制度，进一步理顺国家与国有企业的分配关系；改革企业工资制度，实行企业经营者年薪制
1992	下发《深化企业劳动人事、工资分配、社会保险制度改革的意见》	加快国有企业福利制度改革步伐
1993	八届全国人大一次会议	改革机关、事业单位工资制度；实行动态调控的弹性工资计划
1993	出台《中华人民共和国个人所得税法》；1999 年开征利息税	完善收入再分配制度
1995	八届全国人大三次会议	加快国有企业福利制度改革
1995	下发《现代企业制度试点企业劳动工资社会保险制度改革办法》	企业经营者试行年薪制、股权激励在内的多种分配方式
1997	党的十五大	允许和鼓励资本、技术等生产要素参与收益分配，提出要把按劳分配和按生产要素分配结合起来
1999	党的十五届四中全会	提出建立与现代企业制度相适应的收入分配制度
2002	党的十六大	确立劳动、资本、技术和管理等生产要素按贡献参与分配的原则

4. 2003 年至今：收入分配体制改革的深化期

经济体制改革以来的收入分配体制的改革，极大地激发了广大劳动者的生产积极性，促进了我国经济和社会的快速发展。然而，收入分配体制的改革涉及各方利益主体，所以，收入分配体制改革是一项长期而艰巨的任务，随着我国经济快速发展，收入分配差距扩大的趋势日益显现，特别是同效率提高无关的灰色收入膨胀，即所谓的暴富，更引起了群众的强烈不满，从 2003 年起，政府以科学发展观为指导，逐步完善深化我国的收入分配政策。这一时期收入分配体制改革涉及的主要内容如表 3 – 5 所示。

表 3 - 5   深化期的主要收入分配政策

年份	重大事件	收入分配政策演变
2004	国务院国有资产监督管理委员会发布了《关于加强人工成本控制规范收入分配有关问题的通知》	建立职工住房补贴制度、住房公积金制度、企业年金制度以及实施股权激励等收入分配重大事项
2005	启动了新一轮的公务员工资制度改革	规范公务员收入分配秩序，完善事业单位收入分配制度
2006	"十一五"规划	扩大中等收入者比重
2007	《国务院关于试行国有资本经营预算的意见》《中央企业国有资本收益收取管理暂行办法》	试行国有资本经营预算；国家恢复了对国企红利的收缴
2007	党的十七大	深化收入分配制度改革；初次分配和再分配都要处理好效率和公平的关系，再分配更加注重公平
2005~2011	三次修订个人所得税；调整消费税、营业税、试点房产税	加大收入再分配力度
2010	十二五规划	尽快扭转收入差距扩大趋势
2004~2011	党中央、国务院连续发出八个指导农业农村发展的"一号文件"	统筹城乡发展，增加农民收入
2012	政府工作报告	深化收入分配制度改革，抓紧制定收入分配体制改革总体方案

　　这一阶段收入分配体制改革不断深化，改革的内容由点及面逐步从微观向宏观，从初次分配到再分配拓展。收入分配体制改革经历了从单一到全面的过程，系统性要求不断提高，对公平与效率的认识有了深化。对公平与效率的认识深化，进一步推动了收入分配体制改革，既有利于增加社会财富，提高经济效益，又有利于促进社会公平正义，维护各方合法权益。

3.2　我国收入分配体制运行的实际效果

　　通过以上分析可知，与经济体制改革并行的我国收入分配体制时空演进历程为：多种分配方式→平均主义（"大锅饭"）→恢复按劳分配→按劳分配为主，多种分配方式并存→按劳分配和按生产要素贡献分配相结合的收入分配体制。由经济体制改革前的平均主义到经济体制改革后的强调效率，再到"效率优先，兼顾公平"和现在的"初次分配和再分配都要处理好公平与效率的关系"的转变，体现了我国收入分配体制改革也是"摸着石头过河"式的改革，那么我国收入分配体制运行的实际效果如何呢?

3.2.1　我国收入分配体制运行的正效应

1. 社会主义初级阶段的收入分配制度基本确立

我国经济社会的发展和经济体制改革的完善，使得与之相伴的分配体制适应其变化，逐步形成社会主义初级阶段的收入分配制度：按劳分配和按要素分配相结合的分配方式。即劳动、资本、技术和管理等要素都能参与分配，使得居民收入来源日益多元化，收入水平不断提高。

2. 理顺了国家、企业和个人的关系

市场经济体制改革之前，特别是在"一大二公"高度集中的计划经济体制下，政府作为最大的"家长"对企业的一切事务都要操办，造成"政企不分""政社不分"的局面，极大地挫伤了工人和农民的积极性。经济体制改革以后，"政企分离""政社分离"，逐步理顺了国家、企业和个人的分配关系，调动了广大人民的积极性。

3. 人民生活水平大幅提高

总体来看，在我国经济持续快速增长和收入分配体制改革的进程中，居民总体收入水平得到了快速增长，人民生活质量日益改善和提高。

(1) 收入水平不断提高。经济体制改革以后，城乡居民的收入水平得到了很大的提高（如图 3 - 1 所示），剔除物价因素的影响，城镇居民可支配收入从 1978 年的 343.40 元增加到 2010 年的 4703.58 元，提高了 12.70 倍，年均增长 8.25%，农村居民纯收入从 1978 年的 133.60 元增加到 2010 年的 1456.90 元，提高了 9.91 倍，年均增长 7.51%。

(2) 消费结构升级，生活质量不断提升。从图 3 - 2 可知，城镇居民消费支出结构中，食品支出比例呈明显下降趋势，教育文化娱乐支出和交通通信支出呈稳态上升趋势，特别是交通通信支出由 1990 年的 1.2% 上升至 2010 年的 14.73%，其次是医疗保健支出由 1990 年的 2.01%，达到 2005 年的最高值为 7.56%，消费结构明显改善。

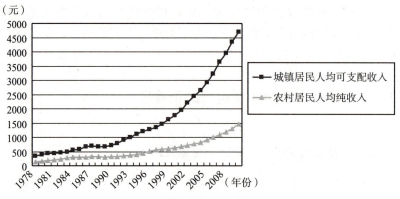

图 3 - 1　城乡居民人均收入水平

注：数据来源于中经网统计数据库。

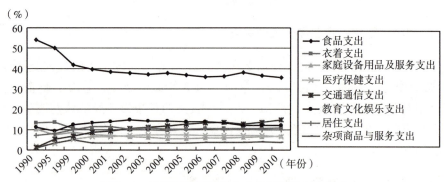

图 3 - 2　城镇居民平均每人全年消费性支出构成

注：数据来源于中经网统计数据库。

　　消费结构的升级，使得恩格尔系数逐年降低。恩格尔系数是反映一个国家居民的生活质量的一个指标，系数越大说明一个国家越穷，生活质量越差，反之则说明生活质量越好。从表 3 - 6 可知，我国城镇居民的恩格尔系数从 1978 年的 57.5% 下降至 2010 年的 35.7%，农村居民的恩格尔系数从 1978 年的 58.6% 下降至 2010 年的 41.1%，从 2003 年起，城镇居民的恩格尔系数加权平均后在 40% 以下，说明我国已达到小康状态。可以预测，随着我国经济的稳定发展和收入分配体制的改善，恩格尔系数还将不断降低。

表 3 - 6　　　　　　　　城乡家庭恩格尔系数

年份	城镇家庭恩格尔系数（%）	农村家庭恩格尔系数（%）	年份	城镇家庭恩格尔系数（%）	农村家庭恩格尔系数（%）
1978	57.5	67.7	1995	50.1	58.6
1979	—	64.0	1996	48.8	56.3
1980	56.9	61.8	1997	46.6	55.1
1981	56.7	59.9	1998	44.7	53.4
1982	58.6	60.7	1999	42.1	52.6
1983	59.2	59.4	2000	39.4	49.1
1984	58.0	59.2	2001	38.2	47.7
1985	53.3	57.8	2002	37.7	46.2
1986	52.4	56.4	2003	37.1	45.6
1987	53.5	55.8	2004	37.7	47.2
1988	51.4	54.0	2005	36.7	45.5
1989	54.5	54.8	2006	35.8	43.0
1990	54.2	58.8	2007	36.3	43.1
1991	53.8	57.6	2008	37.9	43.7
1992	53.0	57.6	2009	36.5	41.0
1993	50.3	58.1	2010	35.7	41.1
1994	50.0	58.9			

注：数据来源于中经网统计数据库。

4. 财税分配调节作用日益显现

随着经济体制改革的深入和市场经济的完善，我国财税制度不断健全，尤其是财政政策对收入分配的条件作用日益显著（见 3.3 我国财政政策及相关政策调节收入分配的实践分析的阐述）。

3.2.2　我国收入分配体制存在的问题

我国收入分配体制取得很大进步，但对此改革的任务远远没有完成。在新的历史时期、新的发展阶段，我国收入分配体制在许多方面尚需完善，突出地表现在初次分配劳资分配比例失调，三部门利益分配失衡；再分配领域居民收入差距仍在扩大；财政政策对收入分配的调节力度不够等。

1. 收入初次分配:"两个比重"① 过低

由于我国经济体制改革是以调动广大人民的积极性为起点,国家分配政策由开始的"放权让利"到实行市场经济时强调"初次分配注重效率",再加上我国劳动力要素充裕而资本相对稀缺,使得我国国民收入在初次分配环节就表现出"强资本、弱劳动",国家、企业与居民之间分配利益的不协调,造成初次分配环节"两个比重"较低。为此,党的十七届五中全会提出要努力提高"两个比重"(如图3-3所示)。

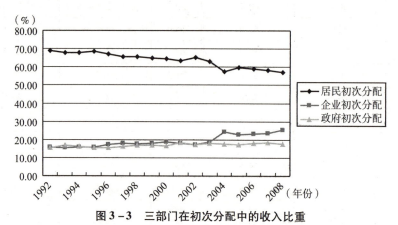

图3-3 三部门在初次分配中的收入比重

注:数据来源于《中国统计年鉴》(1999-2010)资金流量表(实物交易)。

从图3-3可以看出,1992~2008年,我国居民收入在国民收入初次分配中所占比重是逐年下降的,从1992年的68.89%降至2008年的57.23%,17年间下降了将近17%,几乎每年下降1%;而与此形成鲜明对照的是,企业收入在国民收入初次分配格局中的比重几乎是每年都在上升,由1992年的15.78%上升至2008年的25.26%,上升了近10%。而从另外一个角度来看初次分配过程(见表3-7),即按收入法核算的国内生产总值构成项目中,1993~2010年,我国劳动收入占GDP的比重在20世纪90年代54%以下的水平,到了21世纪这种占比较低的情况不但没有改观,反而是逐年下降(2008年以后稍有改观),至2007年降到39.74%。"两个比重"的降低说明我国国民收入在初次分配中是极不公平的,由此,我国收入分配体制改革中,政府在初次分配中应有很大的发挥空间,特别应发挥财政政策对初次收入分配的调节作用。

---

① 两个比重指居民收入在国民收入中的比重和劳动者报酬在初次分配中的比重。

表 3 - 7　　　　　　　　　各年收入法国内生产总值构成

年份	国内生产总值（亿元）	劳动者报酬（亿元）	生产税净额（亿元）	固定资产折旧（亿元）	营业盈余（亿元）	劳动者报酬/GDP（%）	营业盈余/GDP（%）
1993	34227.44	17327.49	3989.12	4729.23	8181.94	50.62	23.90
1994	45383.69	23235.82	5406.88	6184.75	10556.24	51.2	23.26
1995	57535.2	29596.8	7457.09	7056.76	13424.54	51.44	23.33
1996	68584.3	36531.2	8781.42	8621.86	14558.82	53.26	21.23
1997	76956.61	40628.24	10486.41	10124.99	15716.97	52.79	20.42
1998	82780.25	43988.95	11981.24	11092.35	15717.71	53.14	18.99
1999	87671.13	45926.43	13209.04	11870.17	16665.49	52.38	19.01
2000	97209.37	49948.07	14972.41	13760.27	18528.61	51.38	19.06
2001	106766.26	54934.65	16779.28	15027.36	20024.97	51.45	18.76
2002	118020.69	60099.14	18493.77	16573.12	22854.64	50.92	19.36
2003	135539.14	67260.69	21551.46	19362.42	27364.57	49.62	20.19
2004	135539.14	67260.69	21551.46	19362.42	27364.57	49.62	20.19
2005	197789.03	81888.02	29521.99	27919.21	58459.81	41.4	29.56
2006	231053.34	93822.83	32726.66	33641.84	70862.02	40.61	30.67
2007	275624.62	109532.27	40827.52	39018.85	86245.97	39.74	31.29
2008	327255.91	142592.22	48923.505	44564.4775	91166.96	43.57	27.86
2009	365303.69	170299.71	55531.11	49369.64	90103.24	46.62	24.67
2010	437041.99	196714.07	66608.73	56227.58	117456.61	45.01	26.88

注：数据来源于《中国国内生产总值核算历史资料（1952 - 2004）》和《中国统计年鉴》（2005 - 2011）。

2. 收入再分配：社会收入差距日益扩大

伴随着经济高速发展，我国的分配状况不但在初次分配环节出现了分配结构不合理现象，而且这种情况也影响到再分配的结果，再分配环节呈现出居民收入差距日益扩大的趋势，这种趋势主要表现在以下几个方面。

（1）居民间收入差距扩大。基尼系数是国际上公认的判断一国或者地区收入平均程度的最基本指标。从图 3 - 4 可以看出，我国从经济体制改革以来，居民间收入差距呈逐步扩大趋势，具体来说，我国居民收入分配差距的变动大体经历了三个阶段。第一阶段，1978～1984 年，总体呈下降的小幅波动，全国基尼系数从 1978 年的 0.3043 下降至 1984 年的 0.2711，1983 年曾下降至 0.2693 的最低值，这一时期全国居民间收入分配相对比较公平；第二阶段，1985～1992年，总体呈缓慢上升的趋势，收入差距不断拉大，但基尼系数一直在0.4以下，说明收入差距还在合理的范围之内；第三阶段，1993～2006年，这段时间收入差距总体呈上升态势，且基尼系数除1996年和1997年在0.4以下，其他年份基尼系数都在0.4以上，2003年甚至达到0.4657，说明我国收入差距持续增大已致超出合理界限，这一点已成为绝大多数学者和国际研究机构的共识。

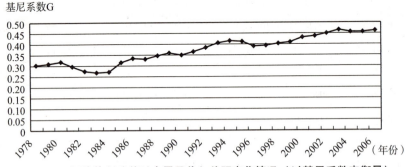

基尼系数G

图3－4　经济体制改革以来居民收入差距变化情况（以基尼系数来衡量）

资料来源：陈建东，戴岱. 加快城镇化进程与改善我国居民的收入不平等［J］. 财政研究，2011（02）：50.

（2）城乡居民收入差距扩大。新中国成立以后，我国走的是典型的二元经济社会结构的模式，长期以来，城市的经济社会发展都快于农村。计划经济体制下，户籍制度进一步强化了原来的二元经济结构，经济体制改革后，特别是先于城镇改革的——以家庭联产承包责任制为核心的农村改革，大大调动了农民的生产积极性，再加上国家提高农产品的收购价格，曾一度使农村居民的收入增长速度快于城镇，所以1978～1985年城乡之间的收入差距有所缩小；随着1984年后经济体制改革由农村转向城市，加上农业生产资料价格的上涨，抬高了农业生产的成本，抑制了农村居民的收入水平，使得城镇居民的收入从1986起快于农村，城乡收入差距又开始拉大。1995～1997年，由于连续几年的农业大丰收，支撑了农村居民收入的快速增长，这一时期，城镇国有企业"减员增效"，政府机构改革，使得下岗和失业人员增加，直接影响城镇居民收入，所以这段时期，农村居民收入增长速度超过城镇，城乡收入差距有所回落，但是此后，几乎每年城镇居民收入增长速度都超过农村，特别是2002年以后，城乡居民年均收入比超过3倍，最高的年份达到3.33倍，几乎是国际的一般水平的2倍[①]；直至2004年以

---

① 国际一般水平为1.7倍，见：梅洪常等. 经济增长与结构优化［M］. 北京：经济管理出版社，2007：148.

后，中央连续八个"一号文件"都是关于"三农"的，更多政策倾斜于农村，使得城乡收入差距几近停止，至 2010 年，农村居民收入增长速度甚至远远超过城镇，使城乡差距有所缓和。从绝对量看，表 3 - 8 显示，扣除通货膨胀因素后，城镇居民年人均收入差由 1978 年的 209.80 元增加到 2010 年的 3246.68 元，从 1984 年后呈逐年扩大的趋势。而且，从总体来看，城镇居民年均收入增长速度快于农村（如图 3 - 5 所示）。如果考虑到社会保障和住房补贴等因素，城乡收入差距更大。

表 3 - 8　　　　　　　　　　　城乡居民收入水平

年份	城镇居民人均可支配收入（元）	农村人均年纯收入（元）	城乡居民收入差别（元）	城乡居民收入比
1978	343.40	133.60	209.80	2.57
1979	397.06	157.06	240.00	2.53
1980	441.73	176.93	264.80	2.50
1981	451.97	201.78	250.19	2.24
1982	474.48	239.41	235.07	1.98
1983	493.05	270.54	222.51	1.82
1984	553.96	301.83	252.13	1.84
1985	577.08	310.44	266.64	1.86
1986	663.59	312.17	351.43	2.13
1987	687.92	317.56	370.35	2.17
1988	683.70	315.66	368.03	2.17
1989	675.64	295.80	379.84	2.28
1990	727.38	330.57	396.81	2.20
1991	796.02	331.68	464.34	2.40
1992	900.01	348.17	551.84	2.58
1993	1011.15	361.56	649.59	2.80
1994	1127.04	393.60	733.44	2.86
1995	1202.67	443.03	759.63	2.71
1996	1280.66	509.76	770.90	2.51
1997	1354.88	548.77	806.11	2.47
1998	1462.43	582.80	879.62	2.51

续表

年份	城镇居民人均可支配收入（元）	农村人均年纯收入（元）	城乡居民收入差别（元）	城乡居民收入比
1999	1626.85	614.25	1012.60	2.65
2000	1771.81	635.77	1136.04	2.79
2001	1950.95	673.03	1277.92	2.90
2002	2219.62	713.36	1506.26	3.11
2003	2443.77	756.36	1687.41	3.23
2004	2643.60	823.92	1819.68	3.21
2005	2920.86	906.05	2014.81	3.22
2006	3241.00	988.60	2252.40	3.28
2007	3660.36	1099.35	2561.02	3.33
2008	3956.63	1193.60	2763.03	3.31
2009	4358.40	1307.72	3050.69	3.33
2010	4703.58	1456.90	3246.68	3.23

注：资料来源于中经网统计数据库，数据采用 1978 年 = 100 的全国商品零售价格指数进行了调整，以剔除物价因素的影响。

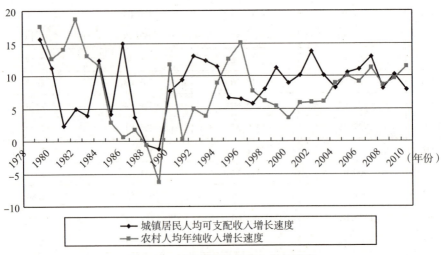

图 3 - 5　城乡居民人均收入增长速度

（3）城乡内部收入差距扩大。不但城乡之间的收入分配不平等，而且城乡内部的收入差距也存在同样的困境。首先从城镇居民内部的收入差距来看，按照七分组，1997~2010 年，我国城镇 10% 的最低收入户人均可支配收入从 2430.24 元增长到 5948.11 元，增长 1.45 倍；而同期的 10% 的最高收入户人均可支配收入从 10250.93 元增长到 51431.57 元，增长高达 4.02 倍。最高和最低 10% 的收入户之间年均收入差从 1997 年的 7820.69 元扩大至 2010 年的 45483.46 元，扩大倍数也从 1997 年的 4.22 倍增加至 2010 年的 8.65 倍，翻了一番还多，而 2005 年更是高达 9.18 倍。

农村居民内部的收入差距，我们可以从可得 2002~2010 年的农村五等分组农村居民纯收入的数据获知，20% 的低收入户居民年人均纯收入从 857.13 元增加至 1869.80 元，增长了 2.18 倍，最高和最低 20% 的收入户之间年均收入差从 2002 年的 5038.80 元增加到 2010 年的 12179.89 元，收入比 2002 年为 6.88：1，2009 年达到 7.95：1，农村内部贫富差距呈缓慢扩大之势，到了 2010 年这一比重降为 6.51：1，内部贫富差距有所降低。

总体看来，城镇内部的收入差距远远大于农村内部的收入差距。主要是因为城镇内部部门之间和行业之间的收入差距拉大所引起的，再加上城镇居民收入来源渠道的多元化，加剧了城镇内部居民之间的收入差距；而国家过去几年采取的惠农政策、社会保障和扶贫开发等政策，使得农村内部收入差距相对来讲比较稳定。

（4）行业间收入差距扩大。1978 年至今，仅从行业间平均工资来看，各行业之间收入差距呈现出缩小→扩大→弱缩小的态势。统计年鉴中按国民经济行业分组（如表 3-9 所示）数据显示，1978~1990 年，全国城镇单位就业人员平均工资最高收入行业与最低收入行业之间的差距由 1978 年的 2.17 倍缩小至 1990 年的 1.72 倍；20 世纪 90 年代以后行业间收入差距逐年扩大，2006 年达到峰值，最高收入行业——信息传输、计算机服务和软件业是最低收入行业——农、林、牧、渔业的 4.69 倍；从 2006 年至今，行业间的收入差距出现逐渐缩小的迹象，最高收入行业与最低收入行业收入之比由 2006 年的 4.69 倍缩小至 2010 年的 4.20 倍。如果将工资外收入纳入考察，行业间的收入差距会更大。

表 3-9　　　　　　　　　　历年行业平均工资差距比较

年份	平均工资最高的行业	数值（元）	平均工资最低的行业	数值（元）	最高/最低
1978	电力、煤气及水的生产和供应	850	社会服务	392	2.17
1980	电力、煤气及水的生产和供应	1035	社会服务	475	2.18
1985	地质勘探业、水利管理业	1406	社会服务	777	1.81
1990	电力、煤气及水的生产和供应	2656	农、林、牧、渔业	1541	1.72

续表

年份	平均工资最高的行业	数值（元）	平均工资最低的行业	数值（元）	最高/最低
1995	电力、煤气及水的生产和供应	7843	农、林、牧、渔业	3522	2.23
2000	科学研究和综合技术服务	13620	农、林、牧、渔业	5184	2.63
2001	科学研究和综合技术服务	16437	农、林、牧、渔业	5741	2.86
2002	金融、保险业	19135	农、林、牧、渔业	6398	2.99
2003	信息传输、计算机服务和软件业	30897	农、林、牧、渔业	6884	4.49
2004	信息传输、计算机服务和软件业	33449	农、林、牧、渔业	7497	4.46
2005	信息传输、计算机服务和软件业	38799	农、林、牧、渔业	8207	4.73
2006	信息传输、计算机服务和软件业	43435	农、林、牧、渔业	9269	4.69
2007	信息传输、计算机服务和软件业	47700	农、林、牧、渔业	10847	4.40
2008	信息传输、计算机服务和软件业	54906	农、林、牧、渔业	12560	4.37
2009	金融、保险业	60398	农、林、牧、渔业	14356	4.21
2010	金融业	70146	农、林、牧、渔业	16717	4.20

注：数据来源于《中国统计年鉴》2004年版和2011年版。

（5）地区间收入差距扩大。我国幅员辽阔，人口众多，自然条件和历史文化习俗各异，是社会经济文化发展很不平衡的国家。我国中、东、西①三大自然地带之间，本来就有自然条件、经济发展水平的差异，再加上经济体制改革以后，我国政府实行的对东部倾斜的政策和我国经济体制实施"实验推广"模式的改革，② 这在当时的经济社会背景下，是"让一部分人先富起来"和"让一部分地区先富起来"的具体体现。这些政策的实行使得东部沿海获得了优先发展的区域优势，但同时也加大了东、中、西之间居民的收入差距。

如表3-10所示，三大自然地带东、中、西城镇居民人均收入差距从1978~2010年绝对额和相对额都呈现出扩大的变动轨迹。从绝对收入差距来看，1978年东、中、西城镇居民年人均可支配收入分别为366.97元、307.94元和329.94元，到2010年，这一数据分别为22312.73元、15826.38元和14990.84元；

---

① 按照习惯划分，东部地区：包括北京、天津、河北、辽宁、上海、江苏、浙江、福建、山东、广东、广西、海南12个省（自治区、直辖市），中部地区：包括山西、内蒙古、吉林、黑龙江、安徽、江西、河南、湖北、湖南9个省（自治区），西部地区：包括重庆、四川、贵州、云南、西藏、陕西、甘肃、宁夏、青海、新疆10个省（自治区、直辖市）。

② 盛洪. 中国的过渡经济学 [M]. 上海：格致出版社，2009：200-201.

从相对收入差距来看，1978 年，城镇居民人均可支配收入东、中、西之比为
1.11：0.93：1，其后这一比重相对稳定，直到 1989 年后，这一比重逐年拉大，
2006 年达到最大，其后几年又趋于平稳；中、东、西农村居民纯收入也存在收
入差距拉大的变化趋势，而且收入差距明显大于城镇，如农村居民的纯收入 1978
年东、中、西分别为 164.08 元、125.97 元和 127.8 元，相对比为 1.28：0.99：1，
到 2010 年，东、中、西纯收入分别达到 8121.05 元、5640.63 元和 4263.61 元，
相对比为 1.90：1.32：1。

表 3-10　　　　　　　　三大自然地带居民人均收入对比

年份	城镇				农村			
	东（元）	中（元）	西（元）	东、中、西之比	东（元）	中（元）	西（元）	东、中、西之比
1978	366.97	307.94	329.94	1.11：0.93：1	164.08	125.97	127.87	1.28：0.99：1
1979	426.83	337.24	357.43	1.19：0.94：1	208.87	168.88	136.46	1.53：1.24：1
1980	482.40	400.59	408.14	1.18：0.98：1	222.15	188.32	171.96	1.29：1.10：1
1981	494.85	425.41	442.68	1.12：0.96：1	264.17	231.76	196.43	1.34：1.18：1
1982	536.57	452.26	473.50	1.13：0.96：1	336.87	269.59	229.10	1.47：1.18：1
1983	569.53	475.17	503.98	1.13：0.94：1	356.72	327.18	254.09	1.40：1.29：1
1984	668.12	540.63	594.64	1.12：0.91：1	425.19	369.37	285.78	1.49：1.29：1
1985	813.29	646.65	738.44	1.10：0.88：1	470.24	380.32	322.57	1.46：1.18：1
1986	964.83	782.74	869.47	1.11：0.90：1	519.73	407.80	341.50	1.52：1.19：1
1987	1091.72	866.40	973.07	1.12：0.89：1	593.46	436.82	364.16	1.63：1.20：1
1988	1318.90	1012.13	1115.25	1.18：0.91：1	719.17	500.84	428.28	1.68：1.17：1
1989	1546.71	1175.10	1270.32	1.22：0.93：1	801.07	534.64	458.24	1.75：1.11：1
1990	1714.06	1277.61	1394.56	1.23：0.92：1	909.70	649.45	551.85	1.65：1.18：1
1991	1932.18	1432.82	1594.50	1.21：0.90：1	974.56	619.19	573.79	1.70：1.08：1
1992	2379.62	1700.74	1949.18	1.22：0.87：1	1085.85	711.50	619.02	1.75：1.15：1
1993	3134.61	2114.55	2276.43	1.38：0.93：1	1315.86	815.72	681.40	1.93：1.20：1
1994	4285.55	2878.33	3145.37	1.36：0.92：1	1703.82	1105.36	858.20	1.99：1.29：1
1995	5217.67	3546.47	3668.47	1.42：0.97：1	2219.42	1422.34	1051.60	2.11：1.35：1
1996	5870.88	4019.21	4453.99	1.32：0.90：1	2630.87	1797.71	1271.10	2.07：1.41：1
1997	6276.46	4318.11	4484.50	1.40：0.96：1	2845.37	1978.03	1398.84	2.03：1.41：1

年份	城镇				农村			
	东（元）	中（元）	西（元）	东、中、西之比	东（元）	中（元）	西（元）	东、中、西之比
1998	6573.55	4492.09	4753.89	1.38：0.94：1	2985.78	2054.32	1500.78	1.99：1.37：1
1999	7145.54	4837.11	5302.07	1.35：0.91：1	3062.60	2058.31	1519.76	2.02：1.35：1
2000	7681.92	5164.74	5681.11	1.35：0.91：1	3159.60	2070.66	1568.50	2.01：1.32：1
2001	8447.96	5641.34	6185.99	1.37：0.91：1	3356.00	2154.78	1639.79	2.05：1.31：1
2002	9185.64	6334.07	6673.25	1.38：0.95：1	3555.70	2269.31	1740.22	2.04：1.30：1
2003	10150.74	7033.75	7202.67	1.41：0.98：1	3772.59	2391.83	1868.93	2.02：1.28：1
2004	11286.80	7861.49	7914.00	1.43：0.99：1	4141.68	2751.98	2071.78	2.00：1.33：1
2005	12584.20	8786.90	8597.82	1.46：1.02：1	4654.01	3024.68	2278.38	2.04：1.33：1
2006	14100.59	9864.76	9428.46	1.50：1.05：1	5144.64	3357.22	2479.63	2.07：1.35：1
2007	16131.57	11517.25	10921.90	1.48：1.05：1	5815.65	3921.85	2887.35	2.01：1.36：1
2008	18401.32	13113.81	12432.28	1.48：1.05：1	6577.24	4562.72	3342.86	1.97：1.36：1
2009	20065.45	14260.96	13545.16	1.48：1.05：1	7136.99	4887.24	3654.21	1.95：1.34：1
2010	22312.73	15826.38	14990.84	1.49：1.06：1	8121.05	5640.63	4263.61	1.90：1.32：1

注：数据来源于中经网统计数据库相关数据整理计算。

3. 政府分配职能越位和缺位并存

市场经济运行机制是以效率为核心，对收入分配的公平性往往不能有效解决或无能为力。通过第 2 章财政政策工具运行机制的分析可知，政府在初次分配和再分配环节都可以利用其特殊的"身份"，合理调节整个社会的收入分配，主要是运用财税制度和社会保障制度。虽然从建国至今，我国收入分配体制运行经历了不同的收入分配模式，初步建立了适合我国当前经济和社会的收入分配体制，但是，由于改革的不彻底和管理过程中出现的漏洞，我国政府在调节收入分配方面存在"越位"和"缺位"的情况。

（1）分配职能的"越位"。我国政府分配职能的"越位"主要体现在，生产领域中有些行业由于政府的"插手"，形成垄断行业，如我国的电信、邮电、铁路、航空、石油、烟草等关系国民经济命脉的行业，这些垄断行业获得超额垄断利润，而国家对这些行业利润"分红"不足或缺失，由此，加剧了行业和城镇内部收入差距；税收的越权减免，有些地方政府，为了能够吸引外资，对外商提供包括税收减免在内的优惠条件，进一步加大了地区间收入的不平等程度。

（2）分配职能的"缺位"。"缺位"体现在：公共产品提供不足，特别是农村公共产品的提供不足，制约了农村经济社会的发展，再加上长期的"二元"经济结构模型，和"三农"投资不足，使得城乡差距扩大，收入差距过大是其最核心的表现；如基础教育投资不足，"九年义务教育"在我国真正实现才 3 年多，贫困人口的受教育机会受到限制，出现"穷者愈穷"的恶性循环；垄断行业所有权缺失、反贫困政策监管的缺失、社会保障制度不健全、财产税的缺失等都是政府在分配领域的"不作为"。凡此种种，由于政府在分配职能方面的"越位"和"缺位"，使得我国收入分配不公、收入差距过大的局面难以改观。

3.3　我国财政政策及相关政策调节收入分配的实践分析

3.2 节内容分析我国收入分配政策演进过程中已经涉及我国财政政策对收入分配调节的内容，本节将系统分析我国财政政策和其他相关政策对收入分配调节的实践运用。

3.3.1　计划经济时期财政政策的收入分配实践分析

财政政策是国家对经济进行宏观调控的两大政策之一，其对经济的调节亦为对利益格局的重新组合，形成最终的社会分配结果。所以从建国到现在，我国所经历的财政政策的实践，都与收入分配格局的调整存在内在的联系，下面，以我国财政政策的实践分析为线索，分阶段剖析我国财政政策实施调节收入分配的相关内容。另外需要说明的是，由于国债筹资的政策功能为弥补财政赤字、筹集建设资金和调节经济，对收入分配的影响往往是通过其使用方向来实现的，所以对我国国债调节收入差距的实践，一般从其主要投向进行分析，与财政支出对收入分配的实践分析有交叉的地方。

1. 税收政策

新中国成立后，我国当时面临着巨额财政赤字，物价飞涨，物资匮乏，工农业生产下降的困局，此状急需财政收入解决燃眉之急，基于此，中央人民政府自 1950 年发布了《全国税政实施要则》，此后几经修改完善，使得这一时期税收调控收入分配的功能比较明显，主要体现见表 3 - 11 所示。

表 3 – 11   计划经济时期税收调控收入分配的体现

年份	重大事件	税收调节收入分配的体现
1950	发布了《全国税政实施要则》，建立新中国的税收体系	以工商业税中的所得税调节国家与各种经济成分之间的收入分配关系
1953	修订税制	调节国营和私营企业收入分配水平，调节不同阶级、阶层的收入水平
1958	税制改革，简化税制	弱化了税收对收入分配的调节作用

总之，这一时期税收制度的有利调控，极大地加快了新中国成立初期的社会主义改造进程，对实现这一时期我国的宏观发展战略，发挥了举足轻重的作用。

2. 国有企业利润分配政策

在高度集中的计划经济条件下，国有企业利润分配制度虽然经过了多次改革，但基本模式是：企业在缴纳流转税（增值税、消费税、营业税等）之后，将剩下的利润上缴国家，企业发生亏损由国家补贴。这实际上是统收统支的分配制度，国有企业作为共和国的长子，从原料采购到生产、销售都在国家的统一安排下，企业没有生产自主权，职工的工资、福利也由国家统一安排，企业的利润也全部上缴国家。

3. 国债政策

1950 年，为了保证仍在进行的革命战争的供给和恢复国民经济，新中国发行了"人民胜利折实公债"，其推销对象为大中小城市的工商业者、城乡殷实富户和富有的退职文武官员，同时，在当时严重的通货膨胀情况下，为了保护国债购买者的经济利益，国债发行采用了"折实"。这一国债政策回笼了大批通货，使预算赤字迅速减少，对稳定物价起了重大作用；1954～1958 年，为了进行社会主义经济建设，分五次发行了"国家经济建设国债"，这五期经济建设国债的发行，为国家提供了巨额的建设资金，对于"一五"时期及其后的建设事业起着巨大的作用。这一时期发行的国债从其发行的名称上就知道其主要意图，其使用尚未涉及对收入分配的调节。

4. 财政支出政策

面对当时的巨额赤字，国家严格财政财务管理、节约财政支出，消灭财政赤字，回笼货币，稳定市场，为此，国家财政在"一五"时期集中有限财力，保证重点建设，正确处理中央和地方的关系，促进社会主义工业化的实现；"二五"期间，为促进农业的恢复和发展，实行重农政策，适当增加财政对农业的投资，另外，缩短基本建设战线，调整工业投资结构，在调整中适当发展轻工业，实现农轻重各部门按比例地协调发展。

在高度集中的计划经济体制下，我国财政政策围绕国民经济的恢复而运行，以保障财力的自求平衡为目标，制定了一系列促进经济建设的直接调控措施，而且为适应经济形式的变化作出了适当的调整，为促进国民经济的恢复、发展做出了主要贡献。与此相适应形成高度集中的计划分配体制。这一时期虽然没有单独提出调节收入分配的财政政策，但这一时期实行的税收制度对农村不同阶层的群体收入分配状况确实发挥了积极的作用，但后来社会主义经济改造完成后，随着简化税制的推行，税收政策对分配的调节作用也逐步淡化直至消失。

3.3.2　改革开放以来的财政政策收入分配实践分析

1. 1978～1992 年：有计划的商品经济时期的财政政策

十一届三中全会以后，党的工作重心转移到以经济建设为中心上来。对国民经济提出"调整、改革、整顿、提高"的八字方针，为配合国民经济的调整，国家财政制定了一系列财政分配政策。在税制改革上建立了"内外有别、以流转税和所得税为主体、其他税种相配合"的新的税制体系；国企利润分配制度经历了企业基金、利润留成和两步利改税；这期间恢复了国债的发行，财政支出方面主要体现在价格补贴方面，但这一时期，对收入起调节的财政政策工具主要还是放在税收政策上。

（1）税收调节居民收入分配机制在内容上得到进一步发展。改革开放初期的税改的主要任务是恢复国家税收经济杠杆的作用和解决对外征税问题。为此，从组织上恢复各级税务机构，加强税务干部队伍的建设；在税制改革方面，决定先解决对外征税问题，用以配合贯彻国家的对外开放政策。1980 年 9 月～1981 年12 月，第五届全国人民代表大会先后通过并公布了中外合资经营企业所得税法、个人所得税法和外国企业所得税法，同时国务院宣布，对中外合资经营企业、外国企业和外国人急需征收工商统一税、城市房地产税和车船使用牌照税，这样，就初步形成了一套大体适用的涉外税收制度。对内，为适应企业改革和城市发展的需要，1983 年，国务院在全国试行国营企业"利改税"，为理顺国家和企业的关系迈出了良好的开端；为加快城市经济体制改革的步伐，国务院决定从 1984年 10 月起在全国实施第二步"利改税"和工商税制改革，到 1992 年，我国初步建成了一套内外有别、以流转税和所得税为主体、其他税种相平衡的新的税制体系。企业所得税和外商投资企业和外国企业所得税在调节国家与企业的分配关系，扩大企业的自主权，调动企业和职工的积极性，个人所得税和农牧业税在调节城镇和农村居民的收入分配发挥了一定的作用。另外，通过开征国家能源交通重点建设基金、国家预算调节基金和耕地占用税等，支持农业和瓶颈产业的发展等。

（2）配合国家对农业实行休养生息的经济政策，制定了系列利民惠民的财政政策。

①制定了减免农村税收政策。减免农村税收方面，如对低产缺粮地区，规定了农业税的起征点，起征点以下免税；对农村社队企业还适当提高了工商所得税的起征点，适当放宽了新办社队企业减免税的年限，等等，从而减轻了农村的税负，有利于发展农村的粮食生产和多种经营，也增加了农民的收入。

②制定增加支农投资政策。增加支农投资方面，如农田基本建设拨款，1979年比1978年增加11亿元，达到62亿元；支援社队支出和各项农业事业费，1979年比1978年增加13亿元，达到90亿元；等等，从而促进了农业基本建设的发展和各项农业经济事业的发展。

③制定粮油、农副产品价格补贴政策。粮油、农副产品价格补贴方面，大幅度提高了粮油的收购价格，而国家的销售价格未变，即所谓议价收购、平价销售，因而形成购销倒挂，造成商业部门亏损，这部分亏损由财政予以补贴；此外，对棉花、肉、禽、蛋、菜等农副产品的经营者也予以价格补贴，从而有利于稳定物价，提高人民生活水平，也促进了农业生产的发展。

（3）调整中央与地方、国家与企业的分配关系。为理顺中央政府与地方政府和企业的关系，财政部率先进行了一系列的改革：预算体制上由原来的中央财政统收统支的"一灶吃饭"，改为按照各地区、企业不同情况划分收支，各自吃自己锅里饭的"分灶吃饭"政策；对企业资金的使用由无偿拨款改为银行贷款，即"拨改贷"政策；对企业的基本建设投资实行"投资包干"政策，对企业实行权、责、利相结合的经营管理制度。1985年，实行"划分税种、核定收支、分级包干"的财政体制，1986年，清理"小金库"并将预算外资金纳入制度化管理，其后两次向地方借款，以增加财政收入，减少社会消费基金。

（4）采取系列措施提高居民收入。对企业实行承包经营政策的基础上，提高工资水平，提高农副产品的价格，增加城镇职工的价格补贴，使得城乡居民的收入不断增加，生活水平得到提高；对老少边穷地区实行倾斜性财政政策，促进了这些地区的经济发展，这些地区人民的生活水平也有大幅的增长。至1992年，全国绝大部分地区已经解决了温饱问题，不少地区的人民过上了小康生活。

2. 1993 ~ 1997 年：建立市场经济初期的适度从紧的财政政策

建立社会主义市场经济以后，我国政府对经济的调控手段由原来的行政命令式的直接调控方式逐步转向经济、法律等间接调控方式，调控手段和方式更加灵活，财政政策在调控经济和分配领域的重要作用日益显现。

1993 ~ 1997 年，为治理经济过热和通货膨胀，中国政府实施了适度从紧的财政政策，也就是经济学上的紧缩性财政政策。这次适度从紧的财政政策的内容主要包括：

（1）深化财税体制改革，加强财政宏观调控。1994 年的税收制度改革，确立了以增值税为主体，以消费税、营业税为补充的新的流转税制度，改变了按企业所有制形式设置所得税的做法，将国有、集体、私营企业所得税合并为企业所得税，改变了国有企业承包所得税的做法，规范了企业所得税税前扣除项目和列支标准，取消了国有企业税前还贷优惠政策和上交"两金"等规定；将对国内公民征收的个人收入调节税、对外籍人员征收的个人所得税和城乡个体工商业户所得税合并，建立统一的个人所得税制；对资源税等其他税种，也进行了相应的改革和完善。统一和简化了税制，促进了税负公平，在此基础上，增强了税收对社会主义市场经济的适应程度和对经济的宏观调控能力。与此同时，分税制财政管理体制改革进一步规范和理顺了中央与地方以及各级政府之间的财政分配关系，对于抑制各级政府盲目投资、矫治和解决经济过热、结构失调等问题发挥了重要作用。另外，分税制财政管理体制增强了中央的财政能力，为加强和改善宏观调控提供了必要的财力基础。因此，把加强宏观调控与深化财税体制改革相结合，通过体制改革和机制转换的途径，来消除导致宏观经济失调的体制性、制度性障碍是这次财政政策的亮点之一。

（2）结合国企改制，国企只纳税不缴利。1993 年 12 月，国务院《关于实行分税制财政管理体制的决定》：企业所得税的基本税率为 33%；考虑到部分企业利润上交水平较低的现状，作为过渡办法，增设 27% 和 18% 两档照顾税率；取消各种包税的做法；作为过渡措施，近期可根据具体情况，对 1993 年以前注册的多数国有全资老企业实行税后利润不上缴的办法，同时，微利企业缴纳的所得税也不退库。这一过渡就"渡"到 2007 年，才终结了国企利润不上缴的历史。

（3）经济总量控制的同时保农业、保国企。1993 年，政府通过控制经济总量、治理通胀的同时，国家财政还实行了以保农业即提高粮棉价格、加大对农业的投入力度和建立"三金"①、保国有企业即鼓励企业技术进步、支持企业优化

---

① 粮食专项储备基金、粮食风险基金和副食品风险基金。

资本结构、改革和完善企业职工的社会保险制度、保重点建设为主要内容，以增加社会有效需求为目的的财政政策，不仅使短缺农副产品的有效供给得以增加，还对全社会物价总水平的回落起到了重要作用。

3. 1998～2004年：亚洲金融危机后积极的财政政策

1997年亚洲金融危机爆发后，国内经济运行中出现的有效需求不足和通货紧缩趋势等新问题，中国政府审时度势、果断决策，于1998年开始实施积极的（即扩张性）财政政策。这一时期的主要措施如表3－12所示。

表3－12   1998～2004年的财政政策

重大措施	财政政策的具体实施措施
调整税收政策，增强税收调控功能	如免征关税和进口环节税；1999年下半年起减半征收固定资产投资方向调节税，2000年开始暂停征收；1999年11月，对居民储蓄存款利息恢复征收个人所得税；对涉及房地产的营业税、契税、土地增值税给予一定减免；数次提高出口货物增值税退税率；制定了支持西部大开发和东北地区老工业基地振兴的税收优惠政策
增发长期建设国债，加强基础设施建设	1999～2001年逐步增加了西部开发、重点行业技术改造、高新技术产业、退耕还林（草）、教育、公检法司设施建设；2002年以后投资重点向农村、结构调整、中西部地区、科技教育和生态环境建设、公共卫生等方面倾斜，更加注重城乡、区域、经济社会等协调发展
调整收入分配政策，拉动居民消费	连续四次提高机关事业单位人员的基本工资标准并相应增加离退休人员离退休费；实施年终一次性奖金制度和艰苦边远地区津贴制度；重视加强社会保障工作，不断完善社会保障体系；提高国有企业下岗职工和城市居民最低生活费等"三条保障线"水平和再就业补助的资金
完善非税收入分配政策	加大治理乱收费力度，取消不合法不合理的收费和基金，减轻企业和居民的非税负担对农村公共收入分配中的农业税等政策进行改革，规范农村税费制度

这次积极的财政政策是我国政府主动运用财政政策的反经济周期调节经济的一次成功尝试，使我国宏观经济运行良好的同时，刺激内需的同时也有意识地调节了居民收入分配状况。

4. 2005～2008年：后金融危机时期稳健的财政政策

我国在实施了长达7年的积极财政政策后，经济出现了局部过热的现在，政府审时度势，适时地将积极的财政政策转向稳健的财政政策。稳健的财政政策的核心内容就是十六字方针："控制赤字、调整结构、推进改革、增收节支"，包含的主要内容为：

（1）调整税收政策，推进税制改革。调整进出口税率，优化出口商品结构，抑制"高耗能、高污染、资源性"产品的出口，促进外贸增长方式的转变和进出口贸易的平衡，减少贸易摩擦，促进经济发展方式的转变和经济社会的可持续发展；推进增值税转型，扩大试点范围；调整税收优惠政策，注重结构导向，把税收优惠从原来的因区域不同为主调整为因产业制宜；统一内外资企业所得税，为内资企业创造公平的赋税环境；调整个人所得税、利息税，为稳定消费需求增长创造条件；扩大了消费税覆盖范围，抑制了不健康的高消费行为；降低农业税税率到取消农业税，直接减少了农民负担。

（2）重启国企上缴红利政策。随着国企改革的不断突破，国企的经营状况逐步好转，社会负担大为减轻。关于国有产权和国有产权收益的认识逐步完善，要求国企上缴红利的呼声逐浪高涨。2007年9月，国务院颁布了《关于试行国有资本经营预算的意见》，明确提出试行国有资本经营预算。3个月后，财政部会同国资委发布了《中央企业国有资本收益收取管理办法》，规定央企国有资本收益将按"适度、从低"原则，分三档上缴财政部。其中，石油石化、电信、煤炭、电力、烟草5个行业的上缴标准为税后利润的10%；科研院所和军工企业3年内暂时不上缴；其余央企均按照5%的标准上缴红利。国家恢复了对国企红利的收缴。

（3）适当减少财政赤字和长期建设国债发行规模。GDP增长的同时，财政赤字会下降。但短期内大幅度减少长期国债发行和财政赤字，会遇到各方面的阻力，会最终影响到财政自身运作的可行性。所以是适当减少财政赤字规模，2005~2008年，中央财政赤字占GDP的比重分别为1.6%、1.3%、0.8%、0.6%，是逐年降低的；国债发行规模也是逐年减少，并且将增发国债的部分收入在经济建设方面的用途限制于在建工程的后续上，不再支持新增设项目，而主要资金转向支持卫生、教育、社会保障等公用事业和支持进一步改革。

（4）调整财政支出规模、优化支出结构。在适当调整财政支出规模的同时，对支出结构进行了较大力度的优化调整，在适当减少经济建设投资比重的同时，逐步增加了对"三农"、社会事业发展和基本公共服务等薄弱环节的投资。增加"三农"支出要集中在增加补贴、提高农业生产能力等方面；加大社会保障、就业和民政福利支出，解决矛盾比较突出的民生问题，一方面，大幅增加社会保障资金的投入，同时推进社保制度完善，另一方面，支持城镇廉租房建设；加大教育事业支出，完善农村义务教育经费分担机制；利用财税手段支持增加卫生尤其是公共卫生支出；加大转移支付力度，提高地方政府公共服务能力。

5. 2008 年 12 月至今：新一轮积极的财政政策

始肇于美国次贷危机引发的全球金融危机，使我国宏观经济形式急剧发生逆转，出口贸易额大幅下滑，东南沿海民营企业大批倒闭，失业人口大增等，我国政府开始把宏观经济调控的着力点转向"保增长"，2008 年 11 月的国务院常务会议上，部署了进一步扩大内需促进经济较快平稳增长的措施，表明我国围绕"保增长、扩内需"的新一轮积极财政政策开始实施，这次积极的财政政策内容主要包括：

（1）扩大政府公共投资，着力加强重点建设。在 2008 年末增加安排保障性住房、灾后恢复重建等中央政府公共投资 1040 亿元的基础上，次年中央政府公共投资高达 9243 亿元，比上年预算增加 5038 亿元；增发国债，扩大中央政府投资规模，2008 年，发行国债 8558.20 亿元，2009 年，国债发行额剧增为17927.00 亿元，其中，代地方发债 2000 亿元；2010 年，国债发行额为 19778.30亿元，继续代地方发债 2000 亿元。增发的国债主要用于保障性安居工程、农村民生工程和农业、农村基础设施和"铁、公、机"等重大基础设施建设、医疗卫生教育文化等社会事业、节能减排和生态、支持企业自主创新、技术改造及服务业发展、地震灾后恢复重建和公共服务基础设施等。

（2）结构性减税，推进税费改革。2009 年 1 月 1 日起，在全国范围内实现增值税的转型，允许增值税一般纳税人购进的机器设备的进项税额抵扣，同时，将小规模纳税人的征收率统一降为 3%；提高金融企业涉农贷款损失准备金的税前扣除比例；对农产品加工企业免征企业所得税，对农民专业合作社的增值税和印花税给予一定的免税；两次提高工资薪金所得个人所得费用扣除标准，并降低了边际税率减少了税率档次，暂停征收储蓄存款利息个人所得税，增加居民可支配收入；大幅提高出口退税率，2008 年金融危机爆发后，先后 7 次提高一些劳动密集型产品、机电产品和其他产品的出口退税率；2009 年 1 月 1 日~2013 年 12月 31 日，对全国 20 个城市的技术先进型企业从事离岸服务外包业务免征营业税、企业所得税减按 15% 的税率征收并提高职工教育经费税前扣除比例的优惠；对廉租房、经济适用房和个人租赁住房给予税收支持并将个人首次购买 90 平方米以下普通住房的契税自 2008 年 11 月下调至 1%，并减免住房交易相关税收；证券交易印花税税率先由 3‰降至 1‰，而后由对买卖双方征收改为向卖方单边征收，并对证券市场个人投资者取得证券交易结算资金利息，暂免征收个人所得税，提高与证券投资者保护基金和期货投资者保护基金相关的营业税减免及企业所得税税前扣除的比例标准；对原定于 2008 年 12 月 31 日执行到期的下岗再就业税收优惠政策，延长 1 年执行期限，对符合条件的下岗失业人员从事个体经营和吸收下岗失业人员就业，分别给予营业税、城市维护建设税、教育费附加和所得税方面的税收优惠。

（3）提高低收入群体收入，促进扩大消费需求。大幅度提高粮食最低收购价，进一步加大对种粮农民的补贴力度，水稻、小麦、玉米、棉花良种补贴实现全覆盖，大豆实现东北地区全覆盖，扩大农机具购置补贴种类和范围；提高企业退休人员基本养老金，提高城镇居民基本医保和新农合的财政补助标准，提高扶贫标准等；实施家电、汽车摩托车下乡以及家电汽车"以旧换新"政策，扩大家电下乡范围和产品种类，增加每户每类产品限购件数；坚持和完善按劳分配为主体、多种分配方式并存的分配制度，努力实现居民收入增长和经济发展同步、劳动报酬增长和劳动生产率提高同步，逐步提高"两个比重"，促进扩大消费需求的同时，加快形成合理的收入分配格局。

（4）优化财政支出结构，保障和改善民生。加大与人民群众生活直接相关（教育、医疗卫生、社会保障和就业、保障性住房、文化体育方面）的财政支出力度，2010 年，此项支出合计 29256.19 亿元，比上年增长 21.1%，占全国财政支出的 32.6%；加大与民生密切相关的支出（农林水利、交通运输、环境保护、城乡社区事务、科学技术、商业服务等事务、国土资源气象事务、粮油物资储备、地震灾后恢复重建等方面），这些支出 2010 年合计达到 30345.63 亿元，占全国财政支出的 33.8%；增加财政用于"三农"支出，连续两年（2009 年、2010 年）增幅在 20% 以上；压缩包括"三公经费"① 在内的一般性支出。

综上所述，我国经济体制改革以来，特别是实行社会主义市场经济体制改革以来，政府的社会职能和经济调控能力逐渐增强，运用宏观调控工具的手段日趋多元化，在经济波动或经济危机到来之时能准确及时地"对症下药"，使我国经济一直能够多年保持持续稳定地增长，对经济社会中的不协调音符及时纠正，针对当前我国收入分配差距过大的情况，在运用财政政策调控经济的同时也有意识地运用财政政策调节收入分配，取得一定的效果（其实际效应如何，我们将在后面四章内容中实证检验我国财政政策工具的收入分配效应），但由于收入分配差距形成涉及社会经济的方方面面，政府在运用财政政策手段调节收入分配的同时，在纠正收入差距过大的实践中也积极地配合其他的手段来共同纠偏，以期营造和谐社会，达到共同富裕的最终目的。

3.3.3　其他政策调节收入分配的实践分析

分配涉及各方的经济利益，现阶段我国收入分配差距过大也是人所共知，政

---

① 三公经费指政府部门的人员出国（境）经费、车辆购置及运行费、公务接待费产生的消费，是公共行政领域亟待解决的问题之一。

府在充分运用财政政策调节收入分配机制的同时，也积极采用了其他的相关政策对收入分配进行调整。

1. 积极促进就业政策，缩小收入差距

劳动者能否就业以及就业的行业、单位都直接影响到其收入，进而影响到整个社会的收入分配。随着 20 世纪 90 年代国有集体企业的改制出现大量下岗失业人员，再加上农民工进城打工浪潮的兴起，我国就业问题成为一个亟待解决的问题。国家出台了一系列相关的政策来增加就业岗位，扩大就业机会，拓宽就业渠道，如在城镇推出下岗再就业培训，2002 年，下发了《关于进一步做好下岗失业人员再就业工作的通知》，对再就业工作进行部署；2005 年，又下发了《国务院关于进一步加强就业再就业工作的通知》，把农民工和高校毕业生也纳入其中；2007 年 8 月 30 日，颁布了《中华人民共和国就业促进法》，对于促进就业，促进社会和谐稳定有了法律的保障和法律规范，至 2008 年基本解决下岗失业人员再就业问题；党的十七大更进一步提出："实施扩大就业的发展战略"，2008 年，国务院下发了《国务院关于做好促进就业工作的通知》，对进一步促进就业做了细致的规定，"十二五"规划中也提出要"创造平等就业机会，提高就业质量，努力实现充分就业"的目标。这些措施大大提高了我国居民就业水平，对于增加居民的收入，缓解收入分配不公具有不可替代的作用。

2. 结合反贫困调节收入分配的政策实践

贫困和收入差距之间有内在的联系，一般情况下，贫困人口越多，收入差距越大，收入分配越不公平，贫困有绝对贫困和相对贫困之分，相对贫困从某种意义上来说可以看作是收入差距的问题。① 我国政府从 20 世纪 80 年代中期开始在农村地区实行反贫困战略，而且取得举世瞩目的成就；90 年代，随着经济形式的转变，农村扶贫难度加大，反贫策略也随着改变，1994 年，中国政府提出《"八七"扶贫攻坚计划》，承诺在 20 世纪最后 7 年解决农村 8000 万绝对贫困人口温饱问题。为此，中央政府逐年提高了扶贫投入资金规模；其后，1999 年开始在农村建立农村最低生活保障；2001 年，出台了《中国农村扶贫开发纲要（2001 - 2010 年)》，由原来的扶贫到县，精准到村到户。2011 年底的中央扶贫开发会议上，中央决定将农民人均纯收入 2300 元（2010 年不变价）作为新的国家扶贫标准，把更多低收入人口纳入扶贫范围；"十二五"开局伊始，为进一步加快贫困地区发展，促进共同富裕，实现到 2020 年全面建成小康社会的奋斗目标，制定

---

① 蔡昉. 科学发展观与增长可持续性［M］. 北京：社会科学文献出版社，2006：36.

了《中国农村扶贫开发纲要（2011－2020 年）》，实现到 2020 年，扶贫对象不愁吃、不愁穿，保障其义务教育、基本医疗和住房，贫困地区农民人均纯收入增长幅度高于全国平均水平，基本公共服务主要领域指标接近全国平均水平，扭转发展差距扩大趋势。城镇贫困是与城镇企业的改制和农民工进城打工相伴而生的，1993 年起，城镇启动最低生活保障线，拉开了城镇反贫困的序幕；为了妥善解决城市贫困人口的生活困难问题，国务院决定在全国建立城市居民最低生活保障制度，并于 1997 年 9 月 2 日下发了《关于在全国建立城市居民最低生活保障制度的通知》（国发〔1997〕29 号）。1999 年，国务院颁布《城市居民最低生活保障条例》，各省根据自身经济发展状况，相继制定了地方城镇居民最低生活保障办法，建立了城市居民最低生活保障制度，城镇居民实现了应保尽保。

3. 协调区域发展与调节收入分配

1993 年以来，针对区域非均衡发展政策实施过程中诱发的区域差距不断扩大等弊端，国家区域经济政策开始将注意力转向解决公平问题，采取了一系列旨在支持中西部地区发展的措施。1995 年，在《中共中央关于制定国民经济和社会发展"九五"计划和 2010 年远景目标建议》中，第一次把"坚持区域经济协调发展，逐步缩小地区发展差距"作为我国未来区域经济发展的总方针。《中华人民共和国国民经济和社会发展"九五"计划和 2010 年远景目标纲要》中，专设了题为"促进区域经济协调发展"一章，强调要引导地区经济协调发展，并提出了促进中西部地区经济发展的六大政策措施。

"十五"计划再次强调了"实施西部大开发战略，加快中西部地区发展，合理调整地区经济布局，促进地区经济协调发展"。它明确指出"西部大开发要从实际出发，积极进取、量力而行，统筹规划、科学论证，突出重点、分步实施"；西部地区要"加快发展步伐，提高工业化和城镇化水平"；中部地区"要发挥区位优势和综合资源优势，加快经济发展步伐"；东部地区要"在体制创新、科技创新、对外开放和经济发展中继续走在前列，有条件的地方争取率先基本实现现代化"。

2002 年 11 月，十六大正式提出"支持东北地区等老工业基地加快调整和改造"；2003 年 10 月，十六届三中全会提出的"坚持以人为本，树立全面、协调、可持续的科学发展观"，并提出了"五统筹"等协调区域发展的措施；2006 年批准的"十一五规划"纲要的第五篇"促进区域协调发展"，进一步指出"坚持实施推进西部大开发，振兴东北地区等老工业基地，促进中部地区崛起，鼓励东部地区率先发展的区域发展总战略，健全区域防调互动机制，形成合理的区域发展格局"的总体战略。2010 年召开的十七届五中全会进一步提出"推动区域协调发展，优化国土开发格局"；2011 开始实施的"十二五"规划纲要中更是以一篇四章的篇幅对我国区域发展战略做了积极部署。纲要提出，实施区域发展总体战略和主体功能区战略，构筑区域经济优势互补、主体功能定位清晰、国土空间高效利用、人与自然和谐相处的区域发展格局，逐步实现不同区域基本公共服务均等化，是缩小区域发展差距、全面实现建设小康社会宏伟目标的重要举措。

3.4 基 本 结 论

本章首先分析了我国收入分配体制的演进过程及其运行实效。我国收入分配体制经历计划经济体制和改革开放以来各个时期的演变，深化了人们对公平和效率的认识；收入分配体制的运行确立了我国社会主义初级阶段的收入分配制度，理顺了国家、企业和个人的关系，但面临新的发展阶段，我国收入分配体制仍有许多方面需要完善。紧接着阐释了实践中我国不同时期财政政策对收入分配的调节及与其相关的配套措施。

第4章 税收政策收入分配效应的实证分析

由前述的理论和实践分析可知，财政政策会对收入分配产生直接和间接的影响，而这种影响的力度到底如何，为正向影响还是负向影响，影响的幅度到底有多大，这是第4～第7章要回答的问题。本章主要以我国的经验数据为基础，阐释我国税收政策的收入分配效应。税收政策的收入分配效应体现于税收参与经济活动的全过程，具体表现为初次分配效应和再分配效应。

4.1 国民收入分配中税负水平分析

税收的收入分配效应到底是正还是负，幅度多大，都需要实证检验分析。在实证分析之前，我们首先利用资金流量表来定性分析我国分配主体在国民收入分配中的构成，并进一步分析初次分配和再分配中的税收，企业和居民所承担的税负水平。

4.1.1 分配主体在国民收入分配中的构成

1. 资金流量表使用说明

《中国统计年鉴》从三个方面反映初次分配的信息：一是"投入—产出分析"；二是"地区国内生产总值收入法构成"；三是"资金流量表（实物交易部分）"。"投入—产出分析"只是在若干年份进行，不能提供连续的数据，一般较难利用。"地区国内生产总值收入法构成"提供的连续的数据，可以利用（徐现祥、王海港，2008）。自1992年开始，我国国民经济核算体系由物质产品平衡表体系（MPS）向国民账户体系（SNA）过渡，并编制资金流量表，迄今已编制到2008年。"资金流量表（实物交易）"虽然只提供了1992～2008年的数据，在时间段上有缺陷，但由于比"地区国内生产总值收入法"包含了三大分配主体之间更为丰富的收入关系，所以在定性①分析中，我们采纳"资金流量表（实物交易）"，对于考察初次分配和再分配不愧为较好的素材（梁东黎，2011）。

对于"资金流量表（实物交易）"的使用仁者见仁，并对其进行了调整（如李扬、殷剑峰，2007；白重恩、钱振杰，2009），梁东黎（2011）则从资金流量表的二重结构角度出发分析各个分配主体在国民收入分配中的构成，为分析问题的简便性和还原问题的真实面目，我们以 2008 年资金流量表为例，具体分析各个部门机构在国民收入分配中的构成，由于国外要素收入净额占 GDP 的比重一直非常小，表 4-1 仅列出中国内各机构部门的收入分配构成状况，并将非金融企业部门和金融部门和为企业部门。

表 4-1 　　　　2008 年中国资金流量表（实物交易，国内部门）　　　单位：亿元

机构部门	企业部门		政府部门		住户部门		国内合计	
交易项目	运用	来源	运用	来源	运用	来源	运用	来源
1. 净出口								
2. 增加值		200814		29689		83543		314045
3. 劳动者报酬	71859		23156		55052	150512	150067	150512
（1）工资及工资性收入								
（2）单位社会保险付款								
4. 生产税净额	44661		498	50609	5451		50609	50609
（1）生产税								
（2）生产补贴								
5. 财产收入	42141	37714	3042	1788	3638	11056	48820	50559
（1）利息	35999	31658	3042	1767	3638	9333	42679	42758
（2）红利	5064	5977		18		729	5064	6724
（3）土地租金	3			3			3	3
（4）其他	1074	80				995	1074	1074
6. 初次分配总收入		79867		55391		180970		316229

---

① 在定量（实证）分析中，我们采用面板数据分析，则是利用了"地区国内生产总值收入法"中的相关数据。

机构部门	企业部门		政府部门		住户部门		国内合计	
交易项目	运用	来源	运用	来源	运用	来源	运用	来源
7. 经常转移	13733	2868	16011	28597	18335	19794	48079	51260
（1）收入税	11176			14898	3722		14898	14898
（2）社会保险缴款				13696	13696		13696	13696
（3）社会保险福利			9925			9925	9925	9925
（4）社会补助	95		2052			2147	2147	2147
（5）其他经常转移	2462	2868	4034	3	916	7722	7413	10594
8. 可支配总收入		69003		67977		182430		319410
9. 最终消费			41752		110595		152347	
（1）居民消费					110595		110595	
（2）政府消费			41752				41752	
10. 总储蓄		69003		26225		71835		167063
11. 资本转移		3163	3181	231			3181	3393
（1）投资性补助		3163	3163				3163	3163
（2）其他			19	231			19	231
12. 资本形成总额	95828		15065		27432		138325	
（1）固定资本形成总额	88453		14713		24918		128084	
（2）存货增加	7375		352		2514		10241	
13. 其他非金融资产获得减处置	7685		-3612		-4073			
14. 净金融投资	-31348		11822		48476		28949	

注：数据来源于 2010 年《中国统计年鉴》（3-21）资金流量表（实物交易）作者整理所得。

从表 4-1 中可以看出，国内各部门在生产活动中产生的增加值，并不完全是它的分配收入，以企业部门来说，它要对住户部门即向劳动者支付劳动报酬，向政府支付生产税净额，向其他部门支付财产收入，同时，它还会由其他部门取得财产收入（这些收支在国民经济核算体系中称为要素收支），这才是它的初次分配总收入。

在初次分配总收入中，它还要发生经常转移支出（向政府缴纳收入税或所得税即直接税、向住户部门进行补助等），同时也获得经常转移收入，最后形成它的可支配收入。

可支配收入扣除最终消费后，为一个部门的总储蓄。企业部门是没有最终消费的。总储蓄加上资本转移收入，加上净金融投资，就是资本形成总额（其中包含固定资本形成总额和存货增加两项内容）。

对其他部门来说，情况也是类似的。一个部门的增加值，加上要素收支净额后，就是这个部门的初次分配总收入；初次分配总收入，加上净经常转移收入后，就是这个部门的可支配收入，这也就是一个部门可以用于最终消费和储蓄的部分。而这个部门的总储蓄，加上净资本转移收支，再加上对这个部门的净金融投资，就是这个部门所发生的资本形成总额（包括固定资本形成的存货增加）。机构部门之间的收支是对应的，一个机构部门的支出，就是另一个或几个机构部门的收入，反之，一个机构部门的收入，也会对应着一个或几个部门的支出。据此，对数据稍加处理，可以得出各部门资金流量表（如表4-2所示）。从表4-2可以看出，GDP核算中的增加值即投入产出表中的初次投入，是经过怎样的再分配过程，最终转化为国民经济的最终使用的。

表4-2　　　　　　　　　2008年资金流量表主要流量（实物交易）　　　　　单位：亿元

交易项目	企业部门	政府部门	住户部门	国内合计	国外部门	合计
1. 净出口					-24229	-24229
2. 增加值	200814	29689	83543	314045		314045
3. 加上：要素收入净额	-120946	25702	97427	2183	-2183	0
4. 等于：初次分配总收入	79867	55391	180970	316229	0	316229
加上：经常转移收入净额	-10865	12586	1459	3181	-3181	0
5. 等于：可支配收入总额	69003	67977	182430	319410		319410
6. 减去：最终消费		41752	110595	152347		152347
其中：（1）居民消费			110595	110595		110595
（2）政府消费		41752		41752		41752
7. 等于：总储蓄	69003	26225	71835	167063	-29593	137470
8. 加上：资本转移	3163	-2951		212	-212	0
9. 加上：净金融投资	23663	-8210	-44403	-28949	29805	856
10. 等于：资本形成总额	95828	15065	27432	138325		138325
其中：（1）固定资本形成总额	88453	14713	24918	128084		128084
（2）存货增加	7375	352	2514	10241		10241

注：数据来源于2010年《中国统计年鉴》（3-21）资金流量表（实物交易）作者整理所得。

2. 各机构部门主要收入的构成情况

根据表 4 - 2 的数据，通过简单计算，可以获知各机构部门（分配主体）在国民收入分配过程中的构成状况（见表 4 - 3）。在增加值的机构部门构成中，所占比重最大的是企业部门，所占的比重为 63.94%，住户部门次之，为 26.60%，最小的是政府，为 9.45%。这说明生产经营活动主要是由企业和住户（个体工商户、农户等）进行的。但在经过各部门间的间接税和要素收入（工资、利息、财产性收入）的支付后的初次分配总收入中，住户部门所占的比重最大，为 57.23%，企业部门次之，为 25.26%，政府部门最末，为 17.52%。再通过经常收支的转移支付，就形成了机构部门的可支配收入。机构部门的经常收支主要包括企业、住户向政府支出所得税，政府向住户和企业支付转移支出（如困难家庭补助等）。我们可以看到，转移收支对各机构部门的收入构成的影响不大，住户部门的比重基本没有变化，为 57.11%，反而下降了 0.12%（说明政府部门的转移支付支出对收入分配的调节为弱逆向，这也和我们在第 7 章中以城镇居民七分组数据的实证检验相吻合）。这说明从整体上看，中高收入家庭缴纳所得税的规模和低收入家庭所接受政府补贴的规模，在数量上是大体相当的，甚至还要多些。而政府在通过各个项目的经常转移收支后，其可支配收入（即再分配收入）的比重比初次分配总收入增加了 3.77%，达到 21.28%，而企业部门的比重有所减少，为 21.60%，减少了 3.66%。由此可计算出我国 2008年的居民家庭可支配收入为：319410 亿元/13.70 亿人 =23314.57 元。

表 4 - 3　　　　　　　　2008 年各机构部门在主要流量中所占的比重　　　　　单位：%

交易项目	企业部门	政府部门	住户部门	国内合计
增加值	63.94	9.45	26.60	100
初次分配总收入	25.26	17.52	57.23	100
可支配收入总额	21.60	21.28	57.11	100

注：数据来源于 2010 年《中国统计年鉴》(3 - 21) 资金流量表（实物交易），作者整理所得。

利用同样的方法，可以求出 1992～2008 年三部门初次分配和再分配收入的构成及其变动趋势，具体见图 4 - 1。

关于三部门初次收入分配情况的具体分析见 3.2.2 中的第一部分内容，这里不再赘述。从图 4 - 1 中的右图可以看出，经过政府税收和转移性支出调整后，三部门再分配收入构成发生了明显的变化，1994 年税改后，直到 2001 年，住户部门再分配收入份额通过税收和转移性支出调整后，有所回升，但 2002 年，住户部门的再分配收入份额一直低于初次分配收入份额；企业部门的再分配收入份额一直低于初次收入分配份额；与此相反，政府部门的再分配收入份额总是高于初次分配份额，说明政府财力得以增强，在初次分配和再分配政府收入比重一直处于上升趋势，没有做到"国富民强"，居民收入分配份额下降的趋势没能扭转。针对此状，税收作为政府宏观调控的重要经济手段之一，应充分发挥公平职能，在财力充裕的情况下，对弱势群体尽量"多予少取"，改善我国初次分配和再分配缺失公平的状况。

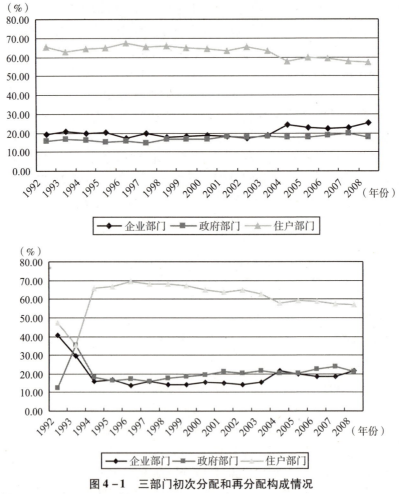

图 4 - 1　三部门初次分配和再分配构成情况

注：数据来源于历年《中国统计年鉴》资金流量表（实物交易）。

上述情况说明，政府取得收入（即征税）时，不论是直接税还是间接税，不可避免地参与或者说干扰了生产要素的分配过程和居民、企业部门的分配过程，即税收具有较强的收入分配效应。那么，在我国作为纳税主体的居民和企业税负水平如何呢？

4.1.2 从国民收入分配格局看部门税负

这里的部门指企业（包括金融各非金融企业）和居民部门，下面对其税收负担分别予以分析。

1. 企业部门的税收负担分析

对企业税收负担的分析，学术界一直没有定论。主要是由于两方面原因：一是税负转嫁的存在。在市场供给和需求双方博弈中，企业作为税负转嫁的主动方，可以通过价格机制（提高商品的价格）将向政府缴纳的税款转嫁给消费者；二是研究者对企业税收负担的税基认识角度不同，研究者根据需要，分别采用企业利润、销售收入等指标。我们借鉴郭庆旺、吕冰洋（2010）的方法，使用资金流量表中的数据，计算出企业部门在初次分配环节和再分配环节及总的税负水平（见图 4-2）。

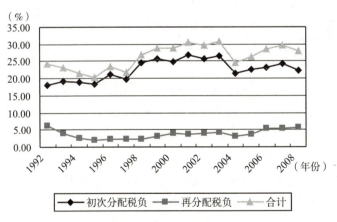

图 4-2 企业税负水平

注：数据来源于历年《中国统计年鉴》资金流量表（实物交易）。

初次分配环节，资金流量表中反映税收的指标为生产税净额，生产税净额是生产税减生产补贴的差额。生产税是政府征收的间接税和规费，生产补贴通常被看做是负的生产税（吕冰洋、郭庆旺，2012），企业部门的税负水平为企业部门的生产税净额与其增加值之比。再分配环节，税收指标为收入税[1]，企业部门的税负水平为企业部门的收入税与其增加值之比。两者相加为企业部门的总税负水平。[2]

图 4-2 显示，企业部门总体税负水平在 30% 以下，且波动性较大，这种波动主要是由初次分配环节税负水平波动引起的。总体来讲，分税制改革以后到 2003 年，十年期间，企业部门税负水平呈上升趋势，2004 年后税负水平又呈稳步上升，企业部门总体税负水平走势和初次分配环节税负水平变化走势相同。再分配环节企业部门的税负水平相当较低，而且税负水平较稳定。

2. 居民部门税负水平

同样，由于税负转嫁的存在，直接衡量居民税负负担也很难。与企业部门的名义税负计算方法相同，我们根据资金流量表计算出居民部门的初次分配和再分配及总的税负水平，如图 4-3 所示。

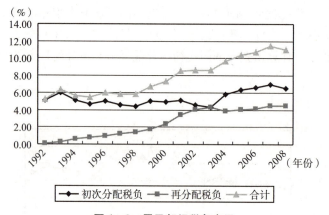

图 4-3　居民部门税负水平

注：数据来源于历年《中国统计年鉴》资金流量表（实物交易）。

图 4-3 显示，1992～2008 年，居民部门税负水平总体来说，上升幅度比较明显，无论初次分配还是在分配环节，居民部门的税负水平都呈上升趋势，特别是在分配环节，上升幅度较大而显著。结合上文三部门的收入分配情况和企业部门税负水平的变化，可知居民部门承担税负水平上升的部分，造成这种状况的原因

---

[1]　再分配环节中，税收指标应该包括经常转移中的收入税和社会保险缴款，在我国，社会保险缴款至今没有纳入税收体系核算，再者，社会保险缴款一般专款专用，所以，这里没有将其纳入税收指标。

[2]　这种计算方法也没有考虑到税负转嫁问题，也就是说，所计算的企业税负水平为其名义税负水平。

主要在于我国以间接税为主体的税制结构。虽然企业部门名义税负水平高，但是企业部门可以通过税收负担转嫁的形式将税收负担转嫁给居民部门，导致居民部门税收负担不断加重。

通过国民收入分配分析可知，居民部门的收入份额日趋降低，而居民部门的税收负担却日益加重，这种状况持续下去会影响到经济的可持续发展和社会的稳定性，政府需要利用税收政策来改善之。我国税收政策在改善收入分配方面作用如何，需要我们进一步实证检验分析。

4.2　税收政策初次分配效应的实证分析

4.2.1　文献综述

政治学家和经济学家早就认识到了税收的重要性，而且一直在寻找指导税收政策的一套原则。几个世纪以前，法国政治学家科尔伯特（Colbert）曾说："征税的艺术和拔鹅毛的艺术一样，拔尽可能多的鹅毛，而让鹅的叫声尽可能最小"（Armitage – Smith，1907，p. 36）。[①] 现代经济学家更强调如何征税来提高经济效益，促进收入的公平分配。税收作为政府的宏观经济政策主要工具之一，具有筹集财政收入和调节收入分配的功能，不同的税制结构、不同的税种和不同的征管模式都会影响税收对收入分配的调节效果。国内外学者对税收的收入分配研究文献可以说是浩如烟海，而从初次分配和再分配两个环节来研究税收的收入分配的文章鲜见。初次分配主要表现为对要素收入分配，所以本节研究税收的初次分配效应即是税收对要素收入分配的影响，研究思路为：梳理国内外学者对税收要素收入分配影响研究现状，在前人研究的基础上，建立理论模型，以我国 2000 ~ 2009 年各省面板数据为分析样本阐释我国税收对要素收入分配的影响。

1. 国外税收政策初次收入分配效应的研究现状

哈伯格（Harberger[②]，1962）假设资本存量固定，通过静态模型分析，结果表明，公司所得税全部由资本所有者承担，会降低资本收入分配份额；而马丁·费

---

① ［美］哈维·S·罗森. 财政学（第七版）［M］. 北京：中国人民大学出版社，2010：228.
② Arnold C. Harberger. The Incidence of Corporation Income Tax. The Journal of Political Economy，Vol. 70，No. 3.（Jun.，1962），Pages：215 – 240.

尔德斯坦（Martin Feldstein[①]，1974）在储蓄率变动的情况下，通过动态增长模型分析，得出公司所得税的大部分由劳动承担，会降低劳动收入份额的结论。

德瑞（Deran[②]，1967）运用波多黎各 1947~1955 年的数据，分析了社会保障税对要素收入份额的影响，研究结果认为，社会保障税由雇主承担而不是雇员承担，因此，开征社会保障税降低了雇主的利润，进而减少了资本分配份额。但霍夫曼（Hoffman[③]，1968）指出其研究方法和数据有明显的缺陷。

彼得·米斯科夫斯基等（Peter M. Mieszkowski et al.[④]，1967）和富勒顿、梅特卡夫（Fullerton & Metcalf[⑤]，2002）从税收转嫁和税负归宿的角度，研究税收对要素收入分配的影响。富勒顿和梅特卡夫（Fullerton & Metcal）概括了近 40 年的税负分布文献情况，表明税收归宿并不是由要素平均地承担，当税负变化不是来自全局性税种，不同部门产品生产技术的资本密集程度、要素之间的替代弹性、各部门产品需求弹性的差异以及产品市场不完全竞争都将使税负变化，进而对要素分配产生影响。

莱恩（Lane[⑥]，1998）以爱尔兰的经验数据为研究背景，分析认为 1987 年以来，随着爱尔兰经济的复苏，一个显著的现象就是劳动收入向资本收入转移（利润份额从 1987 年的 25.1% 增长到 1996 年的 34.8%）。为此，政府采取包括财政政策在内的一系列政策来调整工资收入份额，如个人所得税的降低，使得工会接受降低工资政策，这样即使税前劳动分配率（份额）大幅度下降，税后劳动分配率（份额）也不会下降太多。

大卫·凯里和乔塞特·罗宾森纳（David Carey & Josette Rabesona[⑦]，2002）从平均有效税率的角度估算了税收对 OECD 国家劳动和资本的影响，他们认为，对劳动收入征税时若将社会保障扣除，并将雇员的养老金纳入劳动收入，会使劳动的平均有效税率下降；若将一系列财产税纳入资本税，会使资本的平均有效税率上升，进而使劳动收入份额上升，资本收入份额下降。

---

① Martin Feldstein. Incidence of a Capital Income Tax in a Growing Economy with Variable Savings Rates. The Review of Economic Studies. Vol. 41, No. 4 (Oct., 1974), pp. 505 – 513.

② Elizabeth Deran. Changes in Factor Income Shares Under the Social Security Tax. The Review of Economics and Statistics, Vol. 49, No. 4 (Nov., 1967), Pages: 627 – 630.

③ Ronald F. Hoffman. Factor Shares and the Payroll Tax: A Comment. The Review of Economics and Statistics, Vol. 50, No. 4 (Nov., 1968), pp. 506 – 508.

④ James Tobin, Joseph A. Pechman and Peter M. Mieszkowski. Is a Negative Income Tax Practical? The Yale Law Journal Vol. 77, No. 1 (Nov., 1967), pp. 1 – 27.

⑤ Gilbert E. Metcalf, Don Fullerton. The Distribution of Tax Burdens: An Introduction. Working Paper 8978 http://www.nber.org/papers/w8978.

⑥ Philips R. Lane. Profits and Wages in Ireland, 1987 – 1996. Journal of the Statistical and Social Inquiry Society of Ireland Vol. XXVII, Part V (May, 1998), Pages: 223 – 252.

⑦ David Carey and Josette Rabesona. Tax ratios on labor and capital income and on consumption. OECD Economic Studies No. 35, 2002/2. pp. 130 – 174.

布克哈德·希尔等（Burkhard Heer et al. [1]，2004）在 OLG 模型框架下研究了发展中国家对劳动和资本收入征税造成的影响。在发展中国家由于家庭经营占有较大份额，这种自产经营有些参与市场活动，有些不参与市场活动（非市场活动不征税）。对劳动和资本收入征税，促使人们将市场生产转向家庭生产，而且把孩子也作为家庭生产的一种投入（孩子也参与家庭的自产经营）。此种状况下，较高的资本税税率既降低了资本密度又促使人口增长，对劳动和资本征税都不利于资本的积累和资本收入份额的提高。

范尼·德莫伊和盖坦·尼克德曼（Ruud A. De Mooij & Gaetan Nicodeme[2]，2006）针对欧洲 20 世纪 80 年代以来公司税税率下降，而公司税占 GDP 的比重却逐年上升的现象，利用欧洲 20 个国家，60 个部门的 1996～2003 年的数据进行实证研究，结果表明，形成这种现象的原因是公司税税率的降低刺激人们主要通过两种方式（雇员转为雇主和公司类型的转换即由独资公司转为（控股）等法人公司）实现收入转换，即由个人收入转为公司收入，导致公司税税基扩大，使得即使在降低公司税税率的情况下公司税占 GDP 的比重也是上升的。20 世纪 90 年代初以来，公司税占 GDP 的 10%～17% 是收入转移引起的，收入转移使得公司税在 GDP 的比重上升 0.2%，导致税前资本收入份额上升。

米希尔·德赛（Mihir A. Desai[3]，2007）从公司税负担的角度，运用美国跨国公司在 50 多个国家 1989～2004 年的工资率和利息率数据，研究表明：小国经济下，公司税全部由资本拥有者负担，会降低资本收入份额；在大国经济下，公司税的 45%～75% 都由劳动负担，这样公司税降低了工人的真实工资，即降低了劳动收入份额。

豪格等（Haufler et al. [4]，2009）以 23 个 OECD 国家 1980～2004 年的数据进行实证研究，认为由于经济一体化，资本的流动性增强，特别是 FDI 规模的扩张，致使支出不断增长的"大政府"对公司税的依赖程度降低，转而提高工资税，这种趋势导致（跨国）公司税税率的下降和工资税税率的上升，进而促使资本收入份额上升而劳动收入份额下降。

加西亚 - 佩纳洛萨和图诺夫斯基（García - Peñalosa & Turnovsky[5]，2011）在

①　Burkhard Heer and Mark Trede. Taxation of labour and capital income in an OLG model with home production and endogenous fertility. Int. J. Global Environmental Issues，Vol. 4，Nos. 1/2/3，2004：pages：73 - 88.

②　Ruud A. De Mooij & Gaetan Nicodeme. Corporate Tax Policy，Entrepreneurship and Incorporation in the EU. DEC. 2006 CESifo Working Paper No. 1883.

③　Mihir A. Desai. Labor and Capital Shares of the Corporate Tax Burden：International Evidence，Harvard University，2007 - jourdan. ens. fr.

④　Haufler A.，A. Klemm and G. Schjelderup，Economic integration and the relationship between profit and wage taxes，2009 Public Choice，Vol. 138，No. 3 - 4.

⑤　García - Peñalosa，Turnovsky. Taxation and Income Distribution Dynamics in a Neoclassical Growth Model. Journal of Money，Credit and Bankong，Vol. 43，No. 8（Dec 2011）：1543 - 1577.

拉姆齐模型框架下，考察了税收政策对初始资本禀赋不同的个人财富和收入分配的影响，发现税收政策对小时工资产生影响，从而对财富和收入分配产生影响，其中，劳动供给的内生性发挥着重要的作用，而且这些影响会增强或者抵消税收政策直接的再分配效应。同时，数值模拟了政府采用不同的筹资方式满足开支时，降低劳动供给会使产出减少，但税后收入较公平，并以美国和欧盟的现行税收政策对此进行了验证。

纵观国外研究税收对初次分配的影响，主要是从直接税税种对要素收入份额影响的角度来研究的，主要是由于国外特别是发达国家的税制结构以直接税为主体税种；另外，发达国家对这一问题涉猎的较少也与其直接税为主的税制结构相关，而直接税往往是在国民收入再分配环节对要素收入分配产生影响的。

2. 国内税收政策初次收入分配效应的研究现状

国内学术界研究税收的收入分配效应大都集中于税收对个人收入分配的影响，即税收的收入再分配效应。对税收的初次分配效应的研究不足，实证研究的更是鲜见。在21世纪以前，我国学术界曾就税收是否能够成为国民收入初次分配的手段进行过争论（吴建荣①，2000）。现已达成共识，税收政策既能调节国民收入的初次分配，对居民个人（家庭）收入分配即再分配也具有调节作用。

刘扬②（2002）通过分析我国1992～1998年的国民收入分配格局，得出企业税负在初次分配环节较重，不同所有制企业间的税负不均衡；而居民部门生产税负担较轻；收入税占国内生产总值的比重不足5%，比重过低不利于政府对各经济利益主体收入分配关系的调节。因此，主张加强税收征管，提高收入税在国内生产总值中的比重，将税收的重点从初次分配环节逐渐调整到再分配环节。

李绍荣和耿莹③（2005）建立计量经济模型，运用全国31个省市自治区直辖市的资本要素收入份额、劳动要素收入份额、各个税种在总税收收入中的份额进行实证研究，得出：资源税类、财产税类、流转税类以及所得税在总税收收入中的份额增加，资本要素和劳动要素的收入差距将会扩大，并且这种对收入差距的影响是依次递减的，即资源税类份额的增加，对收入差距的影响最大，所得税类份额的增加，对收入差距的影响最小。

赵振宇、白重恩④（2007）建立了动态一般均衡模型，通过蒙特卡罗模拟分

① 吴建荣. 对税收能否成为国民收入初次分配手段的探讨 [J]. 经济问题探索，2000（11）：65-66.
② 刘扬. 对近年来我国国民收入分配格局的研究——兼论税收在国民收入分配过程中的作用 [J]. 税务研究，2002（09）：2-8.
③ 李绍荣，耿莹. 中国的税收结构、经济增长与收入分配 [J]. 经济研究，2005（05）：118-126.
④ 赵振宇，白重恩. 政府税收对中国城乡居民人均收入差距的影响 [J]. 中国软科学，2007（11）：48-56.

析了城乡采取不同税率政策情况下，税收对城乡居民收入差距的影响。对农产品实行 0 税率或者进行补贴都有助于缩小城乡收入差距，倘若对农业品实行高赋税，对工业品不征税，这种极端的情况会导致整个经济体崩溃，如此验证了我国 2006 年取消农业税有助于缩小城乡收入差距。

吕冰洋[①]（2008，2009）以资金流量表（实物交易部分）作为分析工具，认为由于我国低工资机制和间接税为主的税制设计，使得国民收入初次分配中，居民部门的财富流向企业部门和政府部门，造成居民部门在国民收入分配中持续下降，降低了居民部门的总体可支配收入水平。

安体富等[②]（2009）按照收入法对 GDP 进行分解，得出我国居民劳动报酬占 GDP 的比重 1996 年后不断下降，而营业盈余和固定资产折旧占 GDP 的比重不断上升，形成这种状况的主要原因是"利润侵蚀工资，政府税收收入的快速增长，我国税制结构和居民财产性收入增长微弱和转移支付不规范等"。由此，应采取各种措施提高居民收入水平，实行结构性减税，完善社会保障制度和转移支付制度。

刘树杰、王蕴[③]（2009）针对我国劳动收入份额在国民收入初次分配中所占比重不断下降的现实，从不同的角度分析了形成这种状况的原因。他们认为，国有资产收益未能用于公共物品的提供，导致我国宏观税负过重，宏观税负超越经济发展水平，一方面，会直接减少居民可支配收入，另一方面，导致企业经营成本上升，企业有可能挤占劳动者报酬，降低了居民收入在国民总收入中的比重。

吕冰洋、禹奎[④]（2009）分析认为，由于"税收增长红利"的作用，使得我国宏观税负偏高，再加上我国是以间接税为主体的税制结构模式，使企业部门可将大量间接税转嫁给居民部门承担，造成居民部门税负上升，这种变动对国民收入分配格局产生深刻的影响，由于居民部门主要得到劳动报酬收入（刘扬[⑤]，2002），则居民部门税负的增加使得劳动收入份额降低，最终降低了居民部门的可支配收入。

贾绍华[⑥]（2010a，2010b）认为，税收在初次分配和再分配中都应发挥应有

① 吕冰洋. 以居民部门为目标进行减税的原因和效果分析 [J]. 税务研究, 2008 (11): 24-27; 吕冰洋, 禹奎. 我国税收负担的走势与国民收入分配格局的变动 [J]. 财贸经济, 2009 (03): 72-77.
② 安体富, 蒋震. 调整国民收入分配格局 提高居民分配所占比重 [J]. 财贸经济, 2009 (07): 50-55.
③ 刘树杰, 王蕴. 合理调整国民收入分配格局研究 [J]. 宏观经济研究, 2009 (12): 11-17.
④ 吕冰洋, 禹奎. 我国税收负担的走势与国民收入分配格局的变动 [J]. 财贸经济, 2009 (03): 72-77.
⑤ 刘扬. 对近年来我国国民收入分配格局的研究——兼论税收在国民收入分配过程中的作用 [J]. 税务研究, 2002 (09): 2-8.
⑥ 贾绍华. 国民收入分配与税收调节机制 [J]. 扬州大学税务学院学报, 2010 (10): 11-20; 贾绍华. 国民收入分配与税收调节机制 [J]. 扬州大学税务学院学报, 2010 (05): 11-19.

的作用，税收是国民收入初次分配中极为重要的因素，占有相当的份额。调节包括税收在内的财政收入占 GDP 的份额，可以从根本上影响收入分配的结构。税收在再分配环节的调节作用受到一系列客观条件的限制，如果初次分配差距过大的话，再分配环节很难扭转这种局面。

白重恩、钱震杰[①]（2010）在解释劳动收入分配率（份额）下降的原因时，研究发现税负变化对要素分配并非中性，税负水平对劳动收入份额的影响显著为负，即税负水平越高，劳动收入份额越低。税率上升 1%，按要素成本法计算的劳动收入份额就降低约 0.8%，这表明，当市场中存在各种扭曲和不完全竞争时，税收除了影响要素投入比外，还会通过各种扭曲影响要素分配，进而更容易地被转嫁于劳动者。

郭庆旺、吕冰洋[②]（2011）利用系统广义矩估计模型（GMM）对我国 1996 ~ 2007 年税收对要素收入分配的影响进行了实证分析，分析表明，我国要素收入分配与税收有着密切的联系：企业所得税降低了资本分配份额，个人所得税中对劳动征税部分降低了劳动分配率（份额）；增值税明显降低劳动分配率（份额），但对资本分配份额影响不明显，营业税明显降低资本分配份额，而对劳动分配率（份额）的影响不明显。鉴于此，应降低财政收入对增值税的依赖，提高个税中对资本要素征税份额，建立有效的个人收入监控机制，完善消费税制，提高奢侈品或资源消耗率高的商品税率等。

由上可知，国内外学者特别是发达国家的学者对税收的初次分配效应的研究关注不够，是与其税制结构模式有关，发达国家一般以直接税为主，而直接税对收入分配的调节作用一般发生在再分配环节。即使有少数学者研究了税收对国民收入初次分配的影响，往往也是集中于某个直接税税种的效应分析。我国学者对税收的初次分配效应的研究起步较晚，研究也仅限于规范性的分析，实证研究的非常少。我们力图在这方面有所突破，利用我国可得的数据，[③] 在内生增长模型框架下，对我国税收的初次分配效应进行实证分析。

4.2.2 数理模型分析

依据第 2 章的理论分析可知，要素价格是否合理是衡量社会收入初次分配是

---

① 白重恩，钱震杰. 劳动收入份额决定因素：来自中国省际面板数据的证据 [J]. 世界经济，2010 (12)：3 - 27.

② 郭庆旺，吕冰洋. 论税收对要素收入分配的影响 [J]. 经济研究，2011 (06)：16 - 30.

③ 2000 年开始，《中国税务年鉴》分省的个人所得税开始分项目，所以我们的样本期间为 2000 ~ 2009 年的数据。再者，由于西藏数据的特殊性，分省数据包括除西藏以外的 30 个省市自治区的数据。

否公平的主要指标。市场机制下，劳动的价格体现为以工资为主的劳动收入，资本的价格体现以利息或利润为主的资本收益，而初始财富差距不公平的形成往往是社会成员间资本要素收益及其积累分布不均造成的。所以初次分配分析中以要素分配率（份额）作为衡量初次分配公平性的指标。如果社会生产中劳动的收入总额或其占国民收入的比重（劳动分配率）越高，则说明社会收入的初次分配符合经济公平。本节在建立理论模型的基础上，以此指标为依据来验证我国税收政策在初次分配中所发挥的效应。

劳动报酬在初次分配中所占份额的提高，将会使那些只能凭劳动力赚取收入的低收入者，更多地分享到经济发展的成果。而我国税收政策在这方面是否发挥了促进初次分配的过程公平和起点公平，需要从理论实证和经验实证方面进行分析。

1. 家庭行为

依据巴罗（Barro，1990）和图诺夫斯基（Turnovsky，2000）关于内生经济增长理论的基本框架，我们假设经济是由连续同质具有无限寿命的家庭组成，把每个家庭的人口标准化为1，则家庭这1单位时间可用于休闲或劳动。家庭的效用来自消费和休闲，效用函数对数形式，家庭对消费和闲暇的选择受到自身财富约束的限制。因此，家庭的最优问题为：

$$\begin{cases} \max \int_0^\infty \ln(C+1) e^{(n-\rho)t} dt & (4-1) \\ \dot{K} = (1-\tau_K)(r-\delta)K + (1-\tau_W)W(1-l) - (1+\tau_C)C & (4-2) \end{cases}$$

假设和消费品一样，家庭从休闲中获得递增、但边际效用递减的效用；C表示消费，l为休闲；n为人口增长率；ρ为主观贴现率。预算约束方程中：r表示资本利率，δ为资本折旧率，K为资本，$(r-\delta)K$ 为扣除折旧后的资本净收益；W为工资，$1-l$ 为劳动量，$W(1-l)$ 为劳动收入；τ_K、τ_W 和 τ_C 分别表示资本收益税税率、劳动所得税税率与消费税税率；在下面的推导中，为简化起见，我们假设人口增长率和折旧率为0。

通过构建现值的汉密尔顿方程求解家庭的最优化问题：

$$H = \ln(C+1) + q\{(1-\tau_K)rK + (1-\tau_W)W(1-l) - (1+\tau_C)C\} \quad (4-3)$$

式（4-3）中，q为资本的影子价格，表示资本存量的边际值，由式（4-3）的一阶条件可以得到：

$$\frac{\partial H}{\partial C} = \frac{1}{C+1} - q(1+\tau_C) = 0 \quad (4-4)$$

$$\frac{\partial H}{\partial l} = \frac{1}{C+1} - q(1-\tau_W)W = 0 \quad (4-5)$$

欧拉方程（Euler equation）为：

$$\dot{q} = \rho q - \frac{\partial H}{\partial K} = \rho q - q(1 - \tau_K) r \qquad (4-6)$$

横截性条件（TVC）为：

$$\lim_{t \to +\infty} qKe^{-\rho t} = 0$$

2. 企业行为

企业的生产要素为资本和劳动，根据图诺夫斯基（Turnovsky，1996，2000）和安杰洛普洛斯等（Angelopoulos et al.，2006），假设企业的生产函数为：

$$Y = AK^{\alpha} L^{1-\alpha} \qquad (4-7)$$

式（4-7）中，Y 表示产出；K、L 分别为企业使用的资本和劳动要素。在工资、利率一定的条件下，企业在税后利润最大化目标下选择最优的资本和劳动数量。假设对企业收入征收企业所得税 τ_Y，则企业目标满足：

$$\max(1 - \tau_Y) Y - WL - rK \qquad (4-8)$$

生产函数对于私人要素投入满足不变规模报酬，企业的竞争性利润为0。根据一阶条件，我们可以求得均衡时资本的平均收益率和工资率为：

$$r = (1 - \tau_Y)\alpha AK^{\alpha-1} L^{1-\alpha} \qquad (4-9)$$

$$W = (1 - \tau_Y)(1 - \alpha) AK^{\alpha} L^{-\alpha} \qquad (4-10)$$

由式（4-4）和式（4-5），可得到均衡时的劳动平均收益率：

$$W = \frac{1 + \tau_C}{1 - \tau_W} \qquad (4-11)$$

联立式（4-10）、式（4-11）和劳动市场均衡条件可得均衡的劳动供给：

$$L = 1 - l = \left[\frac{(1-\alpha)(1-\tau_Y)(1-\tau_W)A}{1 + \tau_C} \right]^{\frac{1}{\alpha}} K \qquad (4-12)$$

将式（4-12）代入式（4-9）则得到均衡时的资本平均收益率为：

$$r = \alpha(1 - \tau_Y)^{\frac{1}{\alpha}} A^{\frac{1}{\alpha}} \left[\frac{(1-\alpha)(1-\tau_W)}{1 + \tau_C} \right]^{\frac{1-\alpha}{\alpha}} \qquad (4-13)$$

3. 政府行为

依据刘溶沧、马拴友（2002），刘初旺（2004）和李芝倩（2006）和郭庆旺、吕冰洋（2011）假定政府征收资本收益税、劳动所得税、消费税和企业所得税四类税。消费税是对家庭消费行为征税，资本所得税是对资本收益征税，劳动所得税是对劳动所得征税，企业所得税是对企业收入征税。则有：

$$T = \tau_Y Y + \tau_K rK + \tau_W W(1 - l) + \tau_C C \qquad (4-14)$$

式（4-14）右边四项分别表示企业所得税、资本收益税、劳动所得税和消费税；T代表财政税收总收入。

4. 劳动收入分配率

在竞争性均衡条件下，我们定义劳动收入占收入的比重为劳动收入分配率①，并将式（4-11）和式（4-12）代入得：

$$S_L = \frac{WL}{Y} = \frac{1 + \tau_C}{1 - \tau_W} \times \left[\frac{(1 - \alpha)(1 - \tau_Y)(1 - \tau_W)A}{1 + \tau_C} \right]^{\frac{1}{\alpha}} \times \frac{K}{Y} \qquad (4-15)$$

$\frac{K}{Y}$ 为资本产出率，令 $k = \frac{K}{Y}$，则式（4-15）化为：

$$S_L = \frac{1 + \tau_C}{1 - \tau_W} \times \left[\frac{(1 - \alpha)(1 - \tau_Y)(1 - \tau_W)A}{1 + \tau_C} \right]^{\frac{1}{\alpha}} \times k \qquad (4-16)$$

根据式（4-16），可知 $\frac{\partial(S_L)}{\partial \tau_C} < 0$，消费税税率越高，消费价格越高，由于消费税的易转嫁性，在劳动收入占比较大的情况下，最终会使家庭的劳动收入减少。$\frac{\partial(S_L)}{\partial \tau_W} < 0$，劳动所得税的征收直接减少劳动者收入。$\frac{\partial(S_L)}{\partial \tau_Y} < 0$，说明企业所得税会使劳动分配率降低。从式（4-16）中看不出资本所得税对劳动的影响，资本所得税通过影响代表性个体的劳动—休闲选择、储蓄—消费选择和降低资本回报率来影响劳动分配率。

4.2.3　实证检验：基于2000～2009年的中国经济数据

政府制定政策时，应更多地从经济实际运行角度考察税收对收入分配的影响。下面我们运用我国的经济样本，实证检验我国主要税种对初次收入分配的影响。

1. 数据的含义说明及其来源

我们运用2000～2009年我国除西藏以外的30个省、自治区、直辖市的数据，以收入法核算的GDP中劳动者报酬占GDP的比重作为劳动分配率（份额）的代理变量。以消费税税率、劳动所得税税率、资本收益税税率和企业所得税税率作为解释变量；另外，人均国内生产总值、资本产出比、经济结构、政府支出

---

① 我们意在考察初次分配中影响劳动收入分配率（份额）的因素，因此，此处只给出了劳动分配率的公式，根据定义也可以给出资本分配率的公式为 $S_k = \frac{rK}{Y}$。

占国内生产总值的比重、要素市场发展程度、市场扭曲程度等宏观经济变量也对劳动分配率产生重要的影响，我们借鉴白重恩、钱振杰（2009a，2009c）和郭庆旺、吕冰洋（2011）的研究，在实证分析中须引入这些控制变量。各变量的含义列举如表4-4。

表4-4　　　　　　　　　　　各变量代码及经济含义

	各变量名称	代码	经济含义
因变量	劳动分配率	rl	用收入法中劳动者报酬占 GDP 的比重表示劳动收益率
解释变量	消费税率	τ_C	对消费课征的税收/消费总支出（消费总支出为统计年鉴中的最终消费数据）
	资本税率	τ_K	对资本课征的税收/资本总收入（资本总收入 = 营业盈余 + 对资本课征的税收）
	劳动税率	τ_l	对劳动课征的税收/劳动总收入（劳动总收入 = 劳动报酬 + 对劳动课征的税收）
	企业所得税率	τ_Y	企业所得税/（营业盈余 + 企业所得税）
控制变量	要素市场发展程度变量	md	垄断程度指标，用国有及国有控股企业产值占工业总产值的比重代表
		bl	金融发展程度，用各省年末金融机构各项贷款余额占 GDP 比重
	人均 GDP 的对数值	lnagdp	用此指标控制经济发展阶段对劳动要素分配的影响
	资本产出比	rky	用来控制价格变化导致的要素投入变化对劳动要素分配的影响
	经济结构变量	es	用来控制不同产业结构对劳动要素分配的影响，本书用第三产业值占 GDP 比重代表
	产品市场发展程度变量	fi	外商投资与全社会固定资产之比，用来控制产品市场对劳动要素分配的影响
		mx	进出口总额与 GDP 之比，用来控制开放程度对劳动要素分配的影响
	政府支出比重	rgf	用各省政府支出占 GDP 的比重表示，用来控制政府干预对要素分配的影响

以上数据来源于历年的《中国统计年鉴》《中国税务年鉴》《中国财政年鉴》《劳动统计年鉴》《中国人口和就业统计年鉴》《中国金融年鉴》《中国工业经济统

计年鉴》《中国国内生产总值核算历史资料（1952－2004）》和中经网统计数据库。

（1）解释变量的测算。对于解释变量，没有现成的数据可得，需要我们对其测算。首先须对我国现行税制中的税收进行归类。

①劳动课税的归类。对劳动的课税应该包括个人所得税中对劳动征收的部分、农牧业税和社会保险税。一般情况下，应把社会保险基金纳入，但由于我国分地区社会保险基金数据自 2003 年后城镇社会保险才有完整的数据，而农村社会保险覆盖范围小、保险水平低，所以本书没有将社会保险基金纳入对劳动的课税；另外，我国自从 2006 年起在全国范围内已经取消农业税，所以本书也没有将农牧业税纳入考核的范围，所以，对劳动的课税我们只考核了个人所得税中对劳动征收的部分。

②资本课税的归类。对资本的课税包括增值税净额（增值税减去出口退增值税）中对资本转让征收的部分、个人所得税中对资本征收的部分、资源税、固定资产投资方向调节税、城市维护建设税、房产税、契税、印花税、城镇土地使用税、土地增值税等。

③消费课税的归类。对消费的课税包括农业特产税、增值税净额中对消费征收的部分、车辆购置税等，由于我们运用各省不同年度的数据，没有将关税纳入。

（2）具体税种的处理。

①对消费税的处理。对于消费税的处理方法，参照刘荣沧、马拴友（2002）和李芝倩（2006）的处理方法，按照支出法国内生产总值中最终消费与资本形成总额各自所占的比例来分别计算增值税中对消费征收和对资本转让征收的部分，营业税则作为资本征税处理，消费税则完全计入到对消费征收的部分，再加上农业特产税、屠宰税、筵席税。

②对个人所得税的处理。由于个人所得税有一部分是针对劳动收入征收的，如工资、薪金所得；也有一部分是对资本征收的，如利息、股息、红利所得，因此，需要将个人所得税在劳动和资本所得之间进行分配。本书对个人所得税的处理方法主要是根据《中国税务年鉴》中对个人所得税的分类明细，2000 年以后的数据都有明细，对于"个体工商户生产经营所得"是归为劳动要素所得还是归为资本要素所得，在理论上是存在争议的，我国国民经济核算在 2003 年以前将之归为"劳动者报酬"中，2004 年后归为"营业盈余"中。所以，2000～2003年，个人所得税中来自劳动的部分＝个人所得税中来自"工资薪金所得""稿酬所得""劳务报酬所得""个体工商户生产经营所得"税目的收入；来自资本的部分＝个人所得税中来自"企事业单位承包、承租经营所得""特许权使用费所得""利息、股息、红利所得""财产租赁所得""财产转让所得"税目的收入；2004 年以后，个人所得税中来自劳动的部分＝个人所得税中来自"工资薪金所

得""稿酬所得""劳务报酬所得"税目的收入；来自资本的部分＝个人所得税中来自"个体工商户生产经营所得""企事业单位承包、承租经营所得""特许权使用费所得""利息、股息、红利所得""财产租赁所得""财产转让所得"税目的收入。[①]

③对资本税的处理。我们界定的资本税包括：土地使用税、土地增值税、耕地占用税、房产税、车船税、牲畜交易税、契税、印花税、资源税、城市建设维护税、烧油特别税、固定资产投资方向调节税、增值税中按支出法中国内生产总值（GDP）中的最终消费和资本形成总额的比例和营业税等。

（3）有效税率的界定。借鉴刘溶沧、马拴友[②]（2002）和李芝倩（2006）的研究成果确定有效税率为：

①对劳动课税的有效税率＝对劳动课征的税收/劳动总收入（劳动总收入＝劳动报酬＋对劳动课征的税收）

②对资本课税的有效税率＝对资本课征的税收/资本总收入（资本总收入＝营业盈余＋对资本课征的税收）

③对消费课税的有效税率＝对消费课征的税收/消费总支出（消费总支出为统计年鉴中的最终消费数据）

④企业所得税有效税率＝企业所得税/（营业盈余＋企业所得税）

2. 计量模型的设定和数据分析

根据理论分析和数据的整理、测算，建立下列模型，来实证分析我国现行税制对劳动分配率（份额）的影响。

$$rl_{it} = \theta X_{it} + \beta T_{it} + \alpha_i + \mu_i + \xi_{it} \qquad (4-17)$$

在式（4-17）中，下标 i、t 分别代表地区和时间。我们采用我国 2000~2009 年以省为单位的面板数据分析，α_i 为时间效应，μ_i 为个体效应，ξ_{it} 为误差项。rl_{it} 表示劳动分配率，X_{it} 表示影响劳动分配率（份额）的一组宏观控制变量，T_{it} 表示核算的有效税率。

运用 Stata 10 对整理的样本值进行了统计分析，具体见表 4-5 所示。从中我们可以清楚地观察到各个变量的均值及各个变量整体、组内、组间的标准差、最小值、最大值和样本观测值；表中显示，变量 province 的组内（winthin）标准差为 0，因为分在同一组的数据同一个省。另外，变量 year 的组间（between）标准差为 0，因为不同组的这一变量取值完全相同。

---

① 李芝倩. 资本、劳动收入、消费支出的有效税率测算 [J]. 税务研究，2006（04）：14-18.
② 刘溶沧，马拴友. 论税收与经济增长——对中国劳动、资本和消费征税的效应分析 [J]. 中国社会科学，2002（01）：67-78.

通过对模型类型（pool model、fe model、re model）检验，我们最终选取固定效应模型。[①] 固定效应模型要检验个体效应的显著性，这可以通过固定效应模型回归结果的最后一行的 F 统计量看出，F 越大越好，可以得出固定效应模型优于混合 OLS 模型的结论。随机效应模型要检验随机效应是否显著，如果检验得到的 p 值为 0，则随机效应显著，随机效应模型也优于固定效应模型。至于固定效应模型与随机效应模型选哪一个，则要通过 Hausman 检验来得出。Hausman 检验的原假设是固定效应模型优于随机效应模型，如果 Hausman 检验的 p 值为 0，则接受原假设，使用固定效应模型。我们用 Stata 10 软件和 Eviews 6.0 软件进行检验后，最终确定为固定效应模型。

表 4-5   样本统计描述

Variable		Mean	Std. Dev.	Min	Max	Obervations
rl	overall	0.47404	0.07574	0.31450	0.68660	N = 300
	between		0.04807	0.35791	0.56618	n = 30
	within		0.05912	0.32143	0.62824	T = 10
τ_Y	overall	0.08138	0.0675	0.015	0.5335	N = 300
	between		0.06159	0.0368	0.3719	n = 30
	within		0.02954	−0.0112	0.2429	T = 10
τ_C	overall	0.07551	0.03773	0.01710	0.21500	N = 300
	between		0.03525	0.03793	0.18484	n = 30
	within		0.01478	0.03465	0.15035	T = 10
τ_K	overall	0.24908	0.10489	0.09330	0.63730	N = 300
	between		0.09128	0.12679	0.53136	n = 30
	within		0.05404	0.11393	0.45068	T = 10
τ_l	overall	0.01063	0.01329	0.00140	0.08130	N = 300
	between		0.01217	0.00391	0.05525	n = 30
	within		0.00576	−0.02267	0.03668	T = 10
$lnagdp$	overall	2.58324	0.71922	0.99410	4.67680	N = 300
	between		0.58290	1.56098	4.09960	n = 30
	within		0.43328	1.73533	3.61043	T = 10

---

① 常用的面板数据模型类型的有混合 OLS 模型（pool model）、固定效应模型（FE model）、随机效应模型检验（RE model）。

Variable		Mean	Std. Dev.	Min	Max	Obervations
rky	overall	0. 50993	0. 11448	0. 29520	0. 96710	N = 300
	between		0. 08755	0. 37023	0. 78212	n = 30
	within		0. 07532	0. 27308	0. 80598	T = 10
md	overall	0. 50755	0. 20312	0. 10840	0. 89110	N = 300
	between		0. 18510	0. 14288	0. 81694	n = 30
	within		0. 08960	0. 22816	0. 76076	T = 10
bl	overall	0. 10565	0. 03697	0. 05430	0. 30890	N = 300
	between		0. 03410	0. 06186	0. 23669	n = 30
	within		0. 01546	0. 05936	0. 17786	T = 10
es	overall	0. 39086	0. 06698	0. 28630	0. 75530	N = 300
	between		0. 06339	0. 30254	0. 66352	n = 30
	within		0. 02427	0. 31044	0. 48676	T = 10
fi	overall	0. 16273	0. 21311	0. 01260	1. 87300	N = 300
	between		0. 18559	0. 01598	0. 78998	n = 30
	within		0. 10959	− 0. 37675	1. 24575	T = 10
mx	overall	0. 04410	0. 05784	0. 00440	0. 25910	N = 300
	between		0. 05722	0. 00687	0. 19776	n = 30
	within		0. 01305	− 0. 02039	0. 10544	T = 10
rgf	overall	0. 16689	0. 06690	0. 06890	0. 45020	N = 300
	between		0. 06199	0. 08240	0. 33869	n = 30
	within		0. 02736	0. 08730	0. 28652	T = 10
province	overall	15. 5	8. 66990	1	30	N = 300
	between		8. 80341	1	30	n = 30
	within		0	15. 5	15. 5	T = 10
year	overall	2004. 5	2. 87708	2000	2009	N = 300
	between		0	2004. 5	2004. 5	n = 30
	within		2. 87708	2000	2009	T = 10

3. 模型回归结果分析

在模型回归之前，我们利用 Stata 作图功能看一下因变量 rl 在 30 个省的（市、区）时间趋势图，结果如图4-4所示。

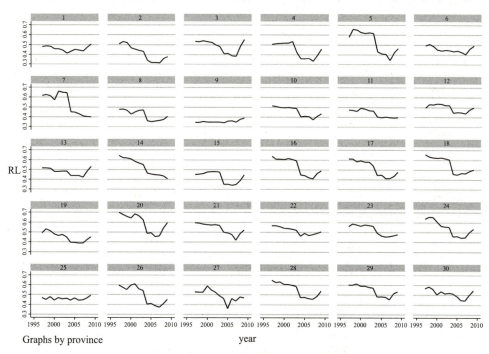

图4-4 各省（市、区）劳动分配率时间趋势

注：由于在 Stata 中面板（个体）变量"province"的取值必须为整数且不重复，相当于把样本中每个个体进行编码，所以我们以数字代表：1、2、3……30 分别代表北京、天津、河北、山西、内蒙古、辽宁、吉林、黑龙江、上海、江苏、浙江、安徽、福建、江西、山东、河南、湖北、湖南、广东、广西、海南、重庆、四川、贵州、云南、陕西、甘肃、青海、宁夏、新疆。下同。

从图4-4中看出，不同的省份劳动分配率（份额）的时间趋势不尽相同，除上海、云南很平稳外，绝大部分省份2000～2009年总体呈下降趋势，2006年以后缓慢回升，这和我国大多数学者研究一致。

税收政策对劳动分配率产生什么样的影响呢？我们利用固定效应模型对各变量进行回归验证，为检验模型的稳健性，从不同的角度对变量进行回归分析。由计量经济学的知识可知，对比普通标准差与聚类标准差，前者一般约为后者的一半。通过自相关检验知道同一省份不同期之间的扰动项存在自相关，而默认的普通标准差计算方法假设扰动项为独立同分布的，所以普通标准差的估计并不准确。因此，下面的模型估计除采用普通标准差组内固定效应回归（Fixed-effects（within）Regression）分析外（表4-6中的模型1）主要采用聚类稳健的标准差对模型估计结果进行判断（表4-6中的模型2、模型3、模型4）。

　　另外，通过检验发现，模型既存在个体固定效应也存在时间固定效应，故我们使用聚类稳健的标准差分三种情况来分析各解释变量对劳动分配率（份额）的影响结果。

表 4 - 6　　　　　　　　　　　　　　模型回归结果

变量	模型 1	模型 2	模型 3	模型 4
τ_Y	-0.189 (-1.54)	-0.189 (-1.65)	-0.189 (-1.57)	-0.0110 (-0.11)
τ_C	-0.619 ** (-3.00)	-0.619 * (-2.23)	-0.619 * (-2.12)	-0.555 * (-2.53)
τ_K	0.493 *** (6.86)	0.493 *** (5.41)	0.493 *** (5.13)	0.413 *** (4.02)
τ_L	1.466 ** (2.84)	1.466 *** (4.81)	1.466 *** (4.56)	1.252 *** (3.87)
md	0.207 *** (4.69)	0.207 *** (4.62)	0.207 *** (4.38)	0.133 ** (2.89)
mx	-0.898 *** (-4.32)	-0.898 ** (-3.37)	-0.898 ** (-3.20)	0.132 (0.50)
fi	-0.0412 * (-2.04)	-0.0412 * (-2.55)	-0.0412 * (-2.42)	-0.0264 (-1.67)
bl	0.486 ** (2.87)	0.486 * (2.23)	0.486 * (2.11)	-0.0991 (-0.54)
lnagdp	-0.0282 * (-2.45)	-0.0282 (-1.67)	-0.0282 (-1.58)	-0.0994 * (-2.08)
rky	-0.00205 (-0.05)	-0.00205 (-0.04)	-0.00205 (-0.04)	-0.0408 (-0.70)
es	0.305 ** (3.27)	0.305 * (2.30)	0.305 * (2.19)	0.114 (0.81)
rgf	0.431 *** (3.95)	0.431 ** (3.08)	0.431 ** (2.92)	-0.151 (-1.10)
_Iprovince_2			0.234 ** (3.26)	
_Iprovince_3			0.287 ** (2.93)	

变量	模型 1	模型 2	模型 3	模型 4
_Iprovince_4			0.107 (1.24)	
_Iprovince_5			0.198 * (2.22)	
_Iprovince_6			0.218 ** (2.60)	
_Iprovince_7			0.174 * (2.09)	
_Iprovince_8			0.107 (1.21)	
_Iprovince_9			0.176 * (2.40)	
_Iprovince_10			0.322 *** (4.34)	
_Iprovince_11			0.317 *** (3.79)	
_Iprovince_12			0.209 * (2.41)	
_Iprovince_13			0.377 *** (4.38)	
_Iprovince_14			0.194 * (2.23)	
_Iprovince_15			0.277 ** (2.98)	
_Iprovince_16			0.284 ** (2.99)	
_Iprovince_17			0.245 * (2.57)	
_Iprovince_18			0.272 ** (2.92)	
_Iprovince_19			0.409 *** (6.15)	
_Iprovince_20			0.238 ** (2.77)	

续表

变量	模型 1	模型 2	模型 3	模型 4
_Iprovince_21			0. 226 ** (2. 74)	
_Iprovince_22			0. 0955 (1. 17)	
_Iprovince_23			0. 251 ** (2. 93)	
_Iprovince_24			0. 0589 (0. 70)	
_Iprovince_25			0. 0735 (0. 85)	
_Iprovince_26			0. 0788 (0. 95)	
_Iprovince_27			0. 0506 (0. 60)	
_Iprovince_28			0. 0352 (0. 42)	
_Iprovince_29			0. 0504 (0. 63)	
_Iprovince_30			0. 109 (1. 32)	
year1				− 0. 148 * (− 2. 18)
year2				− 0. 130 * (− 2. 06)
year3				− 0. 109 (− 1. 88)
year4				− 0. 115 * (− 2. 23)
year5				− 0. 146 ** (− 3. 25)
year6				− 0. 133 *** (− 3. 69)
year7				− 0. 118 *** (− 4. 12)
year8				− 0. 124 *** (− 5. 99)

变量	模型 1	模型 2	模型 3	模型 4
year9				-0.0711 *** (-6.19)
_cons	0.162 * (2.51)	0.162 * (2.19)	-0.0274 (-0.19)	0.728 *** (3.79)
N	300	300	300	300

注：括号内为 t 统计值；*、**、*** 分别表示在 10%、5%、1% 的水平上系数显著不为 0。

表 4 - 6 中模型 1 报告了所有解释变量和控制变量普通标准差下的回归结果，模型 2 - 4 报告了聚类稳健标准差下组间固定效应、个体固定效应和时间固定效应的回归结果，特别是模型 2 和模型 3 估计结果，无论是从系数的符号和显著性来看都非常接近，模型 1 和模型 2、3 的系数都相同，但对显著性的判断上要低于模型 2、3（原因前面已经述及）。因此，对模型回归结果的判断以聚类稳健标准差下组间固定效应回归结果为基础，其他模型作为比对参考。

（1）各控制变量对劳动分配率（份额）的影响。由估计结果可知，当前经济发展水平 lnagdp 的系数为负，说明当前经济发展阶段不利于劳动分配率（份额）的上升（郭庆旺、吕冰洋，2011）；在通过显著性检验的系数中，代表金融发展程度的变量 bl 的系数为正，说明银行贷款规模有利于提高劳动分配率（份额）；反映垄断程度的指标——国有企业产值占总产值的比重 md 的系数为正值，说明国有企业生产能力的增强有助于改善劳动收入分配；反映对外开放程度的指标——进出口总额占 GDP 比重系数为负值，说明产品竞争程度的加强会抑制劳动分配率（份额）；同样反应产品市场发展程度的指标，外商投资与全社会固定资产之比系数也为负值，也不利于劳动分配率（份额）的提高；表示产业结构的指标 es 系数为正值，说明发展第三产业有助于改善劳动要素收入分配；表示政府干预程度的指标——财政支出 rgf 的系数为正值，说明政府支出扩大有助于提高劳动要素收入分配。控制变量资本产出比 rky 没有通过显著性检验。检验结果和郭庆旺、吕冰洋（2011）的研究结果不太一致。

对控制变量回归结果可作如下简要解释：

①当前经济发展模式不利于劳动收入分配率（份额）的提高。我国当前经济发展处于工业化提速阶段，经济快速发展和工业特别是重化工业的发展有利于资本要素的分配而不利于劳动要素的分配。

②资本产出比对劳动收入分配率（份额）的影响不显著。作为要素投入比的

代理变量，资本产出比在样本期间不显著，表明中国要素替代弹性接近 1（白重恩、钱震杰，2010）。

③垄断指标分析。反映垄断程度的国有经济所占比重系数符号为正，说明国有垄断企业利用垄断资源、获得高额垄断利润的同时，有将税后利润转化为员工收入的嫌疑，出现劳动侵占资本的现象。也从另一个侧面反映出国有垄断企业的高工资、高福利[1]，会拉大了行业之间收入差距。

④产业结构转型。第三产业吸纳劳动力的力量较强，产业结构向第三产业转化有利于整体经济劳动要素收入分配的改善。

⑤扩大外商投资不利于劳动分配率（份额）的提高。外商投资规模是经济开放的一种手段，外资一般进入资本密集型产业，同时会刺激内资企业增加资本密集度，所以外商投资经济比重越高，劳动收入分配率（份额）越低；而对外贸易程度的增加却降低了劳动收入分配率（份额），此与斯皮林博格（Spilimbergo，1999）等的研究观点一致，是由于国际化减少了劳动者的议价能力造成的（白重恩、钱振杰[2]，2010）。

⑥银行部门的扩展有利于提高劳动分配率（份额）。银行贷款规模越大，说明企业经营活动越活跃，有利于吸纳更多劳动力就业，从而提高劳动分配率（份额）。

（2）解释变量——各税种对劳动收入分配率的影响。

①课征资本税、劳动所得税有利于提高劳动收入分配率（份额）。从模型 1～模型 4 看，资本税变量 τ_K 的系数都通过了显著性检验，且均为正值，说明对资本征税会直接提高劳动分配率（份额），抑制资本分配率；劳动所得税变量 τ_l 的系数也都通过显著性检验，符号也为正，且其值远高于其他税收变量的系数（绝对值），说明劳动所得税对提高劳动分配率（份额）影响程度非常直接和明显，这一结果与我们的理论分析和数值模拟分析影响方向相反。原因在于我们的理论分析假设劳动力市场、产品市场都是完全竞争的市场，且为均衡路径上的均衡解，而现实情况是，一方面，我国劳动力市场尚存在劳动力流动各方面的障碍，如城乡之间、技术性障碍、产业结构等[3]；另一方面，我国存在劳动力红利，尚未出现"刘易斯拐点"，劳动力供给充足，课征劳动所得税反而刺激了劳动供给

---

① 随着我国收入差距日益扩大，我国垄断行业（特别是行政垄断行业）与非垄断行业的收入（包括显性和隐性收入）差距越发受到关注，如垄断行业的高工资、高福利和央属国有大型企业的股息、红利上缴比例、高管的年薪等问题。具体分析见第 5 章。

② 白重恩，钱振杰. 劳动收入份额决定因素：来自中国省际面板数据的证据 [J]. 世界经济，2010（12）：3–27.

③ 具体可参见：刘钧. 我国农业剩余劳动力的"刘易斯拐点"争议综述 [J]. 经济学动态，2011（07）：94–98.

的增长，使得劳动所得税收入效应远大于替代效应。

②消费税不利于劳动收入分配率（份额）的提高。消费税变量 τ_C 也通过了显著性检验，且符号为负，说明征收消费税对降低劳动分配率（份额）有显著性影响，原因在于消费税对消费者来说为价内税，往往容易转嫁给消费者，所以，课征消费税会降低劳动分配率（份额）。

③企业所得税对劳动收入分配率（份额）的影响不显著。企业所得税变量 τ_Y 没有通过显著性检验；企业所得税是对企业利润征收，归根结底仍属于对资本征税，所以对劳动收入分配率影响不大。

4.2.4　小结

本节重点考察了我国自 2000 年以来我国税种对劳动要素收入分配的影响，通过定性分析和实证分析，从不同的角度研究发现：

（1）利用资金流量表分析分配主体国民收入分配中的构成可知居民部门在国民收入分配中的份额逐年下降，进一步分析居民和企业所承担的税负水平发现，居民在初次分配和再分配过程中税负水平却持续上升。

（2）数理推导分析表明各税种对劳动分配率的影响方向不一致。通过理论分析表明消费税提升了劳动分配率，劳动所得税与劳动分配率呈反向变动，资本所得税对劳动分配率影响是不确定的，不同于郭庆旺、吕冰洋（2011）的理论分析研究结果。

（3）实证检验显示各税种对劳动分配率（份额）具有一定的影响。在我国样本经济下，通过实证分析发现，资本收益税会直接降低资本收益率，产生劳动替代资本，从而会提高劳动收入分配率（份额）；劳动所得税对劳动收入分配率（份额）显著地提高劳动收入分配率（份额），是由于我国目前劳动供给比较充足，存在"人口红利"，使得劳动所得税的收入效应远超过替代效应，进而使得劳动所得税刺激劳动的供给；消费税降低了劳动收入分配率；企业所得税对劳动分配率（份额）的影响不显著。

（4）优化税制结构模式，以利于提高劳动分配率（份额）。通过数理模型推导和实证分析验证了税收政策对收入初次分配会产生重要的影响，在当前我国收入分配严重不公、收入差距过大的情况下，须结合我国新一轮税制改革，调整我国现行的税制结构模式，适当降低流转税在税收收入中的比重，提高个人所得税的比重，特别是提高个人所得税中对资本收益的征收，以利于提高劳动要素收入分配份额，发挥税收政策在初次分配的公平作用。

4.3 税收政策收入再分配效应的实证分析

前述研究表明，税收政策对收入初次分配产生显著的影响，而收入初次分配结果直接决定收入再分配的公平状况，即功能性收入分配决定规模收入分配。劳动分配率（份额）较高则个人收入的基尼系数较低，这种影响不但统计显著而且具有重要的经济意义，稻迪和加西亚 - 佩纳洛萨（Daudey E. & Garcia - Penalosa[①]，2007）利用发展中国家和发达国家的跨国数据研究已经证实了这一点。如将墨西哥的劳动份额提高至美国的水平，前者的基尼系数可降低2% ~5%。初次分配影响、甚至决定着再分配状况，经济发展过程中，研究税收政策的收入分配效应，仅通过分析初次分配是不可能作出适宜判断的，所以，我们下面将在我国当前的劳动收入分配率现状下，分析税收政策的再分配效应。

4.3.1 文献综述

如前所述，国内外学者对税收政策的收入分配效应的研究主要集中于再分配环节，这方面的文献，特别是关于个人所得税的收入再分配效应的佳作很多，近年来对流转税再分配效应的研究也逐渐增多。

1. 国外税收政策收入再分配效应的研究现状

本杰明·奥克纳（Benjamin A. Okner[②]，1975）以 1966 年美国的数据为基础，计算了五分组下不同收入组、不同年龄组的税前和税后基尼系数和转移支付前后的基尼系数。结果表明收入所得税总体上是累进的；雇佣（工资薪金）税是累退的；总的收入和薪金所得税是累进的；转移支付累进程度更大。更进一步研究发现，年轻家庭要比 65 岁及以上年龄组的税前和转移支付前收入分配公平；年老单身的收入分配是最不公平的，几乎是老年夫妻的两倍，"平等规模"的"标准"是 65 岁以下的四口之家（其基尼系数最小）。提出要降低收入再分配的不平等，需要提高现行所得税的累进程度，增加对个人的转移支付。

---

① Daudey E. , Garcia - Penalosa. The Personal and the Factor Distributions of Income in a Cross - Section of Countries. Journal of Development Studies, Vol. 43, No. 5, July 2007, Pages：812 - 829.

② Benjamin A. Okner. Individual Taxes and the Distribution of Income：http：//www. nber. org/chapters/c3751.

法里德·哈桑（Fareed M. A. Hassan et al. [①], 1996）采用 1992 年保加利亚家庭预算调查数据，分析了该国收入分配状况和税收负担水平。结果表明，保加利亚的收入分配状况虽然在迅速改变，但其收入差距较低；现行的税收制度是累进的，城市部门相对来说支付了更多的税。

马丁·帕尔姆（Marten Palme [②], 1996）以卡克瓦尼（Kakwani, 1984）分解方法，计算分析了 1991 年瑞典的税前、税后和转移支付前后的广义基尼系数，比较了财政收支政策的收入分配公平度（收入再分配效应）。

爱德华多恩格尔等（Eduardo Engel et al. [③], 1999）考察了智利税收对居民家庭收入分配的影响，发现税收结构对收入分配影响很小——税前和税后的基尼系数很接近（税前和税后的基尼系数分别为 0.4889 和 0.4920）。即使大幅度地改变税制结构，如将增值税税率从 18% 提高到 25%，或者以 20% 的单一税制代替现行的累进所得税，基尼系数变化也非常小。通过进一步计算，发现对降低收入再分配的不平等起决定性作用的是政府转移支付政策和比例税，而不是累进税。

楚克文（Ke-young Chu et al. [④], 2000）对发展中国家（和转型国家）的收入分配研究发现，近几十年，与发达国家相比，发展中国家税前收入分配较不公平，且政府不能有效使用税收和转移支付政策降低收入不平等。20 世纪 80 年代和 90 年代，许多发展中国家的收入分配不平等加剧，尽管税负不断加重，但其公共医疗和初等、中等教育等公共服务项目却提供不足。

安德鲁·米特里希（Andrew Mitrusi et al. [⑤], 2000）分析了 1979～1999 年美国家庭的工资税负担和收入分配，在此期间，中低收入家庭的工资税逐渐成为其税负的重要组成部分。由于 20 世纪 80 年代晚期和 20 世纪 90 年代初期劳务所得税优惠政策的扩张和联邦个人所得税的其他变化，美国 2/3 的家庭工资税负担超过所得税负担，而 1979 年只有 44% 的家庭工资税超过所得税负担。

博奇－埃里克·拉卢和杰里·拉特（Lars－Erik Borge, J. rn Ratts [⑥], 2004）

① Fareed M. A. Hassan and Zewko Bogetik. Effects of Personal Income Tax on Iicome Distribution: Example from Bulgaeia. Contemporary Economic Policy (ISSN 10743529) Vol. X N, October 1996.

② Marten Palme. Income Distribution Effects of the Swedish 1991 Tax Reform: An Analysis of a Microsimulation Using Generalized Kakwani decomposition. Journal of Policy Modeling 18 (4): 419－443 (1996).

③ Eduardo Engel, Alexander Galetovic and Claudio Raddatz. Taxes and Income Distribution in Chile: Some Unpleasant Redistributive Arithmetic, Journal of Development Economics, Volume 59, Issue 1, June 1999, Pages 155－192.

④ Ke-young Chu, Hamid Davoodi, and Sanjeev Gupta. Income Distribution and Tax and Government Social Spending Policies in Developing Countries, IMF Working Paper WP/00/62 March 2000.

⑤ Andrew Mitrusi and James Poterba (2000) The Distribution of Payroll and Income Tax Burdens, 1979－1999. NBER Working Paper No. 7707 May 2000.

⑥ Lars－Erik Borge, J. rn Ratts. Income distribution and tax structure: Empirical test of the Meltzer－Richard hypothesis. European Economic Review 48 (2004) 805－826.

以挪威的数据为依托，分析了税制结构与收入分配的关系，验证了在挪威存在梅尔兹·理查德假设——收入分配越不公平，越需要再分配（指税制结构）调节。

萨缪尔·达斯特鲁普等（Samuel R. Dastrup et al. [1]，2007）运用 LIS（卢森堡收入研究）数据，分析了 13 个国家不同年份税收和转移支付对收入分配的影响，他们使用不同的分布函数（5 参数广义 ß 分布等），以极大似然的方法估计了不同收入（劳动收入、总收入和可支配收入）的两参数、三参数、四参数模型和跨期模式下的拟合优度和基尼系数。研究表明，就函数形式而言，劳动收入两参数分布最优形式是威布尔分布，三参则是 Dagum 分布，总收入和可支配收入是伽玛分布，三参则是广义的伽玛分布；考虑跨期行为时，几乎所有国家（不论何种收入）的基尼系数都在增加，即加剧不公平程度；总的来说，劳动收入的不平等程度超过可支配收入的不平等程度；不同国家的政府再分配政策（税收和转移支付）效应显著不同：芬兰和瑞典的收入分配效应最明显，澳大利亚和中国台湾的则最小；一国的收入（劳动收入、总收入或可支配收入）分布形式会影响到该国不平等指数的估计和政策的制定。

戈文德·谢伊等（Govind S. Iyer et al. [2]，2008）用卡克瓦尼（Kakwani）指数分解法，检验了美国 1986 税改法案个人所得税的累进度，解释了标准税率（法定税率的衍生品）、平均税率与收入分配的关系，建议政府制定税收政策时，需要考虑法定税率的衍生品——标准税率，设法降低标准税率对税前收入不平等的负面累进效应。

维尔纳·贝尔等（Werner Baer et al. [3]，2008）解释了巴西税负高启和收入分布不断集中的看似矛盾的现象，通过分位结构回归模型分析了巴西政府支出的基尼系数对收入分配的影响，表明巴西的再分配支出对低收入阶层的收入不平等影响很小，而较倾向于高收入者。说明该国税收和支出结构加剧了收入不断集中的程度，其财政政策的收入分配正效应较弱。

迈贾森等（Myung Jae Sung et al. [4]，2011）运用韩国 2007 年家庭收支调查数据，分析了包括消费税和非现金福利在内的财政政策收入再分配效应。研究发现，税收和转移支付使韩国的收入不平等降低 13.8%，非现金福利、直接税和社

---

① Samuel R. Dastrup & Rachel Hartshorn & James B. McDonald. The impact of taxes and transfer payments on the distribution of income: A parametric comparison. J Econ Inequal (2007) 5: 353 – 369 DOI 10. 1007/s10888 – 006 – 9039 – 3.

② Govind S. Iyer, Andrew Schmidt, Ananth Seetharaman. The effects of standardized tax rates, averagetax rates, and the distribution of income on tax progressivity, Journal of Accounting and Public Policy 27 (2008) 88 – 96.

③ Werner Baer, Antonio Fialho Galvão Jr. Tax burden, government expenditures and income distribution in Brazil. The Quarterly Review of Economics and Finance. 48 (2008) 345 – 358.

④ Myung Jae Sung and Ki-baeg Park. Effects of Taxes and Benefits on Income Distribution in Korea. Review of Income and Wealth Series 57, Number 2, June 2011: 345 – 353.

会保障分别使基尼系数降低6.7%、4.7%和2.9%，消费税再分配效应很小为 - 0.5%。政策模拟显示，以个人所得税筹资用于教育支出具有收入再分配正效应，使70%的低收入家庭能够受益；面向穷人的支出有较强的收入再分配效应。

还有许多学者（如 Silber，1994；Dunbar and Groff，2000；Slemrod and Bakija，2000；Thoresen，2004；Alm et al.，2005 等）用税收累进度来衡量税收与收入不平等之间的关系，对我们的研究也有一定的借鉴意义。

总之，从可得的数据和资料表明，国外学者对税收再分配效应的研究是多角度的，得出的结论也大相径庭。但也有一致的观点，大多学者研究认为，发展中国家税前和转移支付前的收入分配差距低于工业化国家，工业化的国家能够通过税收和转移支付有效改善收入分配状况，而发展中国家与工业化国家相比，前者税后和转移后的收入不平等程度即再分配效应不明显。

2. 国内税收再分配效应的研究现状

刘怡、聂海峰[①]（2004）运用对广东城镇居民入户调查数据，计算了 Suit 指数和基尼系数，得出增值税和消费税具有累退性，且消费税的累退程度高于增值税，而营业税具有累进性；增值税和消费税的累退程度超过营业税的累进程度，通过计算比较税前和税后基尼系数，得出间接税扩大了收入分配差距。

孙玉栋[②]（2009）从我国主体税制的税收政策对居民收入分配的调节作用进行分析，认为自1994年税制改革以来我国主体税制的税收政策对调节居民收入分配差距起到了一定作用，但也存在调节累退性、调节力度弱化、低收入群体负担重等问题。

吕冰洋[③]（2010）分析了流转税、所得税和财产税等税种对三种收入分配的作用和可能的影响。由于流转税存在税负转嫁、税收增长较快和重复征税的问题，从而恶化了居民收入分配；个人所得税受到税收收入规模和征管模式的制约，加之居民收入来源的多样性，其对收入分配的调节非常有限；财产税规模小，对要素收入调节有限，对居民收入也几乎不起作用。

万莹[④]（2011）从税收累进性和平均税率两方面，对我国个人所得税的再分配效应进行解析，认为我国个人所得税的再分配力度非常小，平均税率过低是制约我国个人所得税收入调节功能发挥的最主要障碍。

---

① 刘怡，聂海峰. 间接税负担对收入分配的影响分析 [J]. 经济研究，2004（05）：21 - 29.
② 孙玉栋. 论我国税收政策对居民收入分配的调节——基于主体税制的税收政策视角 [J]. 财贸经济，2009（05）：46 - 53.
③ 吕冰洋. 我国税收制度与三类收入分配的关系分析 [J]. 税务研究，2010（03）：28 - 32.
④ 万莹. 个人所得税对收入分配的影响：由税收累进性和平均税率观察 [J]. 改革，2011（03）：53 - 59.

赵桂芝（ZHAO Guizhi et al.[①]，2011）分析了我国现行税收政策对城镇居民收入的影响，作者运用基尼系数、收入平等指数等，计算和比较了在现有的税收体系下，城镇居民的收入差距。研究结果表明，现行的税制几乎没有影响城镇居民的收入分配。

何辉等[②]（2011）利用中国2000～2008年城镇居民调查数据，从平均税率累进性和税前税后基尼系数的角度，分析了股利所得税的收入再分配效应，认为股利所得税平均税率在城镇不同收入组之间都呈现累进性，具有缩小收入差距的作用，且因时期不同存在差异。

综上所述，国内学者分析税收的再分配效应时一般采用规范分析，由于我国税收微观数据的不健全甚至是缺失，使得对税收的收入再分配的实证分析相对较少，而且就是在这些较少的实证研究中，大家由于使用数据的口径不一致，研究的角度不同等，导致我国税收再分配效应的结果也是千差万别。但绝大多数学者普遍认为我国的税收政策对收入再分配会起到一定的作用。我们本节的内容以城镇居民为代表，考察我国税收政策的收入再分配效应。

4.3.2 数理模型分析

如前所述初次分配体现为对要素分配率的影响，而再分配主要体现为对居民家庭收入的影响，所以本节内容主要从居民家庭收入着手分析税收的再分配效应。而衡量税收再分配效应的指标一般使用税负累进度和税前税后基尼系数，税负累进度可以从结构方面反映税收对收入分配的影响，体现税收和收入的变化关系，基尼系数则可以从整体方面反映征税对收入再分配的影响，并不能用以比较收入分配内部结构性的变化（这方面彭海燕[③]（2008）做了很好的概括）。所以我们通过构建税率累进度和基尼系数指标的理论模型，全面地分析税收的再分配效应。

1. 整体视角：税收政策的再分配效应

洛伦茨曲线和基尼系数常用于比较不同年度或不同国家的收入分配情况，也可用于比较税前税后的分配情况。如果税后基尼系数小于税前的基尼系数，说明税收起到了减轻收入分配不平等的作用。

---

① ZHAO Guizhi, WEI Bowen. Research on Effects of Chinese Current Tax System Adjustment on Income Distribution of Urban Residents. Canadian Social Science Vol. 7, No. 3, 2011, pp. 35 –39.
② 何辉，尹音频，张清. 股息红利所得税的收入再分配效应研究 [J]. 统计研究，2011（06）：11 –15.
③ 彭海燕. 国外税收累进性及再分配效应研究 [J]. 南京社会科学，2008（03）：12 –20.

对于基尼系数的计算公式和方法，我们借鉴陈传波、丁士军[①]（2001）的方法，计算税前基尼系数 G_0 和税后的基尼系数 G_T，两者比较，如 $G_0 > G_T$，说明税收政策可以缩小收入分配差距，具有收入再分配正效应；若 $G_0 < G_T$，说明税收政策扩大了收入分配差距，具有收入再分配负效应。具体方法和计算公式如下：

假定人口样本可以分成 n 组，设 w_i、m_i、p_i 分别代表第 i 组的人均收入份额、平均人均收入和人口频数（$i = 1, 2, \cdots, n$）对全部样本按人均收入（m_i）由小到大排序后，基尼系数（G）可表示为：

$$G = 1 - \sum_{i=1}^{n} 2B_i = 1 - \sum_{i=1}^{n} p_i(2Q_i - w_i) \qquad (4-18)$$

其中，

$$Q_i = \sum_{i=1}^{n} w_i$$

Q_i 为从 1 到 i 的累计收入比重。B 为洛伦兹曲线右下方的面积。p_i、w_i 从 1 到 n 的和为 1。

2. 结构视角：税收的税负累进性

用基尼系数衡量收入再分配公平性的优点，我们在第 2 章理论分析部分已有述及，但基尼系数只是一个综合的指数，并不能用以比较收入分配内部结构性的变化。为此，我们以税收的税负累进性指标进一步考察税收对收入分配的结构性影响。

所谓税负累进性，是指纳税人税收负担随着其收入提高纳税数额而增加。衡量税负累进性的指标有平均税率累进性、边际税率累进性、应纳税额累进性和剩余收入累进性。本节的税负累退性指标采用平均税率，来衡量我国税收的累进性。若某税种的平均税率随着收入的增加而上升，则说明此税种具有累进性；反之，则称其为具有累退性；如果平均税率与收入同比例变化，则说明此税种为比例性税收。具体方法和计算公式如下：

假设低收入组 i 缴纳的税额为 T_i，高收入组 j 缴纳的税额为 T_j；低收入组 i 的收入为 Y_i，高收入组 j 的收入为 Y_j。则低收入组 i 的平均税率为 $\dfrac{T_i}{Y_i}$；高收入组的平均税率为 $\dfrac{T_j}{Y_j}$。反映税负累进性的公式为：

$$\psi = \frac{\dfrac{T_j}{Y_j} - \dfrac{T_i}{Y_i}}{Y_j - Y_i} \qquad (4-19)$$

---

① 陈传波，丁士军. 基尼系数的测算与分解——EXCEL 算法与 Stata 程序 [J]. 上海统计，2001 (07)：20-24.

如果 $\psi > 0$，说明此税种具有累进性，从而具有收入分配的正效应；$\psi < 0$，则此税种为累退税，具有收入分配的负效应；$\psi = 0$，此税种为比例税，不具有收入再分配效应。

4.3.3 实证检验：基于中国 2000～2009 年的经济数据

1. 实证研究设计

（1）数据来源。为便于比较和数据的可得性，我们取 2000～2009 年的年度数据。另外，由于农村居民涉及的资本税较少，及农村居民微观数据的缺失，我们仅以城镇居民为考察对象来说明问题。数据来源于历年的《中国税务年鉴》《中国城市（镇）生活与价格年鉴》《中国价格及城镇居民家庭收支调查统计年鉴》和《中国统计年鉴》。

（2）数据的处理。①

①流转税平均税率②的测算。《中国城市（镇）生活与价格年鉴》（2000-2010）按照收入水平，把城镇居民家庭共分为七个等级，消费支出项目共有 8 个大项，依次为食品、衣着、家庭设备用品及服务、医疗保健、交通通信、教育文化娱乐服务、居住和杂项商品与服务，66 小项，这些消费支出项目对居民来说都是含税的消费支出，我们对此进行归类，确定出征税营业税和增值税的商品，其税率为法定税率③；征收消费税和增值税的项目为烟草类和酒类，对这两个项目做了处理，因为烟类和酒类征收消费税时实行从价（定率）和从量（定额）相结合的征收办法，烟类和酒类又有不同的种类，我们只有居民的消费支出数额，所以采取折中的办法，又考虑到不同收入阶层的消费水平，烟类除高收入户和最高收入户取 45% 的消费税税率，其余收入户都取 30% 的税率，酒类都取 25% 的税率。我们按照这样确定的税率，假定流转税全部转嫁给消费者，计算出各收入阶层居民的不含税消费支出④，居民实际负担的税额为含税

---

① 这部分内容参照：常晓素、何辉. 流转税和所得税的福利效应研究 [J]. 统计研究，2012（01）：80-86.

② 这里的流转税是以消费支出为税基的，也可以称为消费税，具体是指城镇居民消费支出中所涉及的增值税、营业税和消费税，不包括关税。平均税率 t_c 的测算方法可参见刘初旺（2004），王大林，成学真（2007）等，流转税的平均税率，是根据城镇居民所消费的具体商品和服务及各商品和服务所适用的法定税率 t_i，用各年度《中国城市（镇）居民生活与价格年鉴》中的各类居民消费支出中的具体对某项商品和服务的支出 C_{pi0} 除以（$1+t_i$），计算出各组具体商品和服务不含税的消费支出 C_{pi1}，再用 $C_{p0} - C_{p1}$ 得出各收入阶层消费各类商品和服务所负担的税额 T，则各收入阶层的平均税率 $t_c = T/\sum C_{pi1}$。

③ 具体征收增值税和营业税的法定税率参照平新乔等（2009）。

④ 不含税消费支出 = 含税消费支出/（1+税率）。

128

消费支出减去不含税消费支出，平均税率 t_c = 居民负担的流转税税额/不含税消费支出。

②所得税平均税率的测算。根据《中国城市（镇）生活与价格年鉴》（2000－2010）中的"城镇居民家庭现金收入和支出统计"的数据，我们采集转移性支出中缴纳的个人收入税和社会保障支出作为所得税的数据，经过整理合并后得出各收入组各年度的所得税数额。由于居民缴纳的个人所得税和社会保障支出都是以其工资薪金为税基缴纳的，则其所得税平均税率 t_l = 居民负担的所得税税额/居民的可支配收入。

③资本利得税①平均税率的测算。根据《中国城市（镇）生活与价格年鉴》（2000－2010）中的"城镇居民家庭现金收入和支出统计"的数据，我们可以获得税后的利息收入、股息与红利收入的数据，各收入组的税前利息、股息和红利收入 = 各收入组的税后利息、股息和红利收入/（1－法定利息税率②或法定股息红利税率③），则资本利得税税率 t_k = 居民负担的资本利得税/居民的可支配收入；居民负担的资本利得税额 = 税前利息、股息和红利收入－税后利息、股息和红利收入。

（3）方法的选择。本节内容利用样本数据，通过 Stata 软件编写程序，计算各税种的税前、税后基尼系数，运用 EXCEL 计算各收入组负担的各税种的平均税率，通过计算结果比较分析，实证考察消费税、所得税和资本利得税的再分配效应。

2. 整体视角：税收的税负累进性实证分析

如前所述，通过计算税前和税后基尼系数可以从整体反应各个税种的再分配效应，本部分内容运用 4.2.2 中的公式，计算的居民所负担的各种税负额，通过 Stata 软件编程，来计算 2000～2009 年我国各税种的税前、税后基尼系数，实证分析各税种的再分配效应。

（1）整体视角：中国流转税收入再分配效应的实证分析。由于我国城乡

---

① 这里的资本利得税包括利息税、股息与红利税。

② 我国储蓄存款在 1999 年 10 月 31 日前的利息所得，不征收个人所得税；在 1999 年 11 月 1 日～2007 年 8 月 14 日的利息所得，按照 20% 的比例征收个人所得税；在 2007 年 8 月 15 日～2008 年 10 月 8 日的利息所得，按照 5% 的比例征收个人所得税；储蓄存款在 2008 年 10 月 9 日后（含 10 月 9 日）的利息所得，暂免征收个人所得税。所以在计算 2007 年和 2008 年的利息税的平均税率时，我们采用加权平均一年按照 360 天来计算 2007 年的利息税平均税率为 14.375%，2008 年的利息税平均税率为 3.861%。

③ 股息、红利所得按照《中华人民共和国个人所得税法》的规定为 20% 的比例税率。《财政部、国家税务总局关于股息红利个人所得税有关政策的通知（财税〔2005〕102 号）》规定自 2005 年 6 月 13 日起对个人投资者从上市公司取得的股息红利所得，暂减按 50% 计入个人应纳税所得额，依照现行税法规定计征个人所得税。所以 2005 年的股息、红利所得税率为 15%，2006 年及以后的税率为 10%。

"二元制"经济的影响（我国税收制度有明显的城乡差别、统计数据也有城乡差别等），数据的可得受到限制，我们只考察和计算了城镇居民税前、税后基尼系数，以此从整体角度考察税收政策的再分配效应。首先，我们按照流转税税额的测算方法，计算出各收入阶层居民实际负担的流转税税额；接着，按照城镇居民的7分组法，运用Stata软件计算了流转税的税前、税后基尼系数及其差额，具体见表4-7。

表4-7   城镇居民流转税税前和税后基尼系数比较

年份	流转税税前 基尼系数	流转税税后 基尼系数	税前税后 基尼系数差额
2000	0.3327790	0.3387622	-0.0059832
2001	0.3443767	0.3513314	-0.0069547
2002	0.3933824	0.4003788	-0.0069964
2003	0.4011700	0.4086467	-0.0074767
2004	0.4082881	0.4157541	-0.0074660
2005	0.4143602	0.4213519	-0.0069917
2006	0.4102464	0.4169636	-0.0067172
2007	0.4092708	0.4168299	-0.0075591
2008	0.4220367	0.4296307	-0.0075940
2009	0.4157873	0.4242328	-0.0084455

注：《城市（镇）居民生活与价格年鉴》从2002年起，城市住户调查对象由原来的非农业人口改为城市市区和县城关镇区，相关资料按新口径计算，历史数据相应调整。

从表4-7可以清楚地看出，在选取的整个样本期内，流转税的税后基尼系数都超过税前基尼系数，说明我国流转税扩大了居民收入差距，对居民收入分配具有逆向调节作用。具体而言：

①流转税扩大了城镇居民收入差距。2000~2009年，流转税的税前基尼系数都小于税后的基尼系数，征收流转税使得基尼系数增加了0.6%~0.84%，说明当前我国的流转税不利于收入分配差距的缩小。我国流转税以比例税率为主，由于边际消费倾向递减规律，即居民消费支出比例会随着收入的提高而逐步下降，使得低收入居民的税负高于高收入居民的税负。显示流转税的累退效应，导致税负不公平，加剧了居民间收入分配差距（常晓素、何辉，2011）。

②流转税对居民收入差距的影响具有时期性。2000~2009年，流转税税前、

税后基尼系数的差距呈现波动变化，近几年有扩大趋势，特别是2009年差额达到最大值0.845%，差额越大意味着流转税对收入分配的逆向调节越大，可谓是与我国"缩小收入差距"的宏观经济政策唱反调。这其中的原因主要有：一是2009年1月1日起，我国增值税转型在全国推开，增值税的转型有利于减轻企业负担，特别对固定资产投资较大的企业和高新技术企业更有利。短期内，企业会加大固定资产等资本的投资，相对降低用工人数，或提高对就业人员的要求，使得一部分人出现结构性失业，恶化了居民间的收入差距；二是我国税制结构模式以流转税为主体，由于流转税税负的易于转嫁、本身设计的累退性，使其调节收入分配的功能乏力，甚至缺失，以至于逆向调节。

（2）整体视角：中国所得税再分配效应的实证分析。依据《中国城市（镇）生活与价格年鉴》（2000－2010）的数据，整理出城镇居民负担的所得税税额，按照城镇居民的7分组法，运用Stata软件，计算了所得税的税前、税后基尼系数及其差额，具体见表4－8。

表4－8　　　　　　　　城镇居民所得税税前和税后基尼系数比较

年份	消费税税前基尼系数	消费税税后基尼系数	税前税后基尼系数差额
2000	0.3327790	0.3309782	0.0018008
2001	0.3443767	0.3421099	0.0022668
2002	0.3933824	0.3902829	0.0030995
2003	0.4011700	0.3977495	0.0034205
2004	0.4082881	0.4041737	0.0041144
2005	0.4143602	0.4104642	0.003896
2006	0.4102464	0.4067284	0.003518
2007	0.4092708	0.4069173	0.0023535
2008	0.4220367	0.4195266	0.0025101
2009	0.4157873	0.4162926	－0.0005053

由表4－8可知，除2009年外，包括个人所得税和社会保障基金在内的所得税，对城镇居民的收入再分配具有正效应，即具有缩小城镇居民间收入差距的作用，但和流转税对居民收入分配的负效应相比，其正效应幅度比较小，且波动性较大。

①所得税对收入分配具有正向调节作用，但调节幅度较小。2000～2009年，所得税税前、税后基尼系数的差额变化幅度为 -0.05%～0.41%，差额最大为0.41%，不到流转税税前、税后基尼系数差额的一半，所以，当前我国所得税对收入分配的正向调节作用相对较小。其中的原因为：一方面，我国双主体的税制结构模式尚未建立；另一方面，我国所得税中个人所得税所占比重较小，社保基金的缴纳又是按照工资薪金的一定比例上缴，致使所得税的累进效应不明显，对社会收入分配的调节力度十分有限（常晓素、何辉，2011）。

②所得税对收入分配的调节作用波动较大，具有明显的时期性。虽然所得税对缩小居民收入差距有一定的作用，但有的年份，如2009年却出现逆向调节的情况，税后基尼系数大于税前基尼系数，反而扩大了收入差距。为寻找波动的根源，我们分别计算了社会保障基金和个人所得税缴纳前后的基尼系数（具体见表4-9和表4-10），发现所得税对居民收入再分配的调节作用波动较大的原因为社保基金的波动较大及其缴纳形式所致，社保基金比例上缴，其调节作用由2007年以前的正向调节转为其后是逆向调节。①

表4-9　　　　　　　　社会保障基金缴纳前后基尼系数比较

年份	社保基金缴纳前基尼系数	社保基金缴纳后基尼系数	缴纳前后基尼系数差额
2000	0.3327790	0.3315278	0.0012512
2001	0.3443767	0.3428251	0.0015516
2002	0.3933824	0.3916495	0.0017329
2003	0.4011700	0.3998569	0.0013131
2004	0.4082881	0.4068902	0.0013979
2005	0.4143602	0.4132481	0.0011121
2006	0.4102464	0.4094545	0.0007919
2007	0.4092708	0.4099123	-0.000642
2008	0.4220367	0.4226136	-0.000577
2009	0.4157873	0.4194688	-0.003681

---

① 我国社会保障基金是按居民工资薪金的一定比例缴纳的，而且是专款专用的，其主要功能在于社会保障功能而不是调节收入分配。

表 4 - 10　　　　　　　城镇居民个人所得税税前和税后基尼系数比较

年份	个人所得税 税前基尼系数	个人所得税 税后基尼系数	税前税后 基尼系数差额
2000	0.3327790	0.3322548	0.0005242
2001	0.3443767	0.3436949	0.0006818
2002	0.3933824	0.3920960	0.0012864
2003	0.4011700	0.3991972	0.0019728
2004	0.4082881	0.4057583	0.0025298
2005	0.4143602	0.4117755	0.0025847
2006	0.4102464	0.4077228	0.0025236
2007	0.4092708	0.4064830	0.0027878
2008	0.4220367	0.4191607	0.002876
2009	0.4157873	0.4128429	0.0029444

③所得税中个人所得税的收入再分配效应日益增强。随着个人所得税税额占税收总额比重的提高（由 1994 年的 1.4% 提高至 2009 年的 6.3%），加之个人所得税中工资薪金所得实行超额累进税率的计征方式，我国个人所得税的收入再分配功能逐渐显现，表现在基尼系数差额由 2000 年的 0.05% 增至 2009 年的 0.3%。相信随着个人所得税的改革和征管方式的完善，个人所得税对收入分配的调节会发挥越来越大的作用。

（3）整体视角：中国资本利得税收入再分配效应。依据《中国城市（镇）生活与价格年鉴》（2000 - 2010）的数据，整理出城镇居民负担的资本利得税税额，按照城镇居民的 7 分组法，运用 Stata 软件计算了资本利得税的税前、税后基尼系数及其差额，具体见表 4 - 11。

表 4 - 11　　　　　　　城镇居民资本利得税税前和税后基尼系数比较

年份	税前基尼系数	税后基尼系数	税前税后基尼系数差额
2000	0.3327790	0.3322451	0.0005339
2001	0.3443767	0.3439445	0.0004322
2002	0.3933824	0.3930861	0.0002963
2003	0.4011700	0.400745	0.0004250

年份	税前基尼系数	税后基尼系数	税前税后基尼系数差额
2004	0.4082881	0.4079469	0.0003412
2005	0.4143602	0.4141062	0.0002540
2006	0.4102464	0.409960	0.0002864
2007	0.4092708	0.4088916	0.0003792
2008	0.4220367	0.4218403	0.0001964
2009	0.4157873	0.4156209	0.0001664

由表 4 - 11 中计算的资本利得税税前、税后基尼系数的差额可知，我国资本利得税具有缩小收入差距的作用。具体表现在：

①我国资本利得税具有调节居民间收入再分配的效应。2000~2009 年，资本利得税的税前和税后差额都为正，即征收资本利得税有助于缩小居民间收入差距。

②资本利得税对收入再分配的调节效应具有时期性。2000~2009 年，资本利得税的税前和税后差额变化幅度为 0.017% ~ 0.053%，变化幅度比较大，显示出其调节效应的时期性。

③资本利得税的税率降低导致其对居民收入分配调节作用下降。以 2009 年为例，分别计算资本利得税的法定税率为 20% 时、现行利息税率为 0，股息、红利所得税率为 10% 时，资本利得税税前、税后基尼系数及差额（具体见表 4 - 12）。由表 4 - 12 可知，现行的法定税率为 10% 时资本利得税的税后基尼系数为 0.415621，而原来 20% 的法定税率时的资本利得税的税后基尼系数为 0.415243，显然后者小于前者，说明降低资本利得税税率会降低资本利得税的收入再分配效应。

表 4 - 12　　　　　　　　降低资本利得税的基尼系数比较

项目	税前基尼系数	税后基尼系数	税前税后基尼系数差额
2009	0.4157873	0.4156209	0.0001664
20091	0.4157873	0.4152428	0.0005445

注：2009 代表 2009 年按现行的资本利得税率（利息税率为 0，股息红利税率为 10%）计算的城镇居民不同收入组的资本利得税的税前、税后基尼系数及两者差额；20091 代表按照假设的 20% 资本利得税率计算的城镇居民不同收入组的资本利得税的税前、税后基尼系数及两者差额。

3. 结构视角：税收政策的再分配效应实证分析

利用处理过的数据，运用 Excel 计算各收入阶层的平均税率，比较各个收入阶层的税负累进性，进一步从结构上分析各税种的收入再分配效应。

（1）结构视角：流转税的税负累进性。利用《中国价格及城镇居民家庭收支调查统计年鉴》（2001 - 2005）和《中国城市（镇）生活与价格年鉴》（2006 - 2010）中"按收入等级分城镇居民家庭消费支出构成统计"的数据，经过数据处理和计算，得到城镇居民各收入阶层所负担的流转税平均税率（如表 4 - 13 所示）。

表 4 - 13　　　　　　　　　　居民流转税的平均税率　　　　　　　　　　单位：%

年份	最低 收入户	低收 入户	中等 偏下户	中等 收入户	中等 偏上户	高收 入户	最高 收入户
2000	14.0605	13.8814	13.9399	13.8111	13.5711	13.5692	13.3890
2001	13.8263	13.7537	13.6736	13.5304	13.3306	13.3408	13.0619
2002	15.2638	15.4335	15.3066	14.9592	14.8497	14.7431	14.0292
2003	15.4735	15.5762	15.3228	15.0863	12.7841	14.8564	13.9947
2004	15.4207	15.4050	14.9992	14.9342	14.6379	14.4970	13.9441
2005	15.5632	15.5191	15.4017	15.1834	15.0166	15.0343	14.3165
2006	15.5479	15.4695	15.2344	15.0663	14.7181	14.7305	14.0555
2007	16.0027	16.0474	15.8139	15.5751	15.3279	15.1515	14.3523
2008	16.4607	16.4342	16.0930	15.8576	15.6482	15.3415	14.5749
2009	15.4870	15.4830	14.9030	14.4440	13.7440	13.1470	11.9260

由表 4 - 13 可知，流转税的平均税率在城镇居民不同收入组之间具有明显的累退性，即随着收入水平的提高，平均税率反而降低。说明我国流转税对居民收入逆向调节，也就是现行税制下，我国流转税对收入分配差距的扩大起到推波助澜的作用，具体体现在以下几个方面：

①流转税的平均税率在不同收入阶层之间具有累退性。纵观 2000 ~ 2009 年样本期间，低收入户的平均税率都高于高收入户，2009 年达到极值，最低收入户和最高收入户平均税率相差 3.56%。可见，流转税在我国居民间累退程度之大，收入再分配逆向调节非常显著。

②流转税的逆向调节具有时期性。由表 4 - 13 可知，样本期内，不同收入阶层的流转税平均税率不同，平均税率的累退程度也不同，近几年有呈扩大趋势。

由 2000 年最低收入户与最高收入户的平均税率相差 0.672%，扩大至 2009 年两者相差 3.561%。这种收入再分配的逆向调节有些不合时宜，造成这种局面的根源在于流转税税制设置。1994 年税制改革以来，双主体的税制结构模式一直没能建立，形成了增值税为龙头老大的间接税为主体的税制结构模式。这种税制模式有利于税收征管和筹集财政收入，但是对经济的调节作用，特别是对收入分配的调节作用比较弱，甚至是逆向调节。

③我国消费税的收入再分配功能没有显现。我国消费税在 2006 年进行了调整，税目由原来的 11 个税目调整为 14 个，对税率也进行了调整。如高尔夫球及球具和高档手表纳入消费税的税目，以及调高甲类卷烟的税率等目的意在增加高收入者的税负，应该能够在一定程度上调节收入分配，但从我们考察的样本来看，从 2006 年后，不同收入阶层的居民的平均税率差距并没缩小，反而越来越大。说明我国消费税的收入再分配功能没有显现。

④增值税的转型使居民流转税的平均税率降低，但对收入再分配的逆向调节却扩大了。我国增值税从 2009 年 1 月 1 日起在全国范围内由原来的生产型增值税转为消费型增值税，这种转型直接的获益者是企业，降低了其生产成本，间接地降低了居民的消费成本和税负，从表 4-13 可以明显地看出，各个收入阶层居民的平均税率都降低了，但是这种降低并没有使居民不同收入阶层之间的税率之差降低，反而加大了。因此，在当前的经济背景下，我国虽然实行了一系列的结构性减税，减轻了全体居民的整体税负，但以流转税为主体的税制结构模式一直没有改变，流转税对收入再分配的逆向调节作用也没有改观。

（2）结构视角：所得税的税负累进性。根据《中国价格及城镇居民家庭收支调查统计年鉴》（2001-2005）、《中国城市（镇）生活与价格年鉴》（2006-2010）中按收入等级划分的"城镇居民家庭现金收入和支出统计"的数据，计算整理出各收入阶层 2000~2009 年居民所得税的平均税率，具体结果见表 4-14。

表 4-14　　　　　　　　　　居民所得税的平均税率　　　　　　　　单位：%

年份	最低收入户	低收入户	中等偏下户	中等收入户	中等偏上户	高收入户	最高收入户
2000	3.2474	3.5690	4.0054	4.5031	4.8308	5.0488	4.2936
2001	3.0498	3.3749	3.9023	4.3789	4.8404	5.0821	4.3797
2002	3.8931	4.3278	5.0406	5.5632	5.9512	6.2101	6.0547
2003	5.5263	5.2637	5.4781	6.0021	6.6986	6.8221	7.2123
2004	6.5760	5.2422	5.9778	6.5640	6.9554	7.4893	8.0531
2005	6.6889	5.7611	6.3550	7.0715	7.4276	8.2242	8.2427

续表

年份	最低收入户	低收入户	中等偏下户	中等收入户	中等偏上户	高收入户	最高收入户
2006	7.4147	6.5979	6.6877	7.1150	7.7385	8.1491	8.6651
2007	8.3443	6.8113	6.9340	7.2878	7.4854	8.0305	8.4980
2008	8.2075	6.6139	6.9165	7.0460	7.4134	8.1640	8.3887
2009	11.7033	8.6740	8.9369	8.7584	9.0544	9.2741	9.2715

　　由表 4 - 14 可以看出,我国所得税的平均税率在各收入阶层间并不总是具有累进性。2003 年以前在低、中、高收入阶层间累进性比较显著,2003 年后 (包括 2003 年) 平均税率的累进性在最低收入户和其他收入户间表现不明显,甚至有的年份表现为累退性,如 2009 年。我们按人口比重加权①后将最低收入组和低收入户合并后,低收入组和其他各收入组的平均税率都表现为较为明显的累进性 (合并后的见表 4 - 15),但 2006 年后低收入组和中、高收入间的仍表现为累退性。中等收入组和高收入组间从所得税的平均税率来看累进性比较明显。

表 4 - 15　　　　　　最低和低收入户合并的居民所得税的平均税率　　　　单位: %

年份	最低和低收入户合并	中等偏下户	中等收入户	中等偏上户	高收入户	最高收入户
2000	3.4297	4.0054	4.5031	4.8308	5.0488	4.2936
2001	3.2351	3.9023	4.3789	4.8404	5.0821	4.3797
2002	4.1522	5.0406	5.5632	5.9512	6.2101	6.0547
2003	5.3688	5.4781	6.0021	6.6986	6.8221	7.2123
2004	5.7777	5.9778	6.5640	6.9554	7.4893	8.0531
2005	6.1219	6.3550	7.0715	7.4276	8.2242	8.2427
2006	6.9240	6.6877	7.1150	7.7385	8.1491	8.6651
2007	7.4252	6.9340	7.2878	7.4854	8.0305	8.4980
2008	7.2440	6.9165	7.0460	7.4134	8.1640	8.3887
2009	9.8686	8.9369	8.7584	9.0544	9.2741	9.2715

　　如果单独考察个人所得税的累进性问题,会发现个人所得税的累进性远超过

---

① 最低收入户权重 = $\dfrac{\text{最低收入户调查户数} \times \text{其平均每户家庭人口}}{\text{最低收入户调查户数} \times \text{其平均每户家庭人口} + \text{低收入户调查户数} \times \text{其平均每户家庭人口}}$

所得税的累进性。各收入阶层的个人所得税的平均税率如表4-16所示。

表4-16 各收入阶层居民个人所得税的平均税率 单位：%

年份	最低收入户	低收入户	中等偏下户	中等收入户	中等偏上户	高收入户	最高收入户
2000	0.0177	0.0311	0.0526	0.0710	0.1159	0.1982	0.3142
2001	0.0157	0.0353	0.0530	0.1016	0.1553	0.2793	0.3923
2002	0.0602	0.0543	0.0979	0.1631	0.2808	0.4296	0.7981
2003	0.0432	0.0657	0.1220	0.1980	0.3700	0.5915	1.1947
2004	0.0328	0.0817	0.1434	0.2641	0.4516	0.7258	1.5304
2005	0.0555	0.1007	0.1812	0.3323	0.5619	0.8910	1.5908
2006	0.0359	0.0807	0.1022	0.1710	0.4029	0.6494	1.5214
2007	0.0325	0.0563	0.1038	0.2221	0.4414	0.7378	1.6720
2008	0.0324	0.0534	0.1050	0.2062	0.4306	0.8245	1.7178
2009	0.0310	0.0708	0.1177	0.2668	0.5457	0.8635	1.7751

由表4-16可知，我国城镇居民个人所得税的平均税率在各收入阶层之间具有明显的累进性。通过比较城镇居民的所得税和个人所得税平均税率我们可以得出：

①我国个人所得税的累进性明显。从样本期内我国城镇居民个人所得税的平均税率来看，低收入户居民的个人所得税的平均税率低于中等收入户、中等收入户的低于高收入户，具有明显的累进性。这种累进性主要源于个人所得税中工资薪金采用分级超额累进税率。随着时间的推移，这种累进性日益增强。最低收入户和最高收入户的个人所得税平均税率差额由2000年的0.2965%升至2009年的1.7441%，累进性的增强，说明我国个人所得税的收入再分配功能日益显现。

②所得税的累进性相对较弱。通过表4-8~表4-10的比较可以看出，如果把以工资薪金为征收基础的社会保障基金纳入所得税的考核后，我国所得税的累进性明显降低。并且随着社会保障基金缴纳标准的提高和数额的增大，不同收入阶层居民所得税的平均税率甚至呈现为累退性，2009年表现最为明显。究其原因，主要是社会保障基金的收缴是按工资薪金的一定比例征收的，抑制了所得税的累进程度。

③所得税和个人所得税在不同收入组之间的累进性具有时期性。无论是不同收入阶层居民所得税的平均税率还是个人所得税的平均税率，不同的年份其税率

都有所变化，主要表现为各个收入阶层平均税率有逐年提高的趋势。最低收入户的平均税率由 2000 年的 3.2474% 增加到 2009 年的 11.7033%，10 年间提高了8.4559%，提高幅度远远超过最高收入组的提高幅度（4.9779%）；个人所得税也表现为逐年提高的趋势，但提高幅度远低于所得税的提高幅度，也抑制了个人所得税调节收入再分配的功能。

④个人所得税的费用扣除标准提高更有利于调节收入再分配。样本期内，我国曾两度提高个人所得税的费用扣除标准，一次于 2006 年由 800 元提高至 1600元，另一次是 2008 年 3 月 1 日起由 1600 元提高至 2000 元。① 由表 4 – 16 可以清楚地看出，这两次调高费用扣除标准使得最低收入户的个人所得税税率从 2006年起开始下降，而高收入户的个人所得税的税率一直处于上升态势。工资薪金适用超额累进税率的办法和免征额标准的提高，进一步增强了个人所得税对不同收入阶层的再分配调节作用。

（3）结构视角：资本利得税的税负累进性。根据《中国价格及城镇居民家庭收支调查统计年鉴》（2001 – 2005）、《中国城市（镇）生活与价格年鉴》(2006 – 2010) 中按收入等级划分的"城镇居民家庭现金收入和支出统计"相关数据，计算整理出各收入阶层 2000～2009 年居民资本利得税的平均税率，具体结果见表 4 – 17。

表 4 – 17　　　　　　　　　居民资本利得税的平均税率　　　　　　　　　单位：%

年份	最低收入户	低收入户	中等偏下户	中等收入户	中等偏上户	高收入户	最高收入户	最高与最低差额
2000	0.0636	0.0755	0.0972	0.1181	0.1396	0.1996	0.3830	0.3194
2001	0.0594	0.0495	0.0823	0.0948	0.1198	0.1779	0.3028	0.2434
2002	0.0518	0.0530	0.0784	0.0904	0.1054	0.1488	0.2293	0.1775
2003	0.0351	0.0425	0.0577	0.0900	0.1240	0.1733	0.2875	0.2524
2004	0.0444	0.0451	0.0707	0.0962	0.1119	0.1849	0.2423	0.1980
2005	0.0399	0.0320	0.0587	0.0723	0.1007	0.1318	0.1891	0.1492
2006	0.0249	0.0483	0.0482	0.0651	0.0987	0.1133	0.2088	0.1839
2007	0.0319	0.0372	0.0503	0.0741	0.0939	0.1187	0.2667	0.2349
2008	0.0206	0.0143	0.0289	0.0351	0.0501	0.0755	0.1356	0.1150
2009	0.0068	0.0114	0.0216	0.0251	0.0366	0.0578	0.1105	0.1037

① 2011 年 9 月 1 日起又调高为 3500 元，不在我们的样本期内。

由我们的计算结果可知，资本利得税的平均税率在城镇居民不同收入阶层之间有显著的累进性，即资本利得税对居民间的收入再分配有明显的正效应。具体体现在以下几个方面：

①资本利得税平均税率在城镇居民不同收入组之间有较强的累进性。纵观所选取的样本，2000~2009年，每年低收入户的资本利得税平均税率都低于中等收入户的、中等收入户的低于高收入户的。

②资本利得税对不同收入阶层的收入再分配效应具有时期性。资本利得税虽然对居民收入再分配具有较强的正效应，但不同时期即使在法定税率完全相同（20%）的情况下，其对居民不同收入组之间的调节程度也不同。如2000年最高收入户与最低收入户居民资本利得税的平均税率差额为0.3194%，2004年两者的差额仅为0.1979%。

③降低资本利得税率削弱了资本利得税对城镇居民的收入再分配效应。2008年10月，我国利息税暂免征收，在此期间股息、红利所得为减半征收，即按10%的税率征收，如果两者都按20%的税率进行征收的话，则2009年的城镇居民资本利得税的平均税率如表4-18所示。由此可知，2009年，与没有调整税率（20%）时相比，按现行税率计算，最低收入户至最高收入户的资本利得税平均税率分别降低了0.0458%、0.0562%、0.0797%、0.0982%、0.1269%、0.1828%和0.2783%，降低额度也呈递增态势，说明资本利得税率的降低会使高收入阶层的居民获利更大。而且按现行资本利得税税率，最高收入户居民资本利得税的平均税率和最低收入户居民资本利得税的平均税率差额为0.1037%，而按照20%税率，两者的差额高达0.3361%。可见，资本利得税率降低后，其平均税率累进性降低非常明显，进而也大大降低了资本利得税对居民间的收入再分配效应。

表4-18　　　　税率变动时城镇居民资本利得税的平均税率比较　　　单位：%

项目	最低收入户	低收入户	中等偏下户	中等收入户	中等偏上户	高收入户	最高收入户
20091	0.0068	0.0114	0.0216	0.0251	0.0366	0.0578	0.1105
20092	0.0526	0.0675	0.1013	0.1233	0.1635	0.2406	0.3887
差额	-0.0458	-0.0562	-0.0797	-0.0982	-0.1269	-0.1828	-0.2783

注：20091代表2009年按现行的资本利得税率（利息税率为0，股息红利税率为10%）计算的城镇居民不同收入组的资本利得税的平均税率；20092代表按照假设的20%资本利得税率计算的城镇居民不同收入组的资本利得税的平均税率。

4.3.4　小结

本节内容从整体视角和结构视角两个角度检验了我国税收政策的收入再分配

效应。无论从整体视角还是结构视角考察我国税收政策的收入再分配效应，我们发现：（1）流转税逆向调节比较明显。在我国一直处于霸主地位的流转税的税后基尼系数在样本期内一直大于税前基尼系数；其平均税率在城镇居民不同收入阶层之间呈现累退性，表现出明显的逆向调节，很是不合时宜。（2）所得税再分配功能较弱。如果考核包括社会保障基金在内所得税发现，其税后基尼系数近几年反而大于税前基尼系数；平均税率有的年份出现低收入户远大于高收入户，所得税的累进性不是太强，对收入分配的调节作用不尽如人意，有的年份甚至出现了负向调节。单独考察个人所得税，其税后基尼系数一直低于税前基尼系数，差额呈逐年增大的趋势；其税率累进性比较明显，且累进性也逐渐增强。（3）资本利得税再分配效应显著。资本利得税虽然一直扮演着配角的角色，但其税后基尼系数一直小于税前基尼系数；从税率累进性来看，其对收入再分配的调节作用也一直没有松懈，计算还发现，如果降低资本利得税会削弱其对收入再分配的调节作用。

4.4　基本结论

在本章，我们从理论和实证两个方面分析了我国税收政策的初次分配效应和再分配效应。对税收的初次分配效应分析可知：（1）税收政策对初次分配具有一定的影响。从理论分析看，推导结果表明，消费税与劳动分配率呈正相关关系，劳动所得税与劳动分配率呈正向变动，资本所得税与劳动分配率的变动方向不明，有待进一步实证检验。实证分析结果发现，资本收益税会直接降低资本收益率，而直接提高劳动收入分配率（份额）；劳动所得税显著地提高劳动收入分配率（份额），与理论分析结论不一致，究其原因是我国目前劳动供给比较充足，仍存在"人口红利"，对劳动课税所产生的收入效应远超过替代效应，使得劳动所得税刺激了劳动供给，进而提高了劳动收入分配率（份额）；消费税对劳动分配率（份额）的影响不显著。（2）现行税收制度需要进一步调整。通过理论和实证分析验证了税收政策对收入初次分配会产生重要的影响，在当前我国收入分配差距过大的现实情况下，须结合我国新一轮税制改革，调整我国现行的税制结构模式，适当降低流转税在税收收入中的比重，提高个人所得税的比重，特别是提高个人所得税中对资本收益的征收，以利于提高劳动要素收入的分配份额，发挥税收政策在初次分配中的作用。

从整体视角和结构两个角度，检验了我国税收政策的收入再分配效应。无论从整体视角还是结构视角考察，发现我国税收政策的收入再分配效应都存在这样的结果：（1）流转税对收入分配起到逆向调节。流转税表现出明显的逆向调节，很是不合时宜。（2）所得税再分配效应较弱。包括社会保障基金在内所得税累进性不是太强，对收入分配的调节作用不尽如人意，有的年份甚至出现了负向调节；而单独考察个人所得税，其税率累进性比较明显，且其累进性也日趋提高。（3）资本利得税再分配功能较强。资本利得税虽然一直扮演着配角的角色，但其对收入再分配的调节作用也一直没有松懈，计算还发现，如果降低资本利得税会削弱其对收入再分配的正向调节作用。

第5章 国有企业利润分配政策分配效应的实证分析①

行业之间即垄断行业与非垄断行业之间的收入差距不断扩大，已逐渐成为社会各界高度关注和敏感的问题。对此研究的成果不乏佳作，说明这方面的研究已经相当成熟，因此，为避免重复研究与分析体系的系统性，本书在5.1.2中选取具有代表性的研究成果，反映垄断与非垄断行业的收入差距。

在我国垄断行业一般为国有企业，对于国有企业的改革，政府长期通过放权让利来提高国有企业的绩效问题曾为人们所关注。改革开放的不断深化，使得政府在转型过程中不得不付出大量的改制成本，而同时一些在能源、信息、技术等方面拥有垄断地位的国营企业，凭借其垄断优势而攫取超额利润，垄断利润使用去向、政府是否参与分红及分红比例的多少问题再次为人们关注。新世纪以来，统计数据显示，国有企业特别是央企利润高速增长，如 2008～2011 年仅仅 3 年，剔除国有金融业后，我国国有及国有控股企业累计获利总额就高达 6.7663 万亿元，2011 年实现利润 22556.8 亿元，比 2008 年翻了一番。人们在关注国企高额垄断利润使用去向的同时，不禁要问垄断利润与逐年扩大的行业收入差距有没有内在的联系？这是本章重点要研究的问题。

5.1 文 献 综 述

本章将从两方面对已有的文献进行综述：一是垄断对行业收入差距影响的相关研究；二是垄断利润及相关政策对收入分配的影响。通过对已有文献的梳理，为进一步分析行业收入差距形成的原因提供依据。

---

① 如在第 2 章理论分析所述，我们研究国有企业利润分配政策的分配效应即国有企业上缴利润、股息、红利的多少对分配的影响，这种影响主要涉及行业之间的收入差距，所以我们只考察国企税后利润的初次分配效应。

5.1.1 垄断对行业收入差距的影响

中国垄断性行业的高收入以及由其导致的行业间收入差距扩大问题研究，比较一致的观点认为，行业垄断是直接造成行业间收入差距扩大的主要或直接原因（Schwartz-man，1960；Pugel，1980；Nickell，1996）。依靠对资源的占有和行政特权，垄断行业采取非市场化手段攫取超额利润（金玉国，2005），并引致了行业收入差距的产生（Demurger et al.，2006；史先诚，2007）。也就是说，高利润行业的职工能够领取更高的工资（Dickenzs & Katz，1987）。与竞争性行业相比，垄断行业职工收入水平普遍较高且增长较快，收入决定机制的不同导致垄断行业比非垄断行业获取了更高的"溢价"（杜鑫，2010）。中国垄断行业高收入中相当大的部分与市场经济中由竞争形成的垄断是无关的，应该归因于行政垄断（傅娟，2008）。垄断行业与非垄断行业之间的收入差距，有50%以上是由行业垄断地位造成的，是不合理的，且基本不受垄断行业和竞争行业界定范围以及解释变量变化的影响。如果考虑垄断行业的高福利，这一比例会被继续放大（岳希明等，2010）。与此不同的是，有学者认为，行业垄断并不能够对行业收入差距形成直接的解释，这恰恰是容易使研究者陷入误区的地方。行业垄断只是能够创造出高于平均利润的"经济租"的方式之一，是垄断租金的分享引致该行业收入的提高（武鹏，2010）。目前，大多数学者的研究视角是行业垄断与行业收入差距的关联性以及行政垄断的危害。关于行业收入不平等与收入差距问题，杨欢进、李长学、马明德、张志远、王文龙、刘文、师文明、王少国、贾华强、苑林娅、金志奇、刘淑清等学者也进行了探索性研究，令有一些研究者考虑到隐性收入对行业收入差距的影响，如史先诚（2007）提出，若考虑垄断行业职工的各种隐性收入，其获得的超额报酬还要更高。

5.1.2 垄断利润及相关政策对行业收入差距的影响

斯利克特（Slichter[1]，1950）利用美国制造业数据分析发现，职工工资与企业利润显著正相关，这是最先研究竞争性市场模型不成立的证据。科曼诺和斯迈利（Comanor & Smiley[2]，1975）在两部门利润分享模型的基础上，运用美国

---

① Sumner H. Slichter. Notes on the Structure of Wages [J]. The Review of Economics and StatisticsVol. 32，No. 1（Feb.，1950），pp. 80 – 91.

② William S. Comanor and Robert H. Smiley. Monopoly and the Distribution of Wealth [J]. The Quarterly Journal of Economics Vol. 89，No. 2（May，1975），pp. 177 – 194.

1890～1962 年的数据，研究了企业由于拥有市场垄断力量，从而可以将由垄断形成的利润转化为企业收益权享有者的收入，并由此产生财富效应。兰克福德和斯图尔特（Lankford & Stewart[1]，1980）对此模型由局部均衡拓展至一般均衡，从数理推理角度分析了垄断对各方个体利益主体的收入分配效应。雪莉（Shirley[2]，1983）认为，国有企业的财务收支独立于政府预算，加上双方信息的不对称，国有企业有将企业内的现金用尽的"习性"，这将导致国有企业过度投资和企业管理人员过度消费的现象。世界银行（Word Bank[3]，1991，1995）研究表明，国有企业利润实际是一种税收，可以作为财政收入的重要补充形势；并指出任何国家的政府都认为，国有企业由于可以提供某种"津贴式价格"——如国有企业降低生活必需品的价格而提高奢侈品的价格，从而能够帮助缩小贫富差距，改变收入分配格局。租金分享理论认为，具有垄断优势的企业在攫取超额利润时，参与产品制造和经营的企业管理层能够分享超额报酬，普通员工也能够分享一部分超额报酬（Neven & Röller[4]，1996；Nickell[5]，1999）。

国内学者关于垄断利润及分红对收入分配的影响提出了自己的见解。罗楚亮、李实[6]（2007）根据第一次全国经济普查资料，分别讨论了企业和行业收入分配的基本特征，发现企业之间人均工资水平存在较大差距，同时，用不同的统计指标衡量福利补贴和工资的分布，发现前者比后者更加不均等，而且工资的不均等分别扩大了收入差距；在此基础上，实证检验了企业和行业的工资水平与福利补贴的决定机制，发现垄断程度比盈利能力的影响更大。刘志彪、陈爱贞[7]（2008）在科曼诺和斯迈利（Comanor & Smiley，1975）利润分享模型的基础上，与中国的实际相结合，建立了一个两部门利润分享模型，运用 2000～2004 年行政垄断行业上市公司数据，分析了行政垄断对各收入阶层、城乡之间的收入分配效应。杜鑫[8]（2010）以 2005 年北京市 1% 人口抽样调查数据为基础，分析了我国城镇地区垄断性行业与竞争性行业收入差距形成的原因。结果表明，这种差距

---

① Ralph Lankford and John F. Stewart. The Distributive Implications of Monopoly Power：A General Equilibrium Analysis. Southern Economic Journal ［J］. Vol. 46，No. 3（Jan.，1980），pp. 918－924.

② Shirley，Mary M. Managing State-owned Enterprise. World Bank. 1983. Vol：577.

③ World Bank. Private Sector Development in Low－Income Countries. Washington，DC：1995.

④ Damien J. Neven & Lars－Hendrik Röller. Rent Sharing in the European Airline Industry ［J］. European Economic Review. 1996. 40：933－940.

⑤ Nickell，Stephen. Product Markets and Labour Markets ［J］. Labor Economics. 1999. 6：1－20.

⑥ 罗楚亮，李实. 人力资本、行业特征与收入差距——基于第一次全国经济普查资料的经验研究 ［J］. 管理世界，2007（10）：19－30.

⑦ 刘志彪，陈爱贞. 中国行政垄断的收入与财富分配效应估算 ［D］. 南京大学经济学院工作论文，2008.

⑧ 杜鑫. 中国垄断性行业与竞争性行业的收入差距：基于北京市微观数据的研究 ［J］. 南开经济研究，2010（05）：111－124.

75%是禀赋特征差异造成的，25%是禀赋回报率差异造成的；由于垄断性行业和竞争性行业的收入决定机制不同，使得前者的就业者能够获得较高的溢价；两者各自内部收入差距形成的因素依次是受教育水平的不均等、城市劳动力市场对农村户籍劳动力的歧视、职业收入差距等。张原①（2011）通过构建垄断——竞争两部门利润分享模型，揭示行业垄断影响收入分配的内在机制，并结合中国实际进行实证分析。认为要素的区别定价以及垄断利润在不同就业者之间的非均衡分享，导致收入分配差距的扩大。刘瑞明、石磊②（2011）认为，上游垄断企业的高额垄断利润实质是垄断租金，这种高额垄断租金的存在阻碍了整体经济的发展，并带来社会福利损失，建议提高国家对这些国有企业的利润分红比例，用于充实社保基金和全民性公共福利支出。尚有许多学者从垄断形成原因、机制、对策等方面进行规范性分析，如李晓宁（2008）、潘胜文（2009）、吴靖烨（2010）、张宝珠、张静（2011）等。

综上所述，关于垄断利润及分红政策对断性行业与非垄断行业间收入差距扩大影响的研究，特别是实证研究相对较少，我们本章重点对此进行研究。而行业垄断因素对中国垄断性行业与非垄断行业间收入差距扩大的影响问题研究相当成熟，观点也比较一致，下面，以彭树宏③（2012）的研究成果，具体分析垄断对垄断与非垄断行业间的差距的影响。

5.2 垄断对我国行业收入差距影响的实证分析

5.2.1 一般分析方法及代表性结果

关于垄断和非垄断行业收入差距的分解分析，一般采用收入方程为基础，借助于一定的分解方法，以非垄断行业为基准，将两类行业收入差距分解为特征差异和特征系数差异两部分。其中，特征系数表示不同特征要素的回报，两类行业中特征系数的不同代表了两类行业中收入决定机制的不同。彭树宏（2012）依据中国健康与养老追踪调查（CHARLS）数据，将涉及的行业选取比较有代表性的

---

① 张原. 中国行业垄断的收入分配效应 [J]. 经济评论, 2010 (04)：54-63.
② 刘瑞明, 石磊. 上游垄断、非对称竞争与社会福利——兼论大中型国有企业利润的性质 [J]. 经济研究, 2011 (12)：86-96.
③ 彭树宏. 中国垄断行业与非垄断行业收入决定机制差异分析 [J]. 中南财经政法大学学报, 2012 (06)：21-27.

分别归为垄断行业和非垄断行业，对垄断、非垄断行业和全部行业的相关变量做了统计分析（见表 5 - 1）。

表 5 - 1　　　　　　　　　　　　样本描述性统计

相关变量	非垄断行业	垄断行业	总体
年工资的对数	9.508	9.68	9.544
年龄	51.75	49.72	51.33
性别（男：1；女：0）	0.513	0.564	0.524
正式教育年限	4.32	7.782	5.053
本单位工作年限	6.2	12.41	7.481
本单位工作年限的平方	94.96	287.9	134.8
省份虚拟变量（浙江：1；甘肃：0）	0.933	0.538	0.852

彭树宏还以 Mincer 工资方程为基础，建立了高、低收入行业的收入决定方程，运用最小二乘法进行了回归，回归结果如表 5 - 2 所示。

表 5 - 2　　　　　　　　　　　　收入方程的回归结果

相关变量	年龄	性别（男：1；女：0）	正式教育年限	本单位工作年限	本单位工作年限的平方	省份虚拟变量（浙江：1；甘肃：0）	常数项
垄断行业	-0.000512 (-0.01)	0.158 (-0.55)	0.0163 (0.42)	0.106 * (1.8)	-0.00221 (1.08)	0.0561 ** (2.08)	8.504 *** (4.69)
非垄断行业	-0.0372 * (-2.09)	0.468 *** (2.84)	0.0121 (0.61)	0.0611 ** (2.07)	-0.0018 (1.63)	0.609 * (1.96)	10.36 *** (10.52)

从表 5 - 2 可知，（1）地区影响非常明显，而人力资本的作用并不突出。这表明在中国当前的收入分配体制中，制度性因素起了很大的作用，而人力资本的作用尚未充分发挥。（2）年龄、性别等个体生理因素对非垄断行业的工资决定有显著作用，但对垄断行业的工资决定却没有显著影响。（3）相对于非垄断行业收入分配，垄断行业更倾向于按资历分配，但性别和地区差异均较非垄断行业小。这些都表明，市场机制在非垄断行业发挥了更大的作用，而垄断行业的收入决定机制则更具"共享式"的特征。

5.2.2　垄断和非垄断行业的收入差距分解分析

在收入决定方程回归的基础上，彭树宏分别利用 Blinner - Oaxaca 分解和分布分解方法，考察了垄断和非垄断行业收入差距，我们仅以其均值收入差异分解方法进行分析，其结果如表5-3所示。

表5-3 均值收入差异分解

相关变量	特征差异			特征差异系数			总差异		
	数值	百分比	排序	数值	百分比	排序	数值	百分比	排序
年龄	0.0754	43.99	3	1.822	1063	1	1.8974	1107	1
性别（男：1；女：0）	0.0238	13.89	5	-0.175	-102.1	3	-0.1512	-88.2	4
正式教育年限	0.0429	25.03	4	0.0332	19.37	4	0.0761	44.4	5
本单位工作年限	0.379	221.12	1	0.559	326.14	2	0.938	547.3	2
本单位工作年限的平方	-0.348	-203	—	-0.117	-68.26	—	-0.465	-271	—
省份虚拟变量（浙江：1；甘肃：0）	-0.24	-140	2	-0.026	-15.05	5	-0.2658	-155	3
常数项	—	—	—	-1.859	-1085	—	-1.859	-1085	—
总计	-0.0666	-38.86	—	0.238	138.86	—	0.1714	100	—

从表5-3可知，两类行业对收入（对数工资）的总差异为0.1714，说明垄断工资比非垄断行业高出约17%。其中，由特征因素引起的差异为-0.0666，占总差异的-38.86%；由特征系数因素引起的差异为0.238，占总差异的128.86。若不计算省份虚拟变量的影响，则特征差异为0.1734，特征差异系数为0.2638，总差异为0.4372，由特征系数引起的差异占总差异的39.66%，由特征系数因素引起的差异占总差异的60.34%。说明垄断行业与非垄断行业间的收入差距主要由特征回报率差异引起，这是垄断行业非市场化收入决定机制的结果。

在特征差异中，影响因素的大小排序依次为本单位工作年限、身份虚拟变量、年龄、正式教育年限和性别，其中，省份虚拟变量为负值，表明垄断行业与非垄断行业相比更多地分布于欠发达的西部地区。在特征系数差异中，影响因素的大小排序依次为年龄、本单位工作年限、性别、正式教育年限和省份虚拟变量，其中，性别和省份虚拟变量为负值，表明垄断行业收入分配再这两项上区别于一般市场机制而更注重性别间和地区间的平衡。在总差异中，影响因素的大小排序依次为年龄、本单位工作年限、省份虚拟变量、性别和正式教育年限，其中，省份虚拟变量和性别为负值，这意味着表征资历的年龄和本单位工作年限拉高了垄断企业收入，表征公平的省份虚拟变量和性别抑制了垄断行业收入，表征人力资本的正式教育年限在收入分配中起到的作用十分有限。

随着 2007 年国务院发布《关于试行国有资本经营预算的意见》，学者们就国企上缴利润的归属主体、上缴比例、使用去向等涉及我国国有企业分红制度的研究不断涌现，但目前的研究仍只处于规范性分析，有分量的实证研究很少见诸报端。我们研究的重点放在垄断利润对行业收入差距的影响，所以我们采用与此不一样的研究方法。

5.3　国有企业利润分配政策的收入分配效应

5.3.1　数理模型分析

参照税收收入分配效应的数理模型分析，假定企业在上缴企业所得税后，国家凭借所有者身份参与企业的税后利润分红，即企业按照一定的比例上缴利润，假设上缴利润率为 τ，则式（4 - 8）变为：

$$\max(1 - \tau)\left[(1 - \tau_Y)Y - WL - rK\right] \tag{5 - 1}$$

推导步骤同 4.1 内容，我们最后推出劳动分配率的公式为：

$$S_L^* = \frac{1 + \tau_C}{1 - \tau_W} \times \left[\frac{(1 - \alpha)(1 - \tau)(1 - \tau_Y)A}{1 + \tau_C}\right]^{\frac{1}{\alpha}} \times k \tag{5 - 2}$$

从式（5 - 2）可知上缴利润率 τ 与劳动分配率 S_L^* 呈反比，即国有企业上缴的利润比例越低，劳动分配率越高。比较式（4 - 16）和式（5 - 2）可知，国有企业职工如果参与国有企业利润的分配，或者国有企业将国企红利转化为职工福利或劳动收入，国有（垄断）企业与非国有企业之间员工的收入差距就会扩大，这也正是我国行业收入差距扩大的现实写照。

5.3.2　实证检验：基于 2000 ~ 2010 年中国工业行业的经济数据

理论分析说明，国有企业利润和劳动者报酬之间呈正方向变动关系，下面，将就中国工业细分行业的数据为样本进行实证检验分析。

1. 经济变量的界定与数据来源

需要说明的是，我们界定的国有垄断企业不是以经济类型进行划分的，而是根据工业行业中的细分行业国有固定资产净值占本行业固定资产净值2000～2010年都在50%以上的行业，同时，综合考虑了历年经济学者对国有垄断行业划分的依据，及社会上人们广泛关注的高收入垄断行业，将工业细分行业中的石油天然气开采业、烟草加工业、石油加工及炼焦业、交通运输设备制造业、电力、蒸汽、热水的生产与供应业、煤气生产和供应业及自来水的生产和供应业七个行业归为国有垄断行业，其他行业归为竞争性企业。

以2000～2010年工业行业的细分行业人均工资收入作为衡量劳动分配率的代理变量；以利润率作为解释变量，由理论模型可知税率、资本产出率也会影响行业人员工资收入，另外，我们依据任重、周云波（2009）和岳希明、李实和史泰丽（2010）的研究，把资本有机构成、就业规模和垄断程度也作为控制变量引入计量模型。各变量的经济含义和代码列举如表5-4所示。

表 5-4　　　　　　　　　　　各变量代码及经济含义

	各变量名称	代码	经济含义
因应变量	人均工资收入或其对数值	w(ln(w))	以分行业、分登记注册类型职工平均工资的现值为因变量衡量行业收入差距
	利润率	pro	以利润率作为解释变量，衡量企业利润水平对行业收入差距的影响程度
控制变量	税率	t	企业主营业务税金及附加①/主营业务收入×100 和应交增值税/主营业务收入×100，控制政府征税的影响
	就业规模	emp	用来控制行业就业水平对行业工资收入的影响
	资本有机构成	cap	用来控制行业资本投入规模对行业工资收入的影响
	人均工业总产值	val	用来控制企业生产产能对行业收入差距的影响
	垄断程度	md	用来控制要素市场发展程度，以国有及国有控股企业固定资产净值占行业固定资产净值之比表示

我们所使用的数据来源于历年的《中国统计年鉴》（2001－2011）、《中国劳动统计年鉴》（2001－2010）、中经网统计数据库和中国资讯行。

---

① 由于受到数据的限制，税收的相关数据没有明细，国有及国有控股企业只有其主营业务税金及附加，所以把税收的影响都控制在税率t这个指标里。

2. 具体数据的处理

（1）利润率的处理。利润率＝利润总额／主营业务收入×100，我们意图考察国有企业税后垄断利润（红利）对行业收入差距的影响，由于我国规模以上企业统一执行25%（2008 年以前为33%）的企业所得税税率，无论是以税前利润率，还是以税后利润率作为代理变量，不会影响估计结果的性质。为简化起见，我们使用税前利润率。

（2）相关控制变量的处理。就业规模以各个行业年底职工人数与工业行业年底职工人数之比（×100）为代理变量；以行业固定资产净值除以行业从业人数，即人均固定资产净值作为资本有机构成的代理变量；以人均工业总产值，即各行业工业总产值除以行业人数作为企业生产产能的代理变量①；垄断程度是影响国有企业特别是国有垄断企业高额利润形成的最主要原因，根据垄断程度，将上述七个行业划入垄断行业，其余的行业为非垄断行业。

（3）行业的处理。为了前后统计口径的一致性，工业行业细分项目中2003 年以前的数据去除木材及竹材采运业，而其他采矿业、工艺品及其他制造和废弃资源和废旧材料回收加工业数据2003 年后才有，所有将这三项也剔除掉，剔除后还剩36 个细分行业。

3. 计量模型的设定

依据数理模型分析和对样本期内数据的整理、测算后建立以下计量模型。

$$w_{it} = \theta X_{it} + \beta pro_{it} + \alpha dum + \alpha_i + \mu_i + \xi_{it} \tag{5-3}$$

式（5-3）中，下标 i、t 分别代表地区和时间，α_i 为样本期2000～2010 年以行业为单位的面板数据中时间效应，μ_i 为个体效应，ξ_{it} 为误差修正项。w_{it} 为各行业不同时期的在职人员人均工资，X_{it} 为影响工资收入的各控制变量，pro 为样本期各行业的利润率，dum 为虚拟变量，代表企业的垄断程度，如果为垄断企业，dum 值为1，否则为0。

我们运用 Stata 10 对整理的样本值进行了统计分析，具体见表5-5所示。从中可以清楚地观察到各个变量的均值及各个变量标准差、最小值、最大值和样本观测值。观察 w 值可以清楚地看出，不同职工人均收入最大值是最小值的13.7787 倍，由此可知行业收入差距之大，造成行业收入差距垄断行业中垄断利润到底对这种差距有没有影响？产生多大的影响？还需要进一步实证检验。

---

① 可能更好的代理变量为工业增加值率，但各行业的工业增加值只统计到2007 年，2007 年以后的数据我们无法获得，所以，以工业总产值率作为生产产能的代理变量。

表 5 - 5   样本统计描述

Variable	Obs	Mean	Std. Dev.	Min	Max
w	396	18714. 77	10420. 27	5957	82080
pro	396	6. 7235	6. 355823	- 4. 4316	48. 0846
t1	396	2. 1599	6. 789826	0. 0872	50. 0157
t2	396	3. 9487	2. 088878	1. 0101	12. 3728
emp	396	2. 7144	2. 185065	0. 37	9. 0115
cap	396	26. 185	24. 30778	4. 1324	210. 5556
val	396	79. 2406	70. 0488	3. 7214	529. 6882
dum	396	0. 1944	0. 3962731	0	1

4. 模型回归结果分析

由于模型中设置了虚拟变量，我们使用随机效应（RE）广义二乘（GLS）法对模型进行估计。考虑到控制变量可能存在内生性问题，遂逐步加入控制变量进行回归。通过对模型类型的检验，我们最终选用随机效应模型，首先用广义最小二乘的方法进行估计。对行业人均工资收入的估计结果如表 5 - 6。

表 5 - 6   模型估计结果

指标	模型 1	模型 2	模型 3	模型 4	模型 5	模型 6
pro	760. 4 *** (7. 32)	614. 3 *** (6. 58)	1294. 5 *** (11. 70)	1346. 1 *** (12. 47)	681. 3 *** (7. 81)	684. 1 *** (8. 42)
dum	8920. 2 *** (4. 67)	6068. 5 *** (3. 48)	8782. 6 *** (4. 36)	8878. 1 *** (4. 64)	6464. 9 *** (4. 23)	1204. 8 (0. 76)
t1		512. 2 *** (5. 13)	1288. 8 *** (9. 71)	1420. 3 *** (10. 84)	683. 7 *** (6. 17)	831. 9 *** (7. 89)
t2			- 4527. 3 *** (- 9. 85)	- 4871. 0 *** (- 10. 74)	- 1702. 2 *** (- 4. 46)	- 1638. 2 *** (- 4. 59)
emp				1522. 4 *** (4. 90)	1114. 1 *** (4. 56)	1136. 0 *** (4. 90)
val					96. 36 *** (20. 47)	60. 99 *** (10. 13)

续表

指标	模型 1	模型 2	模型 3	模型 4	模型 5	模型 6
cap						170.0 *** (8.42)
_cons	11867.7 *** (11.55)	12298.1 *** (13.85)	23396.9 *** (14.91)	19971.9 *** (12.24)	7461.8 *** (5.25)	6183.9 *** (4.58)
样本数	396	396	396	396	396	396

注：括号内为 t 统计值；*、**、*** 分别表示在 10%、5%、1% 的水平上系数显著不为 0。

从回归估计结果来看，拟合效果比较好，各变量都在 1% 水平上通过了显著性检验。

（1）解释变量回归结果分析。解释变量利润率和人均收入呈高度正相关关系。利润率每提高 1%，人均工资收入将提高 600～1350 元，说明企业利润会影响行业间职工工资收入。国有垄断企业凭借垄断权力可以获得高额垄断利润，再加上政府所有者权力的缺失和对国有垄断企业垄断利润的软约束，使得垄断企业有机会将高额垄断利润转化为员工收入和福利，这种超经济的高额垄断利润和国有垄断企业员工的高收入逐渐拉大了行业间的收入差距。而且行业间收入差距，特别是不正常的这种差距，刺痛着国民的神经，提高政府参与国有企业垄断利润分红和将国企利润分红造福于民的呼声一浪高过一浪。

（2）控制变量回归结果分析。代表垄断程度的虚拟变量 dum 与人均工资收入高度正相关。说明垄断程度越高，垄断和非垄断行业收入差距越大，如果仅考虑垄断对两类行业造成的差距为 12020.34 元（见表 5-8 中 Blinder-Oaxaca 分解结果），所以，垄断造成垄断和非垄断间的工资收入差距在 6100～12000 元，仅是工资收入两者相差就这么大，如果再考虑垄断行业的福利待遇和隐性或灰色收入的话，两者差距会更大。其他控制变量也都通过了显著性检验，就业规模、资本有机构成和人均工业总产值对人均工资收入具有正向影响，而税收虽然通过了显著性检验，但其总的方向不定。

5. 准确度检验

为检验估计的精确度，我们在随机效应模型下使用聚类标准进行重新估计，估计结果见表 5-7。与上面估计结果相比，只有资本有机构成和工业总产值率同时出现在模型中时，虚拟变量 dum 回归结果不显著外，其他模型回归结果都较为显著，而且影响方向和使用广义最小二乘回归结果的方向一致，影响幅度也相当，进一步验证了资本有机构成和工业总产值率之间存在内生性问题，所以回归结果中将资本有机构成剔除。

表 5 - 7 随机效应模型估计结果

指标	模型 1	模型 2	模型 3	模型 4	模型 5	模型 6
pro	1041.3 * (2.17)	760.4 (1.82)	614.3 * (1.99)	1294.5 *** (4.03)	1346.1 *** (4.43)	681.3 ** (2.96)
dum		8920.2 *** (3.62)	6068.5 ** (2.58)	8782.6 * (2.02)	8878.1 * (2.06)	6464.9 (1.82)
t1			512.2 *** (4.62)	1288.8 *** (5.72)	1420.3 *** (7.42)	683.7 *** (5.03)
t2				−4527.3 *** (−5.01)	−4871.0 *** (−7.68)	−1702.2 ** (−3.11)
emp					1522.4 * (2.46)	1114.1 * (2.56)
val						96.36 *** (6.05)
_cons	11713.7 *** (4.08)	11867.7 *** (4.65)	12298.1 *** (6.56)	23396.9 *** (6.47)	19971.9 *** (5.80)	7461.8 ** (2.82)
样本数	396	396	396	396	396	396

注：括号内为 t 统计值；* 、** 、*** 分别表示在 10% 、5% 、1% 的水平上系数显著不为 0。

6. 稳健性检验

为检验模型的稳健性，我们以人均职工收入的对数作为因变量重新进行回归（回归结果见表 5 - 8），发现各变量和因变量之间高度显著相关，也说明我们选取的变量比较适合这个模型，选择的代理变量比较合理。

表 5 - 8 稳健性回归结果

指标	模型 1	模型 2	模型 3	模型 5	模型 4	模型 6
pro	0.0180 *** (8.2)	0.0167 *** (7.76)	0.0350 *** (14.7)	0.0364 *** (15.56)	0.0222 *** (11.67)	0.0221 *** (11.86)
dum	0.158 *** (3.93)	0.132 ** (3.19)	0.212 *** (4.55)	0.214 *** (4.72)	0.176 *** (4.69)	0.111 ** (2.79)
t1		0.00469 * (1.99)	0.0238 *** (7.91)	0.0271 *** (9.01)	0.00961 *** (3.73)	0.0105 *** (4.14)

指标	模型 1	模型 2	模型 3	模型 5	模型 4	模型 6
t2			−0.120 *** (−12.00)	−0.129 *** (−12.99)	−0.0609 *** (−7.29)	−0.0568 *** (−6.88)
emp				0.0341 *** (4.72)	0.0249 *** (4.31)	0.0250 *** (4.4)
val					0.00198 *** (20.31)	0.00157 *** (11.92)
cap						0.00202 *** (4.43)
_cons	4.064 *** (188.02)	4.068 *** (195.3)	4.361 *** (124.12)	4.287 *** (114.33)	4.028 *** (123.81)	4.002 *** (122.73)
样本数	396	396	396	396	396	396

注：括号内为 t 统计值；*、**、*** 分别表示在 10%、5%、1% 的水平上系数显著不为 0。

5.3.3　贡献度分析

到底垄断和非垄断行业之间由于垄断和由垄断而带来的高额垄断利润对行业收入差距产生多大的影响，我们用 Blinner – Oaxaca 方法进行分解，分解结果见表 5 −9。

表 5 −9　　　　　　　　　　　**Blinner – Oaxaca 分解结果**

Differential	Prediction_1	Prediction_2	Difference
	16377.5 *** (39.07)	28397.8 *** (16.87)	−12020.3 *** (−6.93)
Decomposition	Endowments	Coefficients	Interaction
	−8922.4 *** (−4.99)	−6210.7 * (−2.53)	3112.8 (1.24)

注：括号内为 t 统计值；*、**、*** 分别表示在 10%、5%、1% 的水平上系数显著不为 0。

由表 5 −9 分解结果可知，垄断行业人均工资收入 28397.8 元，非垄断行业职工人均工资收入 16377.5 元，两者相差 12020.3 元，而且这种差距都通过了显著性检验；通过进一步分解可知，由垄断因素导致的垄断行业比非垄断行业职工人均收入高 8922.4 元，由其他因素导致的垄断行业比非垄断行业职工人均收入高 6210.7 元，交叉因素使垄断行业比非垄断行业职工人均收入低 3112.8 元。分解结果进一步说明垄断因素造成的行业间收入差距是最主要的因素。所以，要想降低和消除行业间收入差距，关键是推动经济体制改革，完善市场机制，转变政府职能，落实贯彻《反垄断》法，降低或取消进入一些行业的门槛，削弱对一些行业的行政控制，促进行业的开放与竞争；更进一步结合红利分配制度，政府提高对垄断行业的分红，将分红收入让全民分享。

5.4 基 本 结 论

本章在已有研究的基础上，简要分析了垄断对垄断行业和非垄断行业收入差距的影响，着重就近年来人们关注的中国国企垄断利润及其分红对行业人员收入差距进行了实证分析。我们在第 4 章理论模型的框架下构建了本章理论模型，在此基础上建立实证分析模型，以我国工业行业细分行业 2000 ~ 2010 年的数据为样本，从不同角度实证检验了我国垄断行业的垄断利润及红利对垄断行业和非垄断行业职工人均工资收入的影响。结果表明：

（1）垄断企业的高额垄断利润是垄断企业职工工资高收入的直接原因之一。理论模型分析表明，垄断企业的高额垄断利润及较低甚至是零比例的分红是形成垄断企业人员收入的原因之一。实证检验进一步验证了我们的理论分析，当利润每提高 1% 时，会使员工人均工资收入增加 600 ~ 1350 元，拿 2011 年国企利润增长 12.8% 计算的话，国企人均工资收入将提高 7680 ~ 17280 元。如果政府不参与国企税后利润的分红，将导致垄断行业员工人均工资收入比非垄断行业的高得更多。所以，在当前行业收入差距扩大之势尚未扭转的情况下，建议政府结合国有企业工资制度改革，加强对垄断企业税后利润约束，行使所有者权力参与国企税后利润的分红。

（2）垄断仍是行业间收入差距形成的主要因素。通过对现有研究是实证结果分析，以及我们在计量模型中加入垄断虚拟变量，检验垄断对两行业间人均工资收入的影响程度，并通过 Blinner - Oaxaca 分解法分解出由于垄断而使垄断行业员工人均工资收入比非垄断行业职工的高 12020.3 元，垄断势力已使行业间的收入差距相当悬殊，由垄断形成的垄断利润助推了这种差距。从降低行业收入差距的视角，政府应进一步推动经济体制改革，结合政府职能转型，逐步放松直至取消对一些垄断行业的行政控制，贯彻执行《反垄断》法，取消行业的进入壁垒，促进行业的开放与竞争。

（3）企业规模大小也会影响到行业收入差距。从实证分析中，我们还得到企业的规模（就业规模、行业产值和资本）也是行业间职工收入扩大的原因之一，这些因素是市场竞争的良性结果。政府结合产业结构转型，因势利导，为各行业创造良好的发展环境。

上述分析为以后国企改革及其利润分红制度改革提供了一定理论和实证依据。

第6章 国债融资政策收入分配效应的实证分析

从财政筹资的角度来看，税收是政府凭借其政治权力，依照法律的规定强制无偿地从社会成员处取得的财政性收入；参与国企利润分配是国家行使所有者权力参与分红而取得的国有资产收益，两种收入都可以用以满足政府提供公共产品和公共服务的需要，会对社会成员的收入分配产生直接和间接的影响。而当政府出现赤字或实行扩张性的财政政策时，政府会运用国债融资政策弥补财政赤字或调整宏观经济，政府在发行、使用和偿还国债的过程中，如第2章国债的运行机理分析所述，也会对社会成员的收入分配产生一定的影响。在我国当前国债融资政策状况下，这种政策是否会对社会成员的收入产生影响？产生什么样的影响？这是本章要探讨的问题。

6.1 国债融资政策初次分配效应的实证分析

国债融资政策对收入初次分配的影响主要是从国债资金的投向的角度来分析的，由于一国发行国债筹集的资金主要用于弥补财政赤字，筹集建设资金和调节宏观经济运行，正如前面理论分析，如果国债资金用于基础设施建设、教育等投资时会影响到收入初次分配；如果用于补贴、社会保障、扶贫等支出时会影响到收入再分配。

6.1.1 文献综述①

1. 国外国债融资政策收入分配效应的文献回顾

雅各布·科恩（Jacob Cohen②，1951）在一定的假设条件下，使用减法估计

---

① 由于关于国债融资政策对收入分配影响的文献较少，本章关于国债对收入分配影响的文献没有区分国债对收入分配的初次分配和再分配，而是综合在一起阐释。

② Jacob Cohen. Distributional Effects of the Federal Debt. The Journal of Finance ［J］. Vol. 6，No. 3 （Sep.，1951），pp. 267 – 275.

各收入阶层间的净转移，计算结果表明，美国联邦政府债务的分配效应有利于高收入阶层。古典经济学家马尔萨斯认为，政府举借国债可以增加有效需求，且具有收入再分配效应。但其他的古典经济学家认为，政府举借国债会刺激政府扩大支出，挤出私人投资，不利于经济的发展。另外，由于购买国债的大多是土地所有者或资本家等食利阶层，国债利息的支付会加大收入不公平程度；如果国债融资用于战争则有利于公平收入分配，因为战争胜利的成果可以让几代人来偿还为之筹集的国债本息。

研究国债问题，特别是国债的宏观经济效应问题就离不开李嘉图等价定理，李嘉图等价定理认为举债和征税一样，对经济的影响是中性的。后来巴罗（Barro[①]，1974）发展、丰富了这一理论，用深奥的数学公式，在特定的假设下（如完备的资本市场、一次性总额税、代际利他和债券的增长率不能超过经济增长率），证明了李嘉图等价定理的存在，所以此定理又称为巴罗—李嘉图等价定理。承认巴罗—李嘉图等价定理，就是承认了利用国债和利用税收筹资对人们的经济行为（主要是投资和消费行为）的影响是无差异的，即国债筹资对经济的影响是中性的，对收入分配也不会产生影响。其后许多经济学家围绕这一理论展开争论。

托宾（Tobin[②]，1980）在反对巴罗—李嘉图等价定理时，认为其限制条件太多，与现实不符。从全社会的角度看，公债政策不是减少了消费，而是增加了消费，公债替代税收实际上是一种收入再分配政策。

埃尔门多夫和曼昆（Elmendorf and Mankiw[③]，1999）对国债的宏观经济效应进行回顾时指出：如果政府实施减税公债而支出不变的预算赤字政策，则可以增加居民（家庭）当期的可支配收入或者可以增加一生的财富。收入和财富的增加刺激居民（家庭）对消费商品的开支即增加了商品和服务的总需求。

国债的短期宏观经济效应，传统理论是从凯恩斯主义的角度来阐述国债对经济的影响的。当经济处于萧条期时，政府实行扩支减税公债（赤字预算）政策，在短期由于工资和价格黏性或暂时的错觉，会使得人们增加对商品和服务的消费，从而刺激总需求的增加；而这种短期增加总需求的作用相对于长期来说显得无足轻重。结果，财政政策通过改变产出要素的供给来影响国民收入的。

曼昆（Mankiw）在分析李嘉图等价定理不成立时认为，举债使得将来税收的增加落在下一代人身上，所以举债代表财富从下一代人向当代人转移，存在财

---

① Barro, Robert J. 1974. Are government bonds net wealth? Journal of Political Economy 82 (6): pp. 1095 – 1117.

② Janes Tobin. Asset Accumulation and Economic Activity. University of Chicago Press, 1980.

③ Elmendorf, Douglas W., and N. Gregory Mankiw. 1999. Government Debt. In (J. B. Taylor & M. Woodford (ed.)) Handbook of Macroeconomics 1, part 3: 1615 – 1669.

富的代际转移。

豪嘉德杰森·斯文等（Svend E. . Hougaard Jensen et al. [1]，1999）针对丹麦财政赤字和国债规模日益扩大的情况，通过几个备选方案（如增加劳动供给、减债等）计算比较，发现在现行的国债政策和潜在的人口方案下，丹麦的财政政策确实把负担转移到下一代（存在代际负担）。

姚荣一等（Jong - Il You et al. [2]，1996）在后凯恩斯理论动态模型框架下，假设封闭经济下，经济增长率由总需求决定，而不是由劳动等资源的供给决定的；收入在工人和资本家之间分配，并假定工人只领取工资收入，资本家获得利润和利息收入。在此框架下分析得出：其他因素不变时，债务—资本比率上升，意味着收入不平等的扩大，但这不是因为向穷人征税而支付给富人国债利息造成的，而是由于债务增加引起的扩张效应使得债务利息的支付上升快于工人税后收入；其他因素变化时，财政扩张政策使得债务—资本比率的上升，也有可能使得收入分配无论在长期还是短期得到改善；如果由于任何的原因使得政府采取财政政策把债务—资本比率恢复到初始值，在短期这种政策会恶化收入分配，甚至长期也可能恶化收入分配。所以，政府要慎用这种为削减债务而互相矛盾的政策。珀利彻和哈兰德（Prechel & Harland[3]，1985）主要讨论了出口、外债和经济发展对收入不平等的影响。

2. 国内国债融资政策收入分配效应的文献回顾

国内学者龚仰树[4]（1998，2000）较早论述国债的收入分配效应，他一方面从国债的发行、流通和偿还三个环节分析了国债运行过程中对社会成员收入的影响；另一方面从国债负担的角度分析了国债对不同代人收入的影响。

宋福铁、陈浪南[5]（2004）认为，研究国债的宏观经济效果时，是否将利益或负担从当前一代转移至未来一代并不特别重要，重要的是发行国债对同一代人的影响是否公平，若对同一代人生活的影响是公平的，即使国债将负担加到某一代人的身上也是无关紧要的。如果以国债代替税收，从每个人的真实负担来看，

① Svend E. . Hougaard Jensen, Bernd Raffelhuschen, Willi Leibfritz. Public Debt, Welfare Reforms, and Intergenerational Distribution of Tax Burdens in Denmark University of Chicago Press January 1999.
② Jong - Il You and Amitava Krishna Dutt, Government Debt, Income Distribution and Growth. Cambridge Journal of Economics 1996, 20, 335 - 351.
③ Prechel, Harland, The Effects of Exports, Public Debt, and Development on Income Inequality, Socio-logical Quarterly, 26：2 (1985：Summer) pp. 213 - 234.
④ 龚仰树. 国债学 [M]. 北京：中国财政经济出版社，2000：331 - 341；龚仰树. 国内国债经济分析与政策选择 [M]. 上海：上海财经大学出版社，1998：49 - 73.
⑤ 宋福铁，陈浪南. 各主要学派有关国债的宏观经济效应比较 [J]. 华东理工大学学报（社会科学版），2004（04）：42 - 48.

中低收入阶层因为受到流动性的限制，其真实负担会大于不受流动性限制的较高或高收入阶层的真实负担。

张志超、王铁[①]（2004）认为，通过国债资金的使用加快社会保障、社会援助体系的建设，使之迅速发挥实质性的保障作用，对于改善国民经济预期，提高中低收入者的收入水平，减少不合理收支安排对居民边际消费倾向和消费能力的制约，进而稳定国内消费、投资需求具有重要意义。

张宇[②]（2005）从国债资金的用途及国债的偿还方式（借新债还旧债）的角度，分析了国债的代际负担问题，认为若国债资金用于民生性的投资，有利于代际间的负担公平；若以借新债还旧债的方式偿还国债，会造成巨大的代际不公。

陈建奇[③]（2006）通过建立随机两期代际交叠模型，运用我国 1995~2004 年的数据分析验证我国经济存在动态无效的情况下，引入国债策略是可行庞氏策略，政府尚有发债的空间来改善居民的社会福利。

林细细、龚六堂[④]（2007a，2007b）建立封闭经济下的模型，分别考察了有无生产性开支下的经济中政府债务的福利损失，通过数值模拟方法得出我国样本经济下（1978~1998 年），若不考虑生产性公共开支，即使政府大规模发行国债福利损失也会很小；若考虑生产性公共开支，政府大规模发行国债福利损失会非常大。说明不同的经济假设和不同生产函数形式，即使是同样的经济样本，模拟现实经济得出的结果也会迥异。

王玉华、刘贝贝[⑤]（2009）分析国债规模对经济的动态影响时，实证检验发现，在我国，社会公众购买政府增发的国债，会增加居民的可支配收入、带来消费需求的上升，从而带动社会总产出规模的扩大，即国债政策具有财富效应。但由于其研究的重点不在国债对收入分配的影响，并没说明国债规模对居民收入分配的影响是正还是负。

刘忠敏[⑥]（2009）分析了国债对收入分配的影响机理，并实证分析了国债对收入分配的影响，由于我国国债发行的主要目的在于刺激经济增长，没关注收入分配的公平目标，致使我国国债对居民收入分配并没有产生影响；通过对我国国债对代际分配的实证检验，发现我国国债在支出方向上没有产生代际负担。

贾俊雪、郭庆旺[⑦]（2011）在一个两部门内生增长迭代模型下，以中国改革

①　张志超，王铁. 国债资金用于公共消费领域的经济分析 [J]. 经济学动态，2004（05）：34-39.
②　张宇. 国债、债务负担与代际公平 [J]. 吉林财税高等专科学校学报，2005（03）22-26.
③　陈建奇. 庞氏骗局、动态效率与国债可持续性 [J]. 世界经济，2006（12）：63-72.
④　林细细，龚六堂. 中国债务的福利损失分析 [J]. 经济研究，2007（01）：56-67；生产性公共开支经济中政府债务的福利损失 [J]. 管理世界，2007（08）：4-11.
⑤　王玉华，刘贝贝. 国债规模经济效应的动态分析 [J]. 财政研究，2009（05）：45-49.
⑥　刘忠敏. 中国国债经济效应的计量分析 [D]. 辽宁大学博士学位论文，2009：88-102.
⑦　贾俊雪，郭庆旺. 财政规则、经济增长与政府债务规模 [J]. 世界经济，2011（01）：73-92.

开放以来的经济为样本，运用数值模拟方法，考察了不同财政规则下，政府发行公债用于不同的地方，如是否用于公共物资资本投融资、是否用于公债利息支出融资、是否用于社会养老保障资金缺口等不同融资情况下，国债的积累路径不同，其所带来经济增长路径也不同。

综观国内外学者们研究国债对经济效应时，注重研究国债对消费、利率、投资和通货膨胀等的影响，而关于国债对收入分配的影响涉猎少之又少。这与国债购买的自愿性和偿还的有偿性等自身的特点是分不开的，正是由于这些特性，国债政策对收入分配一般不产生直接的影响，使得政府在调节收入分配时采用的政策往往是税收政策和财政支出政策或者是二者的结合。我们试图在这方面有所尝试，从理论和实证分析角度考证我国国债融资政策对收入分配的影响。

6.1.2 数理模型分析

假设在离散的情形下，只有一种商品的经济中，具有无限期限的消费者选择消费路径 c，劳动供给 n，相对应的休闲为 l 和他的财富积累路径 a，来极大化他的效用，我们记 t 时刻消费者的消费水平和休闲水平为 c_t 和 l_t，因此，消费者的效用函数表示为 $u(c_t, l_t)$，并且假设消费者从消费和休闲中获得正的、递减的边际效用，这样消费者在生命期限内的消费和休闲带来的效用贴现和为：

$$\sum_{t=0}^{\infty} \beta^t u(c_t, n_t) \qquad (6-1)$$

式（6-1）中，β 为贴现因子。

若消费者拥有时间禀赋为 1 个单位，这 1 单位的时间禀赋用于休闲 n_t 和劳动 l_t，生产函数是关于劳动和资本的函数，且是新古典的，生产出的物品可以用于消费、政府购买和增加资本存量，则有：

$$n_t + l_t = 1 \qquad (6-2)$$

$$c_t + g_t + k_{t+1} = F(k_t, l_t) + (1-\delta)k_t \qquad (6-3)$$

其中，$\delta \in (0, 1)$ 为资本存量的折旧率，$\{g_t\}_{t=0}^{\infty}$ 为外生的政府花费过程。满足上述条件的情况下的 Euler 方程为：

$$F(k, l) = F_k k + F_l l \qquad (6-4)$$

式（6-4）表明完全竞争的条件下，厂商的极大化利润为 0。下面，我们给出模型的基本框架。

1. 政府行为

若政府开支来源于税收收入和发行债券，税收仅对要素收入征税，τ_t^k 代表资本收入税税率，τ_t^l 代表劳动收入税税率，同时假设政府债券可以公开交易且为一期的，记 b_t 为政府在时刻 t 发行的总的债券，而且债券在 t 期开始时到期，这样政府的预算约束方程可以表示为：

$$g_t = \tau_t^k r_t k_t + \tau_t^l w_t l_t + \frac{b_{t+1}}{R_t} - b_t \tag{6-5}$$

这里，r_t 和 w_t 分别表示市场决定的资本要素价格和劳动要素价格，R_t 表示从 t 期到 t+1 期的一期债券的总的回报率，若利息收入是免税的，这对于债券在政府和消费者之间的交易是没有多大影响的。

2. 消费者行为

在政府行为一定的情况下，消费者的预算约束方程为：

$$c_t + k_{t+1} + \frac{b_{t+1}}{R_t} = (1 - \tau_t^l) w_t l_t + (1 - \tau_t^k) r_t k_t + (1 - \delta) k_t + b_t \tag{6-6}$$

式（6-6）表示消费者所有的税后收入等于储蓄，也就是消费后的剩余可以用来增加资本存量和债券的持有，即消费者效用最优化条件是，当政府行为给定、自己的预算约束条件式（6-6）、初始资本存量和债券持有量给定下，来选择其消费路径、资本积累路径、休闲路径和债券持有路径。

下面，采用动态规划的方法求解最优条件下消费者的问题，我们得到：

$$u_c(t) = \lambda_t \tag{6-7}$$

$$u_l(t) = \lambda_t (1 - \tau_t^l) w_t \tag{6-8}$$

$$\lambda_t = \beta \lambda_{t+1} [(1 - \tau_{t+1}^k) r_{t+1} + 1 - \delta] \tag{6-9}$$

$$\lambda_t \frac{1}{R_t} = \beta \lambda_{t+1} \tag{6-10}$$

式（6-7）和式（6-8）为标准的最优性条件，它们表示最优时消费的边际效用等于财富的边际值；式（6-8）表示休闲的边际效用等于用效用来度量的实际工资。式（6-9）和式（6-10）是 Euler 方程，给出了跨时的无套利假设。把式（6-7）代入式（6-8）和式（6-9），可以得到：

$$u_l(t) = u_c(1 - \tau_t^l) w_t \tag{6-11a}$$

$$u_c(t) = \beta u_c(t+1) [(1 - \tau_{t+1}^k) r_{t+1} + 1 - \delta] \tag{6-11b}$$

同时，式（6-9）和式（6-10）可以表示为：

$$R_t = [(1 - \tau_{t+1}^k) r_{t+1} + 1 - \delta] \tag{6-12}$$

式（6-12）表示消费者行为最优的选择是资本和债券的回报率相等时。同理，这样的条件适用于消费者的预算约束方程式（6-6），当把公共债务水平 b_{t+1} 消去后，可以得到：

$$c_t + \frac{c_{t+1}}{R_t} + \frac{k_{t+2}}{R_t} + \frac{b_{t+2}}{R_t R_{t+1}} = (1 - \tau_t^l) w_t l_t + \frac{(1 - \tau_{t+1}^l) w_{t+1} l_{t+1}}{R_t}$$

$$\times \left[\frac{(1 - \tau_{t+1}^k) r_{t+1} + (1 - \delta)}{R_t} \right] k_{t+1} + (1 - \tau_t^k) r_t k_t + (1 - \delta) k_t + b_t \quad (6-13)$$

式 (6-13) 左边表示消费者的花费，右边表示消费者的收入来源。如果式 (6-13) 中 k_{t+1} 的系数不为 0，则有：

$$R_t < \left[(1 - \tau_{t+1}^k) r_{t+1} + 1 - \delta \right] \quad (6-14)$$

要防止旁氏骗局的出现，则必须满足条件式 (6-12)，在此条件下，若继续迭代下去可得：

$$\sum_{t=0}^{\infty} \prod_{i=0}^{t} R_i^{-1} c_t = \sum_{t=0}^{\infty} \prod_{i=0}^{t} R_i^{-1} (1 - \tau_t^l) w_t l_t + (1 - \tau_0^k) r_0 k_0 + (1 - \delta) k_0 + b_0$$

$$(6-15)$$

这里用到了横截性条件：

$$\lim_{t \to \infty} \prod_{i=0}^{t} R_i^{-1} k_{t+1} = 0, \quad \lim_{t \to \infty} \prod_{i=0}^{t} R_i^{-1} \frac{b_{t+1}}{R_{t+1}} = 0 \quad (6-16)$$

式 (6-15) 表示消费者预算约束，含义为，消费者所有消费的贴现值之和等于其所有税后收入，即消费者的劳动收入及其初始财富。

3. 厂商行为

在完全竞争的条件下，每个厂商都是价格的服从者。因此对于单个厂商来讲，资本回报和工资率都是给定的。厂商雇用工人和资本生产、选择资本存量和劳动力来极大化它的利润，即：

$$\max \prod = F(k_t, l_t) - r_t k_t - w_t l_t \quad (6-17)$$

得到最优性条件为：

$$r_t = F_k(t) \quad (6-18)$$

$$w_t = F_l(t) \quad (6-19)$$

因此，厂商雇用资本和劳动力要满足的条件是，资本存量的边际生产率等于利率，劳动力的边际生产率等于工资率。在常数规模回报，即生产函数是一次齐次的条件下，由 Euler 方程可以得到厂商的最优利润等于零。

在竞争性均衡的情形下，我们由式 (6-15) 可以得到 t 时期劳动力报酬：

$$w_t l_t = \frac{\sum\limits_{t=0}^{\infty} \prod\limits_{i=0}^{t} R_i^{-1} c_t - (1 - \tau_0^k) r_0 k_0 - (1 - \delta) k_0 - b_0}{\sum\limits_{t=0}^{\infty} \prod\limits_{i=0}^{t} R_i^{-1} (1 - \tau_t^l)} \quad (6-20)$$

从式（6-20）我们可以初步判断出，国债初始发行额度 b_0 及其各期的回报率对劳动收入会产生影响，即在平衡增长路径上，国债筹资政策会影响收入初次分配。在实际经济样本中，国债是否影响初次分配及影响的幅度、方向如何是我们下面要做的事情。

6.1.3 实证检验：基于 1993～2010 年中国经济数据

1. 数据的界定与数据来源

和第4章相对应，我们仍采用劳动要素的相对价格——劳动要素分配率作为被解释变量，实证分析中，我们采用收入法核算的国内生产总值中劳动者报酬占国内生产总值的比重为代理变量；由于我国国债自 2006 年后实行国债余额管理，为了前后统计口径的一致性，解释变量我们采用历年国债余额占国内生产总值为其代理变量；控制变量的选取，结合第2章对国债政策的理论分析和第4章分析税收政策对初次分配的影响中其控制变量的选取，考虑到我国国债资金的投向，我们分别选取了财政支出、财政支出中的生产性支出、消耗性支出和转移支付支出①占国内生产总值的比重为代理变量。为单独考察支出对"三农"的倾斜和对农村居民收入的影响，将财政支出中的支农支出和 2007 年后的农林水事务支出占当期国内生产总值之比作为支农支出的代理变量；经济增长是劳动者收入提高的根本源泉，所以我们以经济增长率为另一宏观控制变量；另外，我们还选取了资本投入比、产业结构、税率、进出口、公共物资资本投入比和银行贷款规模。各变量的经济含义和代码见表6-1。

表6-1 各经济变量代码及其含义

	各变量名称	代码	经济含义
因变量	劳动分配率	sl	用收入法中劳动者报酬占 GDP 的比重表示劳动收益率
解释变量	国债余额	sd	每年国债余额占 GDP 的比重表示国债规模

---

① 这里定义的生产性支出 2006 年以前（包括 2006 年）为基本建设支出和文教、科学、卫生支出之和，2006 年后为交通运输支出和教育、科学技术和文化体育支出之和；消耗性支出 2006 年以前为行政管理费与国防支出之和，2006 年后为一般公共服务支出与国防支出之和；转移性支出 2006 年之前为社会保障支出，之后指社会保障和就业以及保障性住房支出。

续表

各变量名称		代码	经济含义
控制变量	政府支出比重	tf	财政支出/GDP，表示政府支出规模
		fp	财政生产性支出/GDP，表示政府投资于生产领域规模
		fc	财政消费性支出/GDP，表示政府提供公共产品和服务的规模
		ft	财政转移性支出/GDP，表示政府提供社会保障、福利的规模
		fa	财政支农支出/GDP，表示政府投资于"三农"的规模
	经济增长率	γ	用此指标控制经济发展阶段对劳动要素分配的影响
	资本产出比	rky	用来控制价格变化导致的要素投入变化对劳动要素分配的影响
	经济结构变量	is2	用来控制不同产业结构对劳动要素分配的影响，本书用第二产业值占 GDP 比重代表
		Is3	用来控制不同产业结构对劳动要素分配的影响，本书用第三产业值占 GDP 比重代表
		mx	进出口总额与 GDP 之比（美元/元），用来控制开放程度对劳动要素分配的影响
	公共物质资本投资	gkt	用全社会固定资产投资中预算拨款占全社会固定资产投资的比重表示，用来控制政府投资对劳动要素分配的影响
	税率	t	以税收收入与 GDP 之比表示国家征收对劳动要素分配的影响
	金融发展程度	rbnk	用各省年末金融机构各项贷款余额占 GDP 比重表示

我国国债的发行，虽然 2011 年底始于上海的试点开始允许地方政府自行发债，但地方政府债券的发行规模、偿还期限和发行额度都要经国务院批准，而且由财政部代行还本付息，因此，我国国债可以说还没有完全意义上的地方政府债券；再者我国国债筹集的资金不在财政收入中编列，而其（还本）付息却在财政支出中列支，而且自 2006 年后我国国债实行国债余额管理，为保持数据的连贯性，我们以我国历年的国债余额占国内生产总值的比重作为解释变量。因变量为劳动者报酬占国内生产总值的比重，按收入法核算的我国国内生产总值的数据从 1993 年开始才有资料可查，所以这部分的数据采用 1993～2010 年相关变量的时间序列作为样本数据。所采用的数据来源于历年的《中国统计年鉴》《中国财政年鉴》《中国金融年鉴》《中国国内生产总值核算历史资料》（1996－2002）和中经网数据库。

2. 国债政策初次分配效应的实证分析：基于 1993～2010 年的中国数据

（1）数据平稳性检验。对于时间序列数据的使用，为避免伪回归，我们需要检验数据的平稳性。一般而言，经济数据变量非平稳，多为一阶协整（I(1)）或者二阶协整（I(2)）。首先我们运用计量经济学中 ADF 检验方法使用 Eviews 6.0 软件检验各经济变量的平稳性，由于非平稳随机过程有四类典型类型即随机游走过程、随机趋势过程、趋势平稳过程和趋势非平稳过程，Eviews 软件中分有截距项、无截距项和带时间趋势项的单位根检验时间序列的平稳性，所以我们分三种类型对时间序列数据进行检验，具体结果见表 6-2。

表 6-2　　　　　　　　　　各变量平稳性检验结果

变量	检验形式 (c, t, p)	ADF 值	1% 临界值	5% 临界值	10% 临界值	平稳性 (5% 临界值)	备注
sl	(c 0 0)	-3.0915	-4.0044	-3.0989	-2.6904	非平稳	
	(0 0 0)	0.0562	-2.7081	-1.9628	-1.6061	非平稳	
	(c t 0)	-2.7212	-4.8001	-3.7912	-3.3423	非平稳	
sd	(c 0 0)	-1.4961	-3.8868	-3.0522	-2.6666	非平稳	
	(0 0 0)	1.2764	-2.7081	-1.9628	-1.6061	非平稳	
	(c t 0)	-1.1001	-4.6162	-3.7105	-3.2978	非平稳	
rky	(c 0 0)	-0.4909	-3.9204	-3.0656	-2.6735	非平稳	
	(0 0 0)	0.9158	-2.7175	-1.9644	-1.6056	非平稳	
	(c t 0)	-1.5352	-3.8868	-3.0522	-2.6666	非平稳	
tf	(c 0 0)	2.4384	-3.8868	-3.0522	-2.6666	非平稳	
	(0 0 0)	1.2764	-2.7081	-1.9628	-1.6061	非平稳	
	(c t 0)	-6.6358	-4.8001	-3.7912	-3.3423	平稳	
fp	(c 0 0)	-0.166275	-3.886751	-3.052169	-2.666593	非平稳	
	(0 0 0)	1.233263	-2.708094	-1.962813	-1.606129	非平稳	
	(c t 0)	-3.435075	-4.80008	-3.791172	-3.342253	平稳	
fc	(c 0 0)	-0.981907	-3.886751	-3.052169	-2.666593	非平稳	
	(0 0 0)	0.610672	-2.708094	-1.962813	-1.606129	非平稳	
	(c t 0)	-0.92419	-4.616209	-3.710482	-3.297799	非平稳	
ft	(c 0 0)	-0.165505	-3.886751	-3.052169	-2.666593	非平稳	
	(0 0 0)	1.114517	-2.717511	-1.964418	-1.605603	非平稳	
	(c t 0)	-4.227176	-4.80008	-3.791172	-3.342253	平稳	

变量	检验形式 (c，t，p)	ADF 值	1% 临界值	5% 临界值	10% 临界值	平稳性 (5% 临界值)	备注
fa	(c 0 0)	2.107206	−3.92035	−3.065585	−2.673459	非平稳	
	(0 0 0)	2.160694	−2.708094	−1.962813	−1.606129	非平稳	
	(c t 0)	0.69323	−4.667883	−3.7332	−3.310349	非平稳	
v	(c 0 0)	−2.298623	−3.886751	−3.052169	−2.666593	非平稳	
	(0 0 0)	−0.948804	−2.708094	−1.962813	−1.606129	非平稳	
	(c t 0)	−2.250607	−4.616209	−3.710482	−3.297799	非平稳	
is2	(c 0 0)	−1.658329	−3.886751	−3.052169	−2.666593	非平稳	
	(0 0 0)	0.031992	−2.708094	−1.962813	−1.606129	非平稳	
	(c t 0)	−1.620156	−4.616209	−3.710482	−3.297799	非平稳	
is3	(c 0 0)	−0.624559	−3.886751	−3.052169	−2.666593	非平稳	
	(0 0 0)	2.434818	−2.708094	−1.962813	−1.606129	非平稳	
	(c t 0)	−2.367839	−4.728363	−3.759743	−3.324976	非平稳	
mx	(c 0 0)	−1.348879	−3.886751	−3.052169	−2.666593	非平稳	
	(0 0 0)	0.374609	−2.708094	−1.962813	−1.606129	非平稳	
	(c t 0)	−2.974811	−4.80008	−3.791172	−3.342253	非平稳	
gkt	(c 0 0)	−3.493361	−4.004425	−3.098896	−2.690439	平稳	
	(0 0 0)	−0.005327	−2.708094	−1.962813	−1.606129	非平稳	
	(c t 0)	−3.152446	−4.80008	−3.791172	−3.342253	非平稳	
t	(c 0 0)	0.715488	−3.886751	−3.052169	−2.666593	非平稳	
	(0 0 0)	2.388019	−2.708094	−1.962813	−1.606129	非平稳	
	(c t 0)	−5.191777	−4.616209	−3.710482	−3.297799	平稳	
rbnk	(c 0 0)	−1.002571	−3.886751	−3.052169	−2.666593	非平稳	
	(0 0 0)	0.746437	−2.708094	−1.962813	−1.606129	非平稳	
	(c t 0)	−2.8479	−4.667883	−3.7332	−3.310349	非平稳	
Δsl	(c 0 0)	−3.3594	−3.9204	−3.0656	−2.6735	平稳	
	(0 0 0)	−3.4693	−2.7175	−1.9644	−1.6056	平稳	
	(c t 0)	0.0676	−4.8001	−3.7912	−3.3423	平稳	

续表

变量	检验形式 （c，t，p）	ADF 值	1% 临界值	5% 临界值	10% 临界值	平稳性 （5% 临界值）	备注
Δsd	（c 0 0）	−4.7515	−3.9204	−3.0656	−2.6735	平稳	
	（0 0 0）	−3.7840	−2.7175	−1.9644	−1.6056	平稳	
	（c t 0）	−5.2678	−4.6679	−3.7332	−3.3103	平稳	
Δrky	（c 0 0）	−3.61535	−4.12199	−3.14492	−2.713751	平稳	二阶差分
	（0 0 0）	−2.352385	−2.717511	−1.964418	−1.605603	平稳	
	（c t 0）	−3.612311	−4.992279	−3.875302	−3.38833	平稳	二阶差分
Δtf	（c 0 0）	−3.614987	−4.05791	−3.11991	−2.701103	平稳	
	（0 0 0）	−1.994585	−2.717511	−1.964418	−1.605603	平稳	
	（c t 0）	−3.384365	−4.886426	−3.828975	−3.362984	平稳	
Δfp	（c 0 0）	−3.355935	−3.92035	−3.065585	−2.673459	平稳	
	（0 0 0）	−3.054468	−2.717511	−1.964418	−1.605603	平稳	
Δfc	（c 0 0）	−4.473291	−3.959148	−3.081002	−2.68133	平稳	二阶差分
	（0 0 0）	−2.041796	−2.717511	−1.964418	−1.605603	平稳	
	（c t 0）	−4.070025	−4.992279	−3.875302	−3.38833	平稳	二阶差分
Δft	（c 0 0）	−5.05722	−3.959148	−3.081002	−2.68133	平稳	二阶差分
	（0 0 0）	−5.152251	−2.728252	−1.96627	−1.605026	平稳	二阶差分
Δfa	（c 0 0）	−8.487257	−3.959148	−3.081002	−2.68133	平稳	二阶差分
	（0 0 0）	−8.263669	−2.728252	−1.96627	−1.605026	平稳	
	（c t 0）	−5.313089	−4.667883	−3.7332	−3.310349	平稳	
Δγ	（c 0 0）	−3.273868	−3.92035	−3.065585	−2.673459	平稳	
	（0 0 0）	−3.376996	−2.717511	−1.964418	−1.605603	平稳	
	（c t 0）	−3.345942	−4.667883	−3.7332	−3.310349	平稳	
Δis2	（c 0 0）	−3.462212	−3.92035	−3.065585	−2.673459	平稳	
	（0 0 0）	−3.585208	−2.717511	−1.964418	−1.605603	平稳	
	（c t 0）	−3.331003	−4.667883	−3.7332	−3.310349	平稳	
Δis3	（c 0 0）	−4.190682	−3.959148	−3.081002	−2.68133	平稳	二阶差分
	（0 0 0）	−1.931081	−2.717511	−1.964418	−1.605603	平稳	
	（c t 0）	−4.153658	−4.728363	−3.759743	−3.324976	平稳	二阶差分

变量	检验形式 (c, t, p)	ADF 值	1% 临界值	5% 临界值	10% 临界值	平稳性 (5% 临界值)	备注
Δmx	(c 0 0)	-3.269084	-3.92035	-3.065585	-2.673459	平稳	
	(0 0 0)	-3.373643	-2.717511	-1.964418	-1.605603	平稳	
	(c t 0)	-3.750248	-4.728363	-3.759743	-3.324976	平稳	
Δgkt	(c 0 0)	-3.100101	-3.92035	-3.065585	-2.673459	平稳	
	(0 0 0)	-3.150982	-2.717511	-1.964418	-1.605603	平稳	
	(c t 0)	-4.762863	-4.728363	-3.759743	-3.324976	平稳	
Δt	(c 0 0)	-3.477923	-3.92035	-3.065585	-2.673459	平稳	
	(0 0 0)	-2.040512	-2.717511	-1.964418	-1.605603	平稳	
Δrbnk	(c 0 0)	-3.571044	-3.92035	-3.065585	-2.673459	平稳	
	(0 0 0)	-3.382134	-2.717511	-1.964418	-1.605603	平稳	
	(c t 0)	-3.558614	-4.80008	-3.791172	-3.342253	平稳	

注：检验形式 c、t、p 分别表示常数项、趋势相和滞后阶数。

由表 6-2 可知，我们所列举的时间序列数据皆为非平稳数据，所以不能直接进行 OLS 回归，尚需检测各数据是否为同阶单整，检测结果发现除变量 ft 外，其他变量都是在（0 0 0）类型模式下为一阶单整（I(1)），在（c t 0）和（c 0 0）类型模式下各变量却并非一阶单整，有的为二阶单整，这是由序列的非平稳随机过程的类型决定的。我们剔除掉变量 ft 后，可以对其他变量进行协整性检验了。

（2）数据协整性检验。采用 EG 两步法来检验时间序列数据的解释变量和被解释变量之间是否存在协整关系。

第一步，由于剔除掉变量 ft 后，sl 和其他变量间为一阶单整（I(1)），所以变量 sl 和其他变量的一阶差分是平稳的，可以建立协整回归方程，并可以用 OLS 对协整方程进行回归。考虑到时间序列数据可能存在自相关和多重共线性问题，我们采用逐步加入控制变量的方法，通过对拟合优度和 DW 值的判断，最终选定为表 6-3 中的方程 8 为基准模型，方程 8 的回归结果为：

$$sl = 0.37446 - 0.4288sd + 2.08781fp + 1.44962fa - 0.3483\gamma + 0.7289is3$$
$$(3.0136) \quad (-2.0452) \quad (3.3405) \quad (1.1281) \quad (-2.2507) \quad (1.4437)$$
$$-0.1223mx - 0.6379gkt - 0.944t$$
$$(-3.004) \quad (-2.077) \quad (-1.9796)$$
$$R^2 = 0.9676 \quad \overline{R}^2 = 0.9389 \quad DW = 3.0082 \tag{6-21}$$

表6-3 变量回归结果

变量	方程1	方程2	方程3	方程4	方程5	方程6	方程7	方程8	方程9
sd	-0.9831 (-2.643)	-0.513 (-1.8774)	-0.6607 (-4.0395)	-0.4728 (-3.3777)	-0.2838 (-0.7587)	-0.5636 (-2.3149)	-0.3505 (-1.7377)	-0.4288* (-2.0452)	-0.42758* (-1.8615)
rky	-0.469 (-1.8757)	-0.0536 (-0.1951)							
tf	1.2687 (2.1358)	2.7649 (3.4068)	1.8228 (3.2535)	1.12063 (2.7535)					
fp					3.28193 (2.16476)	1.92412 (2.5186)	2.3203 (3.6414)	2.08781*** (3.34048)	2.1040*** (3.3551)
fc					-0.9757 (-0.5953)				
ft					0.54663 (0.1951)				
fa					-0.204 (-0.1156)	3.720938 (2.8095)	2.00837 (1.7757)	1.44962 (1.1281)	1.4941 (0.7149)
γ		-0.599 (-2.629)	-0.3368 (-1.8458)		-0.3268 (-1.5295)	-0.44556 (-2.2996)	-0.2235 (-1.3723)	-0.3483* (-2.2507)	-0.3576* (-2.1727)
is2							0.80868 (2.278)		
is3					0.77914 (1.5058)	0.696724 (1.2058)	0.66344 (1.3908)	0.72891 (1.4437)	0.7333 (1.0832)
mx				-0.1131 (-3.1203)	-0.1665 (-2.9321)		-0.1246 (-3.1736)	-0.1223*** (-3.0036)	-0.12754* (-2.2328)
gkt		-0.1824 (-0.2871)	-0.121 (-0.3528)		-1.1774 (-2.5718)			-0.6379* (-2.0771)	-0.68673** (-2.3126)
t		-3.055 (-4.2536)	-1.6417 (-2.1006)	-0.8469 (-1.5703)	-0.8537 (-1.2112)	-1.41863 (-2.647)	-1.272 (-2.6033)	-0.944* (-1.9796)	-0.93787 (-1.0922)
rbnk				0.03817 (1.0519)	-0.0834 (-1.3197)				
ma(1)									-0.99747** (-2.7559)
cons	0.5758 (9.133)	0.5346 (6.8373)	0.54928 (22.2712)	0.51129 (16.2546)	0.43416 (3.2726)	0.378368 (2.6265)	-0.0008 (-0.0034)	0.37446 (3.0136)	0.3762 (2.42718)
R^2	0.4059	0.79754	0.87113	0.93867	0.97757	0.934514	0.96962	0.96763	0.9865
$\overline{R^2}$	0.2786	0.71318	0.81743	0.90522	0.93644	0.898795	0.94262	0.93885	0.9713
dw	0.8321	1.27482	2.08704	1.97994	3.5311	2.697527	2.64419	3.00825	2.3972

注：模型中 * , ** , *** 分别表示在10% 、5% 、1%的显著性水平下变量系数不为0。

第二步，检验由式（6-21）估计结果所得到的残差序列 e_t 的平稳性。这里即对 e_t 进行单位根检验[1]，具体检验结果见表6-4和表6-5。

表6-4 方程8中时间序列数据残差序列的单位根检验结果

变量	检验形式	ADF 值	1%临界值	5%临界值	10%临界值
e_t	（c 0 0）	-4.298765	-4.004425 ***	-3.098896 **	-2.690439 *
e_t	（0 0 0）	-4.20366	-2.740613 ***	-1.96843 **	-1.604392 *
e_t	（c t 0）	-3.942899	-4.80008	-3.791172 **	-3.342253 *

注：*、**、*** 分别表示在10%、5%、1%的临界值下不存在单位根。

表6-5 方程9的时间序列数据残差序列的单位根检验结果

变量	检验形式	ADF 值	1%临界值	5%临界值	10%临界值
e_t	（c 0 0）	-4.096655	-4.004425 ***	-3.098896 **	-2.690439 *
e_t	（0 0 0）	-4.919349	-2.708094 ***	-1.962813 **	-1.606129 *
e_t	（c t 0）	-5.682337	-4.80008 ***	-3.791172 **	-3.342253 *

注：*、**、*** 分别表示在10%、5%、1%的临界值下不存在单位根。

根据表6-4和表6-5可知，时间序列残差项在各种检验类型模型下都通过了平稳性检验（5%的临界值下），再次说明因变量 sl 和自变量 sd 及各个控制变量之间是协整的，说明它们存在长期稳定的均衡关系，回归结果具有显著的经济意义。而且说明我们设定的方程是合理、稳定的，回归模型不是"伪回归"。

（3）数据误差修正模型。[2] 我们使用最一般的模型——自回归分布滞后模型（autoregressive distributed lag，ADL），即用各变量的一阶差分或若干阶差分和长期关系模型回归结果的残差作为变量，对长期关系模型进行修正调整，也就是建立各变量间的短期关系模型。我们取各变量的一阶差分和方程（6-21）回归结果的残差项进行回归，结果如下：

---

[1] 利用 ADF 的协整检验方法来判断残差序列是否是平稳的，如果残差序列是平稳的，则回归方程设定是合理的，说明回归方程的因变量和解释变量之间存在稳定的均衡关系。反之，说明回归方程的因变量和解释变量之间不存在稳定的均衡关系，即便参数估计的结果很理想，这样的一个回归也是没有意义的，模型本身的设定出现了问题，即这样的回归是一个伪回归。

[2] 误差修正这个术语最早是由 Sargen（1964）提出的，但是误差修正模型（ECM）基本形式的形成是在1978年由 Davidson、Hendry 等提出的。传统的经济模型通常表述的是变量之间的一种"长期均衡"关系，而实际经济数据却是由"非均衡过程"生成的。因此，建模时需要用数据的动态非均衡过程来逼近经济理论的长期均衡过程。

$$\Delta sl = 0.00032 - 0.4358\Delta sd + 2.023\Delta fp + 2.51\Delta fa - 0.261\Delta\gamma$$
$$(5.065) \quad (6.743) \quad (2.780) \quad (-2.920)$$
$$+ 0.593\Delta is3 - 0.076\Delta mx$$
$$(3.254) \quad (-3.123)$$
$$- 0.158\Delta gkt - 1.111\Delta t + 1.852e_t$$
$$(-1.025) \quad (-5.943)(8.211)$$
$$R^2 = 0.9873 \quad \overline{R}^2 = 0.9710 \quad DW = 2.2053 \qquad (6-22)$$

式（6-22）中，Δsl 为 sl 的一阶差分，Δsd 为 sd 的一阶差分，Δfp 为 fp 的一阶差分，Δfa 为 fa 的一阶差分，$\Delta\gamma$ 为 γ 的一阶差分，$\Delta is3$ 为 is3 的一阶差分，Δmx 为 mx 的一阶差分，Δgkt 为 gkt 的一阶差分，Δt 为 t 的一阶差分，e_t 为式（6-21）的回归结果的残差。式（6-22）中的差分项反映了短期波动所造成的影响，误差修正项 e_t 的系数称为调整系数，反映了偏离长期均衡的调整幅度，即当短期波动偏离长期均衡时，将以 1.852 的调整幅度将非均衡状态拉回到均衡状态。

（4）回归结果分析。通过 EVIEWS6.0 软件对模型中的时间序列数据进行检验后知道，我们所选择的时间序列数据变量为一阶单整的，即解释变量和被解释变量间存在长期均衡的稳定关系，但是时间序列数据之间经检验存在序列相关性问题，我们可以从方程 8 的回归结果中的 DW = 3.00825 可以初步判断变量间存在正自相关，进一步我们以相关图和 Q 统计量以及 LM 统计量的检验，发现模型 8 的残差确实存在序列相关问题。为此，我们对基本模型 8 进行修正，经过反复测试，最后确定为方程 9 的形式，即最终的估计结果为：

$$sl = 0.3762 - 0.42758sd + 2.10403fp + 1.49415fa - 0.35760\gamma + 0.73333is3$$
$$(2.4272) \quad (-1.8615) \quad (3.3551) \quad (0.7149) \quad (-2.1727) \quad (1.0832)$$
$$- 0.12754mx - 0.68673gkt - 0.93787t - 0.99747ma(1)$$
$$(-2.2328) \quad (-2.3126) \quad (-1.0922) \quad (-2.7559)$$
$$R^2 = 0.9865 \quad \overline{R}^2 = 0.9713 \quad DW = 2.3972 \qquad (6-23)$$

从回归结果来看，解释变量，国债余额规模即我国国债现行政策抑制了劳动者劳动报酬的提高，而且这种抑制作用比较显著（10% 的水平下显著）；其他控制变量的回归结果为：财政生产性支出有助于提高劳动者报酬，符号为正，这种影响通过了显著性检验；财政支农支出符号为正，但没有通过显著性检验；反应我国经济增长水平的国内生产总值增长率符号为负，并通过了显著性检验，说明当前我国的经济增长方式不利于劳动者报酬的提高；反映产业结构的第三产业的发展从符号上看有利于劳动者报酬的提高，但是却不显著；进出口贸易指标、政府公共投资水平都通过了显著性检验，从符号上看也是不利于劳动者报酬的提高；税收政策从总体上看不利于劳动者报酬的提高，但却不显著。MA（1）的系数为负,并通过了显著性检验,说明各变量上期值会影响到当前各变量的值。

由此,我们得出:

①综合来看,国债融资政策可以提高劳动分配率(份额)。单独考察国债发行,不利于劳动分配率(份额)的提高,结合其投资去向考察则有助于提高劳动分配率(份额)的提高。我国国债筹资规模扩大主要缘于第一轮积极的财政政策(1998年亚洲金融危机时的积极财政政策)和第二轮积极的财政政策(2008年底的金融危机所采取的积极财政政策),这两轮财政政策都大规模发行国债,第一轮国债主要投资于我国基础设施建设、教育和科研及农业部门,一方面拉动了我国经济的增长,基本消除了我国长期存在的经济增长"瓶颈",另一方面增加了就业,提高了城乡居民的劳动收入水平;第二轮积极财政政策筹集国债资金(包括代地方政府发行的2000亿债券)支出主要用于"民生支出①"和"铁、公、机",这些都直接或间接地会提高劳动者的劳动收入水平。所以,综合来看,国债对初次分配具有正的收入效应,如我们模型中所估计的结果中单独的国债对劳动分配率(份额)的影响为-0.42758,而财政生产性支出的系数为2.10403,远高于国债余额的系数,若生产性支出都是以国债筹资的话,则我国国债筹集政策有利于劳动分配率(份额)的提高。

②我国现行经济增长方式不利于我国劳动分配率(份额)的增加,不利于经济公平。无论是从税收政策角度(见第4章)还是国债政策角度来分析我国经济增长方式对初次分配的影响,其符号都为负,说明我国当前的经济增长方式不利于初次分配中劳动分配率(份额)的提高,仍是"效率优先"的发展模式,尚未"兼顾公平",这也为我国加快转变经济发展方式提供了理论依据。

③从产业结构来看,我国须大力发展第三产业。从回归结果可知,第三产业有利于提高劳动分配率(份额),但这种效应却不显著。我国第三产业相对发展滞后,而第三产业的发展能够解决大量人员的就业,从而提高劳动分配率(份额),所以大力发展第三产业在我国一方面可以优化产业结构,另一方面可以缩小收入差距,我国在这方面发展的空间应该很大。

④进出口贸易抑制了我国劳动收入分配率(份额)。主要原因在于我国进口的产品多是资本密集型产品,而出口产品多为劳动附加值较低的初级产品。

⑤政府公共投资比例的提高反而会抑制劳动收入分配率(份额)。这个结果有点让人困惑,似乎和财政生产性支出和财政支农支出对劳动收入分配的影响矛盾。我们分析认为,一方面是由政府公共投资对私人投资产生挤入和挤出效应的

---

① 民生支出指政府财政用在与人民群众生活直接相关的医疗卫生、社会保障和就业、住房保障、文化以及公共基础设施、环境保护等方面的支出。

最终结果造成的①；另一方面可能与我们代理变量有关。我们以预算内固定资产投资占全社会固定资产投资的比重作为代理变量，而政府固定资产投资相对于私人投资来讲周期比较长，社会效益显现比较慢等原因造成的。税收政策对劳动收入分配率（份额）的具体影响见第 4 章的分析。

6.1.4　小结

总之，无论是从理论分析还是以我国经济样本作为检验对象，我们发现，我国的国债融资政策都会对初次收入分配产生一定的影响，这种影响在其他条件不变的情况下，仅仅考察国债政策对初次收入分配的影响，国债融资会抑制劳动收入分配率（份额）的增长；如果结合国债的投资去向②（即结合财政支出用于生产性支出时），实证检验结果发现，我国的国债政策有助于劳动收入分配率（份额）的提高。所以，我国国债政策除了弥补财政赤字基本功能外，在我国收入分配差距过大的情况下，可以运用国债融资政策将国债资金投向于交通运输行业、文教科卫特别是教育业，提高人力资本禀赋，从而从源泉上控制收入差距过大的现状；运用国债筹集资金投向于"三农"，可以缓解"三农"资金投资不足的压力，利用国债资金发展农业，可以提高农民收入，缩小城乡收入差距。

6.2　国债融资政策收入再分配效应的实证分析

前面我们从国债融资的发行和使用方面考察了国债融资政策对初次收入分配的影响，那么国债融资手段是否会对居民个人或家庭的收入即收入再分配产生影响吗？这是下面将要回答的问题。

6.2.1　数理模型分析

从理论角度来看，国债融资资金用于政府转移性支出，会对居民的收入再分配产生影响，但这种影响幅度的大小由于缺乏可靠数据的支撑一般较难衡量。再者，我国国债认购主体 90% 以上为个人，而居民将国债利息收入作为一种投资

---

① 公共投资水平对私人投资的影响不确定：一方面，公共资本和私人资本在私人生产函数中可以相互替代，增加公共投资会挤出等量的私人资本支出；另一方面，公共资本具有外部效应，可提高私人生产要素的生产力从而挤进私人投资。这两种对立效应的相对强弱，决定着公共资本对私人资本的最终影响。

② 财政支出中哪些是由国债承担、哪些是由税收来补偿的是无法完全分开的。

收益，可进一步增加私人投资，而政府通过国债融资用于公共投资，会对私人投资产生挤出效应。这两种对立效应的相对强弱，决定着公共资本对私人资本的最终影响。我们考察国债融资政策对收入再分配的影响，借鉴第 4 章税收政策对收入再分配的影响的分析方法，以国债利息收入分布不同，对居民家庭收入产生的影响不同，从整体和结构两个角度从理论和实证两个方面进行剖析。

1. 整体视角：国债融资政策的收入再分配效应

和第 4 章中使用相同的方法，通过计算国债利息收入前后不同收入阶层的基尼系数，比较两者差额来判断国债融资政策的收入再分配效应的方向和影响力度。我们设居民获得国债利息收入前的基尼系数为 G_0，获得国债利息收入后的基尼系数为 G_1，比较两者差额来判断国债融资政策的收入再分配效应。如果 $G_1 - G_0 > 0$，则说明国债融资政策拉大收入分配差距，具有收入再分配的负效应；若 $G_1 - G_0 < 0$，说明国债融资政策有助于缩小收入分配差距，具有收入再分配的正效应。具体的方法和计算公式如下[①]：

假定人口样本可以分成 n 组，设 w_i、m_i、p_i 分别代表第 i 组的人均收入份额、平均人均收入和人口频数（i = 1，2，…，n）对全部样本按人均收入（m_i）由小到大排序后，基尼系数（G）可表示为：

$$G = 1 - \sum_{i=1}^{n} 2B_i = 1 - \sum_{i=1}^{n} p_i \, (2Q_i - w_i) \tag{6-24}$$

其中，
$$Q_i = \sum_{i=1}^{n} w_i$$

Q_i 为从 1 到 i 的累计收入比重。B 为洛伦茨曲线右下方的面积。p_i、w_i 从 1 到 n 的和为 1。

2. 结构视角：国债融资政策的收入再分配效应

基尼系数可以从整体上衡量国债融资政策的收入再分配效应，而要考核国债对不同收入阶层居民之间的影响，需从结构视角分析。借鉴第 4 章从结构视角分析税收政策的再分配效应的方法，来考察国债融资政策对不同收入阶层居民的再分配效应。与税收负担累进度指标相对应，以国债收益累进度作为衡量国债融资政策的指标。具体方法和计算公式如下：

假设低收入组 i 因购买国债获得的利息收入为 R_i，高收入组 j 获得的国债利息收入为 R_j；低收入组 i 的收入为 Y_i，高收入组 j 的收入为 Y_j。则低收入组 i 的

---

① 这里的计算公式的方法和计算原理与第 4 章计算税收政策再分配效应的判断标准相同。

国债利息平均收益率为$\dfrac{R_i}{Y_i}$；高收入组的国债利息平均收益率为$\dfrac{R_j}{Y_j}$。反映国债利息累进性的公式为：

$$\Lambda = \frac{\dfrac{R_j}{Y_j} - \dfrac{R_i}{Y_i}}{Y_j - Y_i} \qquad (6-25)$$

如果 $\Lambda > 0$，说明高收入组获得的利息收益率超过低收入组，从而具有收入分配的负效应；$\Lambda < 0$，说明低收入组获得的利息收益率超过高收入组，从而国债融资政策具有收入分配的正效应；$\Lambda = 0$，则说明国债融资政策不具有收入再分配效应。

6.2.2　实证检验

1. 实证研究设计

（1）数据处理。对于国债利息的数据只有总的数据，如国债利息支出、国债利率，而要想计算国债利息对居民收入分配的影响，须知道不同收入阶层居民手持国债的数量及其利率水平，在其收入水平可知的情况下才能计算国债利息收益率和国债利息收入前后的基尼系数；考虑到购买国债实际也是一种投资行为，农村居民除了 20 世纪 80 年代行政手段摊派时持有部分国库券，而且早已到期兑换外，现在极少有人投资于国债。鉴于此，我们这部分内容只考察国债利息分布对城镇不同收入阶层居民的收入再分配的影响。随着我国国债市场的完善和利率市场化，我国国债年利率一般以银行存款利率为基准的基础上稍稍高于银行存款年利率，所以，我们采用城镇不同收入阶层居民的利息收入作为国债利息收入的代理变量。再者，我们的可得数据为 1995～2010 年的相关数据，但考虑到 1998 年以前，我国发行国债的目的除了特别建设国债外，一般是为弥补财政赤字，尚没有运用国债融资支出调节宏观经济，1998 年亚洲金融风暴席卷我国后，我国经济处于下行态势，为此国家启用主要以国债融资为手段的积极财政政策，大规模发行国债用于大型基础设施和民生财政支出，拉开了用国债融资手段调节宏观经济的大幕，所以我们选择 1999～2010 年的相关数据计算国债利息收益率和国债利息收入前后的基尼系数，分析判断我国国债融资政策对居民收入再分配的影响。

相关数据来源于《中国城市（镇）生活与价格年鉴》（2006－2011）、《中国价格及城镇居民家庭收支调查统计年鉴》（2000－2005）和历年的《中国统计年鉴》。

（2）方法的选择。我们本节内容利用样本数据，通过 Stata 软件编写程序计算国债利息收入前后基尼系数，运用 Excel 计算各收入组获得国债利息的平均收益率，通过计算结果比较分析，实证考察我国国债融资政策的收入再分配效应。

2. 整体视角：国债融资政策的收入再分配效应实证分析

我们通过计算国债利息收入前后基尼系数，从整体分析国债融资政策的收入再分配效应。本部分内容运用 6.2.1 中的公式计算，利用《中国城市（镇）生活与价格年鉴》的数据经过处理后，通过 Stata 软件编程[①]，来计算 1999 ~ 2010 年我国国债利息收入前后基尼系数。具体结果见表 6 - 6。

表 6 - 6　　　　　　　　国债利息收入前后的基尼系数比较

年度	利息收入前的基尼系数	利息收入后的基尼系数	差额	年度	利息收入前的基尼系数	利息收入后的基尼系数	差额
1999	0.31540	0.31783	- 0.00243	2005	0.41404	0.41436	- 0.00032
2000	0.33149	0.33278	- 0.00129	2006	0.40978	0.41025	- 0.00046
2001	0.34353	0.34438	- 0.00085	2007	0.40871	0.40927	- 0.00057
2002	0.39294	0.39338	- 0.00044	2008	0.42152	0.42204	- 0.00052
2003	0.40060	0.40117	- 0.00057	2009	0.41511	0.41579	- 0.00068
2004	0.40798	0.40829	- 0.00031	2010	0.40828	0.40898	- 0.00070

根据表 6 - 6 可知，1999 ~ 2010 年，我国国债利息收入前的基尼系数都大于国债利息收入后的基尼系数，说明我国国债融资政策从获得利息收入分布角度看，具有明显的收入再分配负效应，即拉大了不同收入阶层之间的收入差距。具体而言表现在：

①国债融资政策拉大了居民间收入差距。从我们所选取的样本期来看，整个样本期间（1999 ~ 2010 年）每年的国债利息收入前的基尼系数都小于国债利息收入后的基尼系数，说明国债利息作为居民收入来源的一部分加剧了居民间的收入差距，表现出明显的"马太效应"。与我们的直观感受一样，穷人手中的"闲钱"较少，购买国债少，获得的收益也较少，而富人手中的"闲钱"比较丰裕，因此购买国债多，获得的收益也较多，使本来收入差距就大的情况进一步恶化。

②国债利息收入前后基尼系数具有明显的时期性。1999 ~ 2010 年，国债利息收入前后差额在 0.046% ~ 0.243 之间波动，国债利息收入逆向调节作用具有显

---

① 具体计算基尼系数编程程序见附录。

著的时期性。两者差额从 1999 年的 0.243% 降低到 2006 年的 0.046%，随后几年又缓慢上升至 2010 年的 0.07%，大致呈"U"型形状，即 1999 ~ 2006 年，国债融资政策的逆向调节作用在缩小，2006 年后，这种逆向调节作用又逐步加大。

3. 结构视角：国债融资政策的收入再分配效应实证检验

我们通过数据处理的方法和公式，利用 excel 计算各收入阶层的国债利息平均收益率，比较各个收入阶层的利息收益累进性，进一步从结构上分析国债融资政策的收入再分配效应。

我们利用《中国价格及城镇居民家庭收支调查统计年鉴》（2000 - 2005）和《中国城市（镇）生活与价格年鉴》（2006 - 2011）中"按收入等级分城镇居民家庭现金收入和支出统计"的数据，以每个收入阶层的利息收入占其可支配收入的比重计算国债利息收益率，如表 6 - 7 所示。

表 6 - 7　　　　　　　不同收入阶层的国债利息收益率比较

利息收益率	最低收入户	低收入户	中等偏下户	中等收入户	中等偏上户	高收入户	最高收入户
1999	0.00249	0.00339	0.00410	0.00440	0.00645	0.00843	0.01683
2000	0.00157	0.00217	0.00289	0.00323	0.00391	0.00509	0.00953
2001	0.00163	0.00131	0.00203	0.00255	0.00308	0.00427	0.00628
2002	0.00106	0.00104	0.00148	0.00179	0.00190	0.00285	0.00365
2003	0.00074	0.00082	0.00111	0.00169	0.00219	0.00247	0.00424
2004	0.00090	0.00067	0.00123	0.00163	0.00197	0.00255	0.00264
2005	0.00085	0.00075	0.00100	0.00168	0.00211	0.00238	0.00275
2006	0.00076	0.00095	0.00125	0.00146	0.00232	0.00240	0.00368
2007	0.00122	0.00102	0.00170	0.00217	0.00246	0.00271	0.00472
2008	0.00123	0.00133	0.00164	0.00185	0.00273	0.00373	0.00422
2009	0.00149	0.00168	0.00211	0.00267	0.00325	0.00442	0.00561
2010	0.00186	0.00150	0.00195	0.00242	0.00309	0.00448	0.00563

从表 6 - 7 计算的结果来看，中等收入阶层的国债收益率大于低收入阶层的，高收入阶层的国债利息收益率又大于中等收入阶层的，说明国债融资政策具有明显的收入再分配的负效应。具体表现：①国债利息收益率在不同收入阶层间具有明显的累进性。最高收入组的平均收益率为 0.275% ~ 1.683%，而低收入组的平均收益率仅为 0.067% ~ 0.339%。根本原因在于低收入者手头太紧，扣除基本生

活开支后所剩无几，没有那么多"闲钱"投资；在加上我国资本市场的不完善，高收入阶层的"闲钱"投资国债在当前我国经济形势下不愧为最安全的选择，所以高收入阶层的"闲钱"大量投资于国债，以至于他们的国债平均收益率高于低收入者，说明我国国债融资政策对收入再分配具有负效应，使本来贫富差距的状况暂时无法改观。②国债利息收益率具有明显的时期性。国债利息对不同收入阶层具有显著的再分配负效应，但不同时期调整力度迥异，如 1999 年最高收入组与最低收入户的国债平均收益率相差 0.01434，而 2005 年仅相差 0.002。

6.2.3　小结

本节从整体和结构视角计算了国债利息收入对居民收入差距的影响，结果表明，单独考察国债利息收益的分布会拉大居民收入差距。这与国债购买的自愿性和偿还的有偿性是分不开的。所以，如果仅从国债融资的角度考虑，解决的途径还在于改变国债资金在初次分配中的投资或使用去向，以利于提高低收入者的收入水平，从而从源头解决贫富收入差距过大的状况；如果初次分配公平性没有处理好，在再分配环节就很难使用国债政策调节收入差距过大现状。

6.3　基本结论

本章中，我们从理论和实证两个方面分析了我国国债融资政策的初次分配效应和再分配效应。对国债融资的初次分配效应分析可知：仅仅从筹集财政收入的角度看，国债融资政策会降低初次分配环节劳动者收入；若考虑我国国债的具体用途，如将国债资金用于财政生产性支出和投资于"三农"，综合考察国债对初次收入分配的影响，实证结果表明国债融资政策有助于提高劳动者收入分配份额。

我们从整体视角和结构视角两个角度，检验了我国国债融资政策的再分配效应。无论从整体视角还是结构视角考察我国国债融资政策的收入再分配效应，都会发现：单独考察国债利息收益的分布，会拉大各阶层居民间的收入差距，这与国债购买的自愿性和偿还的有偿性是分不开的。

第7章 财政支出政策收入分配效应的实证分析

实践证明，财政政策是政府实现社会财富分配和再分配的主要手段，政府可以通过收入和支出政策调节社会各成员之间的收入分配状况。前述第4~第6章分析了财政收入政策的收入分配效应，本章将研究财政支出政策对收入分配的影响。

7.1 财政支出政策的初次分配效应

7.1.1 文献综述

1. 国外财政支出政策初次分配效应的研究现状

摩根雷诺兹和尤金·斯摩棱斯基（Morgan Reynolds & Eugene Smolensky[①]，1977）以美国1950年、1961年和1970年的数据为基准数据，从四个角度假设政府税收和支出归宿下，估算和比较了政府税收和支出的要素收入（factor income）和货币收入（money income）效应。检验发现，1950~1970年，在每种归宿假设下，政府每年的配置（政府税收和支出）都会使要素收入或货币收入分配更趋于公平，财政政策的收入分配效应非常明显。只有几年除外——所验证的样本期间只有3年政策前后的收入分配非常接近，这是由归宿假设不同造成的。他们研究还发现，同时采用税式支出、增加政府税收和支出的组合政策，对收入公平性作

[①] Morgan Reynolds and Eugene Smolensky. Public Expenditures, Taxes, and The Distribution of Income; The United States, 1950, 1961, 1970. 1977. New York: Academic Press, Inc.

用却不显著。

阿莱西拉和罗德里克（Alesina & Rodrik[1]，1994）建立了一个包括政治体制、财富分配和增长的模型，根据此模型，研究了政府不同的政策组合对两个阶级（工人和资本家）的资本/劳动份额分配的影响。政府如果以增长最大化作为其最优目标，此时的政府仅仅关注"资本家"，资本和劳动收入分配率（份额）差距就会拉大。

帕斯夸莱·科迈达等（Pasquale Commendatore et al.[2]，2011）在后凯恩斯模型下，分析了政府不同支出项目对增长的影响；建立政府部门在平衡预算下自主非线性的投资函数，分别在卡莱茨基和新古典哈罗多线性下，考察了政府不同支出项目对经济增长的利弊，并与巴罗（Barro，1990）在政治经济学杂志上的那篇文章进行了比较，指出在此模型下，政府支出可能会出现多重均衡、滞后效应和低增长陷阱，进而影响收入分配状况。

2. 国内财政支出政策初次收入分配效应的研究现状

林伯强[3]（2005）建立联立方程组模型，从"动力源"方面寻求农村发展和贫困的原因，认为政府各类公共投资（包括农村教育、农业研发和农村基础设施）对农村经济增长、降低贫困和缩小地区不均等方面的作用存在地区和时期的差异。建议实行阶梯型的政策选择：首先公共投资倾斜于西部，在此基础上鼓励私人部门投资、公共服务部门贷款进入农村市场导向型的领域，最后是在前两项政策的基础上把更多的公共支出用于教育、农业研发和水利建设。

傅勇、张晏[4]（2007）分析了中国财政分权体制，指出以经济增长作为政绩考核指标下的政府竞争，使得地方政府在财政支出结构方面存在严重的扭曲，各级地方政府只注重基本建设，而科教文卫等方面的人力资本投资和公共服务支出却显不足。这种情况，一方面降低了政府公共支出的效率，另一方面也加剧了地区间城乡间的居民收入差距。

沈坤荣、张璟[5]（2007）建立简单的生产函数，在经济增长的背景下考察政

---

① Alesina, A. and D. Rodrik, 1994, Distributive Politics and Economic Growth, Quarterly Journal of Economics, vol. 109, no. 2（May）：465 – 490.

② Pasquale Commendatore, Carlo Panico and Antonio Pinto. The Influence of Different Forms of Government Spending on Distribution and Growth. Metroconomica Volume 62, Issue 1, pages 1 – 23, February 2011.

③ 林伯强. 中国的政府公共支出与减贫政策 [J]. 经济研究, 2005（01）：27 – 37.

④ 傅勇, 张晏. 中国式分权与财政支出结构偏向：为增长而竞争的代价 [J]. 管理世界, 2007（03）：4 – 13.

⑤ 沈坤荣, 张璟. 中国农村公共支出及其绩效分析——基于农民收入增长和城乡收入差距的经验研究 [J]. 管理世界, 2007（01）：30 – 42.

府对农公共支出的作用。结果表明，政府公共支出总体上有利于提高农村居民的可支配收入，有助于缩小城乡收入差距，但相对于其他影响城乡收入差距的因素来说这种作用相对较小。从结构方面来考察，存在农村公共支出投入规模偏小，城乡配置不均；而且政府公共支出中生产性支出和基础设施建设支出比重过大，科研和社会福利支出比重较小；另外，政府投资支出的市场化程度和信息透明化程度较低，这些情况都限制了政府对农公共支出在促进农民收入增长和缩小城乡差距方面的作用。

蔡跃洲[1][2]（2008，2010）从数理和实证方面分析了我国财政对初次收入分配和再分配的影响，认为财政制度的安排会影响初次分配的基本格局，恰是这种格局为收入差距扩大和财政再分配失灵的根源之一；不同的经济发展战略环境下财政政策对要素分配影响程度不同；从长期看，政府公共支出结构将有利于人力资本积累，劳动要素收入比重会逐渐上升，从而会缩小初次分配差距，有利于经济公平。

安体富、蒋震[3]（2009）分析了我国1996～2005年国民收入初次分配和最终分配的基本格局，认为我国当前的国民收入分配格局是居民最终分配比重不断下降，企业和政府比重却不同程度的上升。究其原因，一是资本报酬侵蚀了劳动报酬，二是政府以税收形式对居民的"攫取"速度超过居民收入占GDP比重的增长，三是居民非劳动收入增长缓慢和转移性支出制度不完善等。

通过以上分析可知，国内外学者关于财政支出政策的初次分配效应述及的比较少，一方面，由于成熟的市场经济国家，市场发育比较完善，初次分配相对比较公平，政府对收入分配的调节一般在再分配领域；另一方面，我国实行市场经济比较晚，市场发育尚不成熟，再加上自从改革开放后，政府精力旨在发展经济，在"效率优先，兼顾公平"的倡导下，一度出现资本"饥渴症"，造成资本要素价格远高于劳动价格的现象，形成我国劳动收入分配率（份额）逐年下降和居民收入差距日趋拉大的趋势。收入分配不公的现实，激起学者们从不同视角对此进行探源，而从财政角度分析的比较少；传统理论一般将财政功能定位于再分配，所以分析财政对初次分配的影响更是鲜见。我们试图突破这方面圈围，尝试从理论和实证方面探讨财政支出，特别是生产性财政支出对初次分配的影响。

---

①　蔡跃洲. 转型社会中财政对收入分配的影响——基于我国不同发展阶段的理论实证 [J]. 财经研究，2008（11）：4-15.

②　蔡跃洲. 财政再分配与财政制度安排——基于不同分配环节的实证分析 [J]. 财经研究，2010（01）：77-88.

③　安体富，蒋震. 调整国民收入分配格局　提高居民分配所占比重 [J]. 财贸经济，2009（07）：50-55.

7.1.2 数理模型分析

本章的理论模型在第 4 章理论模型的基础上加入政府支出变量,并且将政府财政支出分为生产性支出和转移性支出①来建立的。

1. 家庭行为

依据巴罗(Barro,1990)和图诺夫斯基(Turnovsky,2000)关于内生经济增长理论的基本框架,借鉴严成樑、龚六堂(2009)建立的模型,我们假设经济是由连续同质具有无限寿命的家庭组成,把每个家庭的人口标准化为 1,则家庭这 1 单位时间可用于休闲或劳动。家庭的效用来自消费和休闲以及政府的转移支付支出,效用函数为常相对风险规避效用函数(CRRA),而且家庭对消费和闲暇的选择受到自身财富约束的限制。家庭在预算约束下,选择消费 C、休闲 l 和家庭的资本积累路径 K 来极大化家庭的效用,即:

$$\max \int_0^\infty \frac{(Cl^\eta G_C^\nu)^{1-\sigma} - 1}{1-\sigma} e^{(n-\rho)t} dt \tag{7-1}$$

$$\dot{K} = (1-\tau_K)(r-\delta)K + (1-\tau_W)W(1-l) - (1+\tau_C)C \tag{7-2}$$

假设和消费品一样,家庭从休闲和政府公共支出中获得递增、但边际效用递减的效用,即使得 $\eta > 0$,$\upsilon > 0$,$(1+\eta)(1-\sigma) < 1$,$(1+\eta+\nu)(1-\sigma) < 1$;C 表示消费,l 为休闲,$G_C$ 代表政府的转移性支出;η 为休闲对家庭效用的影响程度,ν 代表政府转移性支出对家庭效用的影响程度;σ 为边际效用弹性,是消费跨期替代弹性的倒数;n 为人口增长率;ρ 为主观贴现率。预算约束方程中,r 表示资本利率,δ 为资本折旧率,K 为资本,$(r-\delta)K$ 为扣除折旧后的资本净收益;W 为工资,$1-l$ 为劳动量,$W(1-l)$ 为劳动收入;τ_K、τ_W 和 τ_C 分别表示资本收益税税率、劳动所得税税率与消费税税率;在下面的推导中,为简化起见,我们假设人口增长率和折旧率为 0。

通过构建现值的汉密尔顿方程求解家庭的最优化问题:

$$H = \frac{(Cl^\eta G_C^\nu)^{1-\sigma} - 1}{1-\sigma} + q\{(1-\tau_K)rK + (1-\tau_W)W(1-l) - (1+\tau_C)C\}$$

$$\tag{7-3}$$

---

① 我国教科书和我们理论部分的划分方法是将政府支出(财政支出)划分为购买性支出和转移性支出,按照 Barro(1990)等其后的一些学者的划分方法,把政府支出划分为生产性支出和消费性支出(非生产性支出),生产性支出为政府的公共投资,会对生产产生直接的影响,进而会影响到资本和劳动要素的价格。

式（7-3）中，q 为资本的影子价格，表示资本存量的边际值，由式（7-3）的一阶条件可以得到：

$$\frac{\partial H}{\partial C} = (Cl^{\eta}G_C^{\nu})^{-\sigma}l^{\eta}G_C^{\nu} - q(1 + \tau_C) = 0 \qquad (7-4)$$

$$\frac{\partial H}{\partial l} = \eta(Cl^{\eta}G_C^{\nu})^{-\sigma}Cl^{\eta-1}G_C^{\nu} - q(1 - \tau_W)W = 0 \qquad (7-5)$$

欧拉方程（Euler equation）为：

$$\dot{q} = \rho q - \frac{\partial H}{\partial K} = \rho q - q(1 - \tau_K)r \qquad (7-6)$$

横截性条件（TVC）为：

$$\lim_{t \to +\infty} qKe^{-\rho t} = 0$$

2. 企业行为

假设企业的生产要素为资本和劳动，根据图诺夫斯基（1996，2000）和安杰洛普洛斯等（2006），借鉴严成樑、龚六堂（2009）设企业的生产技术为柯布道格拉斯函数形式，此种情况下企业的利润为零，即

$$Y = AK^{\alpha}L^{1-\alpha}(G_Y)^{1-\alpha} \qquad (7-7)$$

式（7-7）中，Y 表示产出；K、L 分别为企业使用的资本和劳动要素；G_Y为政府购买性支出。在工资、利率一定的条件下，企业选择资本和劳动数量来极大化其利润。根据一阶条件，我们可以求得均衡时资本的平均收益率和工资率为：

$$r = \alpha AK^{\alpha-1}L^{1-\alpha}(G_Y)^{1-\alpha} \qquad (7-8)$$

$$W = (1 - \alpha)AK^{\alpha}L^{-\alpha}(G_Y)^{1-\alpha} \qquad (7-9)$$

3. 政府行为

依据刘溶沧、马拴友（2002），刘初旺（2004）和李芝倩（2006）假定政府征收资本收益税，税率为τ_K、劳动所得税，税率为τ_W和消费税，税率为τ_C三类税，政府以征收的税收满足政府的购买性支出和转移性支出。消费税是对家庭消费行为征税，资本所得税是对资本收益征税，劳动所得税是对劳动所得税征税，则有：

$$\tau_K rK + \tau_W W(1 - l) + \tau_C C = G = G_Y + G_C \qquad (7-10)$$

式（7-10）左边三项分别表示资本收益税、劳动所得税和消费税。另外，我们假设政府筹集的税收 ζ 部分用于购买性支出，0 < ζ < 1；其余 1 - ζ 的部分用于转移性支出，0 < 1 - ζ < 1，即

$$G_Y = \zeta G = \zeta\{\tau_K rK + \tau_W(1 - l) + \tau_C C\} \qquad (7-11)$$

$$G_C = (1 - \zeta)G = (1 - \zeta)\{\tau_K rK + \tau_W(1 - l) + \tau_C C\} \qquad (7-12)$$

4. 竞争性均衡求解

在竞争性均衡条件下，由式（7－4）和式（7－6）以及稳态经济的平衡增长路径的定义，可以求得平衡增长路径上的经济增长率 γ 为：

$$\gamma = \frac{\dot{C}}{C} = \frac{(1-\tau_K)r-\rho}{\sigma(1+\nu)-\nu} \qquad (7-13)$$

由式（7－7）~式（7－9）、式（7－11）和劳动市场均衡条件可得：

$$G_Y = \zeta\{\alpha\tau_K + (1-\alpha)\tau_W + \tau_C\}Y \qquad (7-14)$$

将式（7－14）代入式（7－7），再由式（7－10）和劳动市场均衡条件可以求得：

$$r = \alpha A^{\frac{1}{\alpha}}(1-1)^{\frac{1-\alpha}{\alpha}}\left\{\zeta\left[\alpha\tau_K + (1-\alpha)\tau_W + \tau_C\frac{C}{Y}\right]\right\}^{\frac{1-\alpha}{\alpha}} \qquad (7-15)$$

将式（7－15）代入式（7－13）可得：

$$\gamma = \frac{(1-\tau_K)\alpha A^{\frac{1}{\alpha}}(1-1)^{\frac{1-\alpha}{\alpha}}\left\{\zeta\left[\alpha\tau_K + (1-\alpha)\tau_W + \frac{C}{Y}\tau_C\right]\right\}^{\frac{1-\alpha}{\alpha}} - \rho}{\sigma(1+\nu)-\nu} \qquad (7-16)$$

由式（7－4）、式（7－5）~式（7－9）和劳动市场均衡条件可得：

$$\frac{1}{1-1} = \frac{\eta}{1-\alpha}\frac{1+\tau_C}{1-\tau_W}\frac{C}{Y} \qquad (7-17)$$

由式（7－6）~式（7－9）代入式（7－2），同时，将式（7－2）的两端同除以 Y，再根据式（7－13）以及平衡增长路径的定义，则有：

$$\frac{C}{Y} = \frac{1}{1+\tau_C}\left\{\left[1-\alpha\tau_K-(1-\alpha)\tau_W\right]-\frac{\alpha(1-\tau_K)\gamma}{[\sigma(1+\eta)-\eta]\gamma+\rho}\right\} \qquad (7-18)$$

将式（7－18）代入式（7－17），则：

$$\frac{1}{1-1} = \frac{\eta}{(1-\alpha)(1-\tau_W)}\left\{\left[1-\alpha\tau_K-(1-\alpha)\tau_W\right]-\frac{\alpha(1-\tau_K)\gamma}{[\sigma(1+\nu)-\nu]\gamma+\rho}\right\}$$

$$(7-19)$$

我们令 $1-\alpha\tau_K-(1-\alpha)\tau_W-\dfrac{\alpha(1-\tau_K)\gamma}{[\sigma(1+\nu)-\nu]\gamma+\rho}$ 为 ψ，则由式（7－17）、式（7－18）可得：

$$\frac{C}{Y} = \frac{\psi}{1+\tau_C} \qquad (7-20)$$

$$L = 1-1 = 1-\frac{\eta\psi}{(1-\alpha)(1-\tau_W)+\eta\psi} \qquad (7-21)$$

又由式（7－4）、式（7－5）可以求得均衡时劳动的平均收益率为：

$$W = \frac{\eta(1-\tau_W)C}{(1+\tau_C)l} \qquad (7-22)$$

由式（7-21）、式（7-22），并将式（7-18）代入，可得劳动分配率为：

$$\frac{WL}{Y} = \frac{(1-\alpha)}{(1+\tau_C)}\left\{\left[1-\alpha\tau_K-(1-\alpha)\tau_W\right]-\frac{\alpha(1-\tau_K)\gamma}{[\sigma(1+\eta)-\eta]\gamma+\rho}\right\} \qquad (7-23)$$

由式（7-23）可以看出，政府生产性支出是通过影响增长率 γ 来影响初次分配中劳动分配率（份额）的，影响方向不确定，需要我们实证检验。本节将重点考察政府生产性支出对初次分配的影响，各税种对劳动收益率的影响我们在第4章中已分析过，在这里不再赘述。

7.1.3　实证检验：基于 1998～2009 年的中国经济数据

与第4章的分析思路相同，政府制定政策时，应更多地从数量上来考察财政支出对收入分配的影响。下面，运用我国 1998～2009 年的经济样本，实证检验主要财政支出特别是各类生产性支出对初次收入分配的影响，着重分析财政支出对劳动收入份额的影响。

1. 我国财政支出的定性分析

实证检验之前我们对我国财政支出做定性分析，从直观上判断各项生产性财政支出对初次分配的影响方向。

关于财政支出分类，学者们从自己研究的角度不同、意图不同等，各自对财政支出进行了分类，所以至今对财政支出分类尚未达成一致意见。纵观国内外学者对财政支出的分类一般是从财政支出对经济增长的影响的角度来分类的，国外学者较有代表性的如阿罗和库尔兹（Arrow & Kurz，1970）、巴罗（Barro，1990）、图诺夫斯基和费希尔（Turnovsky & Fisher，1995），国内学者有庄子银、邹薇（2003）、廖楚晖（2006）、严成樑、龚六堂（2009）等将财政支出划分为消费性和生产性支出，将环境保护和公共秩序等消费性支出引入家庭效用水平，认为可以直接提高居民的福利水平；将生产性支出如道路、交通等经济基础设施支出等引进生产函数，认为通过影响资本与劳动的边际生产率影响经济增长。我们借鉴他们的研究方法，结合我国财政支出现行分类方法和我们前述理论分析，实证检验我国生产性支出对初次分配的影响。

我国财政支出分类的划分方法于 2007 年进行了改革，2007 年后采用了国际通行做法，即同时使用支出功能分类和支出经济分类两种方法对财政支出进行分类。因新旧科目不能直接对应，以前年份年鉴中按原科目反映的"国家财政按功能性质分类的支出",如基本建设费、社会事业费、行政管理费等无法续列,因此,从 2007 年年鉴起,年鉴中相关功能支出统一按新科目反映;实行这项改革后,国家财政用于农业、教育、科学研究、抚恤和社会福利、政策性补贴等方面的支出口径需要重新研究设计。[①] 所以,我们根据财政支出对初次分配影响的需要,具体设计为:2006 年以前(包括 2006 年)生产性支出包括基本建设支出、教育支出和科研支出,2007 年后(包括 2007 年)投资性支出包括教育、科学技术、交通运输;另外,对农业的投资可以看做是发展农业,可以提高从事农业人口的劳动收入,所以我们把投资于农业的支出分成两种情况,一是单独考核支农支出,二是把农业投资纳入投资性支出中一起考核;消耗性支出 2006 年以前包括行政管理费、武装警察部队支出、公检法司支出、国防支出、外交外事支出,2007 年后消耗性支出指一般公共服务、国防、公共安全、外交;转移性支出2006 年前包括抚恤和社会福利救济、行政事业单位离退休支出、社会保障补助支出和医疗卫生支出[②],2007 年后指社会保障和就业、医疗卫生支出。

如前述理论分析,生产性财政支出进入生产函数,通过影响经济增长或者通过改变要素价格直接来影响初次收入分配。我们初步判断:财政生产性支出会直接影响到生产领域和劳动市场。由于财政生产性支出的增加会使生产规模和领域扩大,从而会引起劳动需求增加和就业量提高,最终会提高劳动收入份额。而不同类型的生产性财政支出的具体影响方向和影响力度是我们下面要实证检验的内容。为减少生产性财政支出分类口径的不同对检验结果的影响,我们将分整体样本 1998~2009年和分阶段样本 1998~2006 年、2007~2009 年进行估计检验,并着重对比分析以2007 年为界的前后两个时期各个变量对劳动分配率的影响。

2. 数据的含义与来源

我们以 1998~2009 年我国除西藏以外的 30 个省、自治区、直辖市的按收入法核算的 GDP 中劳动者报酬占 GDP 的比重即劳动分配率,作为劳动收益的代理变量[③];分别以财政支出占 GDP 的比重、各项生产性财政支出在财政总支出的比重、三农支出占财政支出的比重为解释变量;由于筹集税收规模、人均国内生产总值、资本产出比、经济结构、政府支出占国内生产总值的比重、要素市场发展程度、市场扭曲程度等宏观经济变量也对劳动分配率产生重要的影响,我们借鉴白重恩、钱振杰(2009a,2009c)和郭庆旺、吕冰洋(2011)的研究,在实证分

---

① 参见《中国财政年鉴》(2008)编写说明。
② 由于我们政策性补贴的不规范,我们没有将此纳入转移性支出。
③ 我们将劳动分配率定义为劳动者报酬占 GDP 的比重,不同于白重恩、钱振杰(2010)将劳动收入份额定义为劳动者报酬占要素成本法增加值的比重(即 GDP 中扣除生产税净额后的部分)。

析中须引入这些控制变量。各解释变量和控制变量的含义列举如表7-1。

表7-1　　　　　　　　　　　各变量代码及经济含义

	各变量名称	代码	经济含义
因变量	劳动分配率	rl	用收入法中劳动者报酬占 GDP 的比重表示劳动收益率
解释变量	财政支出规模	rgf	用各省财政总支出占 gdp 的比重表示
	生产性财政支出规模	gie	用各省财政生产性支出占其财政总支出的比重表示
	财政三农支出规模	agie	用各省财政三农支出占其财政总支出的比重表示
	加入三农支出的生产性财政支出规模	tagie	用各省财政生产性支出和三农支出之和占其财政总支出的比重表示
	财政基建支出规模	ingie	用各省财政基本建设支出占其财政总支出的比重表示
	财政科研支出规模	sgie	用各省财政科研支出占其财政总支出的比重表示
	财政教育支出规模	egie	用各省财政教育支出占其财政总支出的比重表示
控制变量	平均税率	at	用税收收入占 GDP 的比重表示
	要素市场发展程度变量	md	垄断程度指标，用国有及国有控股企业产值占工业总产值的比重代表
		bl	金融发展程度，用各省年末金融机构各项贷款余额占 GDP 比重
	人均 GDP 的对数值	lnagdp	用此指标控制经济发展阶段对劳动要素分配的影响
	资本产出比	rky	用来控制价格变化导致的要素投入变化对劳动要素分配的影响
	经济结构变量	es	用来控制不同产业结构对劳动要素分配的影响，本书用第三产业值占 GDP 比重代表
	产品市场发展程度变量	fi	外商投资与全社会固定资产之比，用来控制产品市场对劳动要素分配的影响
		mx	进出口总额与 GDP 之比，用来控制开放程度对劳动要素分配的影响

以上数据来源于历年的《中国统计年鉴》《中国税务年鉴》《中国财政年鉴》《中国劳动统计年鉴》《中国人口和就业统计年鉴》《中国金融年鉴》《中国工业经济统计年鉴》《中国国内生产总值核算历史资料（1952-2004）》以及中经网统计数据库。

3. 计量模型的设定和数据分析

根据理论分析和对我国财政支出的定性分析，我们建立以下模型来实证分析我国财政支出政策对劳动分配率（份额）的影响。

$$rl_{it} = \theta X_{it} + \beta T_{it} + \alpha_i + \mu_i + \xi_{it} \qquad (7-24)$$

式（7 - 24）中，下标 i、t 分别代表地区和时间。我们采用我国 1998 ~ 2009 年以省为单位的面板数据分析，α_i 为时间效应，μ_i 为个体效应，ξ_{it} 为误差项。rl_{it} 表示劳动分配率，X_{it} 表示影响劳动分配率的一组宏观控制变量，T_{it} 表示各项财政支出指标。

我们运用 Stata 10 对整理的样本值进行统计分析，具体见表 7 - 2。

表 7 - 2　　　　　　　　　　　　各个变量统计特征

Variable		Mean	Std. Dev.	Min	Max	Observations
rl	overall	0.48679	0.08033	0.31450	0.68660	N = 360
	between		0.05093	0.35669	0.58332	n = 30
	within		0.06275	0.30789	0.62211	T = 12
at	overall	0.13088	0.08284	0.01742	0.48674	N = 360
	between		0.07666	0.06015	0.39073	n = 30
	within		0.03414	- 0.04973	0.25597	T = 12
md	overall	0.53087	0.20759	0.10840	0.89880	N = 360
	between		0.18459	0.16014	0.82971	n = 30
	within		0.10032	0.20716	0.77983	T = 12
mx	overall	0.04159	0.05567	0.00380	0.25910	N = 360
	between		0.05436	0.00638	0.19061	n = 30
	within		0.01532	- 0.04228	0.11009	T = 12
fi	overall	0.17317	0.22190	0.01260	1.87300	N = 360
	between		0.19610	0.01779	0.86694	n = 30
	within		0.10937	- 0.44327	1.17923	T = 12
bl	overall	0.10588	0.03589	0.05430	0.30890	N = 360
	between		0.03196	0.06257	0.22461	n = 30
	within		0.01728	0.03667	0.19017	T = 12
lnagdp	overall	2.46665	0.73882	0.86730	4.67680	N = 360
	between		0.57423	1.45096	3.98013	n = 30
	within		0.47562	1.61777	3.65827	T = 12
rky	overall	0.50023	0.11188	0.29520	0.96710	N = 360
	between		0.08152	0.37266	0.74762	n = 30
	within		0.07794	0.29596	0.81827	T = 12

续表

Variable		Mean	Std. Dev.	Min	Max	Observations
es	overall	0.38727	0.06607	0.28630	0.75530	N = 360
	between		0.06137	0.30163	0.64787	n = 30
	within		0.02671	0.30520	0.49565	T = 12
gie	overall	0.05191	0.04661	0.01995	0.74366	N = 360
	between		0.01995	0.02910	0.10018	n = 30
	within		0.04227	− 0.01374	0.70963	T = 12
agie	overall	0.01349	0.01009	0.00141	0.05350	N = 360
	between		0.00748	0.00428	0.02987	n = 30
	within		0.00689	− 0.00919	0.04642	T = 12
tagie	overall	0.06540	0.05093	0.02234	0.74860	N = 360
	between		0.02561	0.03591	0.13005	n = 30
	within		0.04425	− 0.00671	0.72191	T = 12
ingie	overall	0.01810	0.01789	0.00099	0.16732	N = 360
	between		0.01209	0.00409	0.05873	n = 30
	within		0.01336	− 0.02917	0.12670	T = 12
sgie	overall	0.00701	0.00605	0.00127	0.05430	N = 360
	between		0.00416	0.00215	0.02291	n = 30
	within		0.00445	− 0.00722	0.03883	T = 12
egie	overall	0.03311	0.07103	0.01273	0.85422	N = 360
	between		0.03472	0.01739	0.21188	n = 30
	within		0.06227	− 0.16553	0.67545	T = 12
province	overall	15.5	8.667488	1	30	N = 360
	between		8.803408	1	30	n = 30
	within		0	15.5	15.5	T = 12
year	overall	2003.5	3.456857	1998	2009	N = 360
	between		0	2003.5	2003.5	n = 30
	within		3.456857	1998	2009	T = 12

从表 7 - 2 中，我们可以清楚地观察到各个变量的均值及各个变量整体、组内、组间的标准差、最小值、最大值和样本观测值；表中显示，变量 province 的

组内（winthin）标准差为 0，因为分在同一组的数据同一个省。另外，变量 year 的组间（between）标准差为 0，因为不同组的这一变量取值完全相同。通过对模型类型检验我们最终选取固定效应模型。①

4. 模型回归结果分析

我们运用 Stata 10 软件检验了整个样本期，即 1998～2009 年、2007 年政府支出分类改革之前，即 1998～2006 年和政府支出改革后即 2007～2009 年的各控制变量和解释变量对初次收入分配的影响。为提高估计结果的准确性，我们仍以"省（province）"为聚类变量的稳健标准差对模型估计结果进行判断。具体回归结果如表 7－3～表 7－5 所示。

表 7－3　　　　　　　　　　　　　　1998～2009 年样本的估计结果

变量	模型 1	模型 2	模型 3	模型 4	模型 5	模型 6	模型 7	模型 8
at	−0.0855 (−0.93)	−0.111 (−1.18)	−0.113 (−1.21)	−0.114 (−1.22)	−0.103 (−1.05)	−0.112 (−1.15)	−0.11 (−1.17)	−0.111 (−1.20)
md	0.175* (2.38)	0.192* (2.51)	0.207** (2.81)	0.190* (2.47)	0.191* (2.5)	0.193* (2.57)	0.190* (2.48)	0.196* (2.64)
mx	−0.00376 (−0.01)	−0.0527 (−0.15)	0.0282 (0.08)	−0.0619 (−0.18)	−0.077 (−0.21)	−0.0399 (−0.11)	−0.0808 (−0.22)	−0.037 (−0.10)
fi	−0.0109 (−0.58)	0.000915 (0.05)	−0.00211 (−0.11)	0.00209 (0.11)	0.00222 (0.12)	0.000577 (0.03)	0.00239 (0.13)	0.00259 (0.14)
bl	0.468 (1.7)	0.472 (1.76)	0.469 (1.76)	0.48 (1.77)	0.446 (1.59)	0.486 (1.76)	0.444 (1.62)	0.477 (1.76)
lnagdp	−0.0681*** (−3.89)	−0.0602** (−3.23)	−0.0580** (−3.45)	−0.0559** (−3.15)	−0.0604** (−3.13)	−0.0548* (−2.73)	−0.0584** (−3.35)	−0.0527** (−3.28)
rky	−0.00954 (−0.14)	−0.00504 (−0.07)	−0.00971 (−0.14)	−0.00769 (−0.11)	−0.00942 (−0.13)	−0.0102 (−0.14)	−0.0152 (−0.22)	−0.00714 (−0.10)
es	0.429* (2.75)	0.442* (2.7)	0.421* (2.58)	0.434* (2.64)	0.422* (2.57)	0.416* (2.54)	0.416* (2.54)	0.427* (2.6)
rgf	0.129** (3.58)							
gie		−0.0827 (−1.88)						

---

① 常用的面板数据模型类型和选择固定效应模型的原因见第 4 章。

续表

变量	模型 1	模型 2	模型 3	模型 4	模型 5	模型 6	模型 7	模型 8
agie			0.237 (1.33)					
tagie				-0.0548 (-1.21)				
ingie					-0.0258 (-0.24)	-0.0357 (-0.35)		
sgie					-0.137 (-0.90)		-0.166 (-1.42)	
egie					-0.00222 * (-2.52)			-0.00236 *** (-3.79)
cons	0.345 ** (3.6)	0.356 ** (3.57)	0.308 ** (3.13)	0.346 ** (3.41)	0.354 ** (3.56)	0.332 ** (3.4)	0.355 ** (3.42)	0.316 ** (3.16)
N	360	360	360	360	360	360	360	360

注：模型中 * 、** 、*** 分别表示在 10%、5%、1% 的显著性水平下变量系数不为 0。

表 7 - 4　　　　　　　　　1998～2006 年样本期的估计结果

变量	模型 1	模型 2	模型 3	模型 4	模型 5	模型 6	模型 7	模型 8
at	0.00366 (0.05)	0.0197 (0.27)	-0.0119 (-0.17)	0.0203 (0.27)	-0.00793 (-0.09)	-0.0370 (-0.44)	0.0350 (0.45)	0.0385 (0.52)
md	0.0594 (0.79)	0.0519 (0.69)	0.0357 (0.50)	0.0561 (0.75)	0.0582 (0.79)	0.0580 (0.79)	0.0556 (0.73)	0.0537 (0.73)
mx	0.813 ** (3.11)	0.791 ** (3.13)	0.655 * (2.64)	0.800 ** (3.07)	0.747 * (2.50)	0.755 ** (2.80)	0.778 * (2.69)	0.812 ** (3.19)
fi	-0.00058 (-0.02)	-0.00309 (-0.10)	-0.00731 (-0.24)	-0.00413 (-0.14)	-0.00382 (-0.13)	-0.00554 (-0.18)	-0.00386 (-0.13)	-0.00111 (-0.04)
bl	0.0592 (0.23)	0.0618 (0.24)	0.138 (0.51)	0.0603 (0.23)	0.0821 (0.34)	0.163 (0.67)	0.000993 (0.00)	0.0307 (0.12)
lngdp	-0.166 *** (-8.81)	-0.167 *** (-9.53)	-0.156 *** (-10.14)	-0.170 *** (-9.35)	-0.164 *** (-9.70)	-0.152 *** (-8.87)	-0.177 *** (-9.52)	-0.173 *** (-9.77)
rky	-0.0487 (-0.53)	-0.0455 (-0.50)	-0.0470 (-0.56)	-0.0345 (-0.39)	-0.0420 (-0.47)	-0.0489 (-0.54)	-0.0411 (-0.46)	-0.0297 (-0.33)
es	0.396 * (2.47)	0.404 * (2.49)	0.404 * (2.62)	0.424 * (2.67)	0.485 ** (3.18)	0.494 ** (3.26)	0.398 * (2.51)	0.426 * (2.73)
rgf	-0.0670 (-1.63)							

续表

变量	模型1	模型2	模型3	模型4	模型5	模型6	模型7	模型8
gie		0.0304 (0.56)						
agie			-0.589*** (-3.92)					
tagie				-0.0282 (-0.82)				
ingie					0.259** (3.46)	0.266** (3.26)		
sgie					-0.225 (-1.33)		-0.238 (-1.52)	
egie					-0.0038*** (-5.69)			-0.00473*** (-8.22)
cons	0.680*** (6.55)	0.663*** (6.21)	0.699*** (6.81)	0.676*** (6.45)	0.616*** (6.23)	0.570*** (5.87)	0.713*** (6.60)	0.672*** (6.37)
N	270	270	270	270	270	270	270	270

注：模型中 * 、** 、*** 分别表示在10%、5%、1%的显著性水平下变量系数不为0。

表7-5　　　　　　　2007~2009年样本期的估计结果

变量	模型1	模型2	模型3	模型4	模型5	模型6	模型7	模型8
at	0.116 (0.48)	0.0292 (0.15)	0.0546 (0.20)	-0.0407 (-0.19)	-0.00206 (-0.01)	0.00486 (0.02)	0.151 (0.53)	0.188 (0.79)
md	0.241 (1.37)	0.236 (1.45)	0.262 (1.51)	0.244 (1.52)	0.205 (1.27)	0.266 (1.53)	0.253 (1.46)	0.199 (1.26)
mx	0.320 (1.29)	0.390 (1.61)	0.0488 (0.26)	0.253 (1.36)	0.349 (1.47)	0.323 (1.42)	0.228 (1.10)	0.241 (1.18)
fi	-0.0416* (-2.12)	-0.0347 (-1.85)	0.0139 (0.42)	0.00176 (0.08)	-0.0347 (-1.65)	-0.0411* (-2.10)	-0.0356 (-1.70)	-0.0282 (-1.42)
bl	0.139 (0.47)	-0.211 (-0.75)	0.0523 (0.19)	-0.280 (-0.95)	0.00624 (0.02)	-0.199 (-0.64)	0.159 (0.50)	0.388 (1.22)
lngdp	0.223*** (6.66)	0.222*** (7.85)	0.181*** (4.98)	0.190*** (7.21)	0.228*** (7.55)	0.211*** (7.77)	0.225*** (6.96)	0.242*** (7.18)
rky	0.124* (2.37)	0.140** (3.02)	0.0971* (2.18)	0.116** (2.81)	0.141* (2.69)	0.118* (2.33)	0.128* (2.55)	0.152** (3.14)
es	0.123 (0.72)	0.0893 (0.61)	-0.0897 (-0.49)	-0.0613 (-0.38)	0.108 (0.68)	0.0891 (0.54)	0.115 (0.63)	0.135 (0.81)

续表

变量	模型1	模型2	模型3	模型4	模型5	模型6	模型7	模型8
rgf	0.0528 (1.40)							
gie		0.652 * (2.74)						
agie			0.862 * (2.41)					
tagie				0.636 *** (3.83)				
ingie					0.544 (1.74)	0.456 (1.44)		
sgie					− 0.194 (− 0.20)		− 0.0231 (− 0.03)	
egie					0.989 ** (2.86)			0.862 * (2.64)
cons	− 0.521 ** (− 3.27)	− 0.607 *** (− 3.94)	− 0.349 * (− 2.21)	− 0.476 *** (− 3.95)	− 0.670 ** (− 3.62)	− 0.435 ** (− 2.90)	− 0.522 ** (− 3.15)	− 0.752 *** (− 3.74)
N	90	90	90	90	90	90	90	90

注：模型中 * 、 ** 、 *** 分别表示在10% 、5% 、1% 的显著性水平下变量系数不为0 。

表 7 - 3 ~ 表 7 - 5 中的模型 1 ~ 模型 8 报告了所有控制变量和不同解释变量下的检验结果。模型 1 报告了所有控制变量和财政总体支出规模对劳动分配率的影响；模型 2 ~ 模型 8 分别报告了财政生产性支出、财政支农支出、财政生产性和支农支出、财政基础建设支出、财政科研支出和财政教育支出与所有控制变量对劳动分配率的影响。

根据表 7 - 3、表 7 - 4 和表 7 - 5 的估计结果①进行分析：

（1）控制变量对劳动收入分配率（份额）的影响。

①经济增长和技术进步对提高劳动收入分配率（份额）的作用逐渐显现。反映经济增长水平的指标 lnagdp 在每个期间都通过了显著性检验，只是在 1998 ~ 2006 年符号为负，说明我国经济发展水平的提高不利于劳动者收入分配份额的提高，但这种状况有所改观，2007 ~ 2009 年样本检验，经济发展水平的提高有助于劳动者收入分配份额的提高，说明我国经济增长方式由强调效率型逐步转向兼

---

① 从比较财政支出分类改革对模型估计结果的影响，我们重在比较 1998 ~ 2006 年和 2007 ~ 2009 年两个期间变量的变化情况，所以分析着重比较两个时间段的不同。

顾公平型，这也和我国的经济政策发展路径相符，即由强调"效率优先，兼顾公平"发展思路转换到"初次分配和再分配都要注重公平"的轨道上。另一重要的指标——资本产出比 rky 在 1998～2006 年和整个样本期内都不显著，说明中国要素替代弹性接近于 1，而在 2007～2009 年却显著为正，说明近几年中国要素替代弹性小于 1，资本/劳动（K/L）增加的幅度小于劳动价格/资本价格（W/R）增加的幅度，此时有助于提高劳动收入分配率（白重恩、钱振杰①，2010）。

②经济结构改变助推劳动收入分配率（份额）的提高。反映经济结构的指标 es 在样本期 1998～2009 年和 1998～2006 年都通过了显著性检验，且符号为正，说明我国经济结构向第三产业转化有助于提高劳动分配率。

③产品市场发展程度抑制了劳动收入分配率（份额）的增加。作为衡量对外开放程度的指标 fi 符号为负，只有 2007～2009 年部分显著，说明我国引进外资还是以资本密集型为主，不利于提高劳动者收入份额。另一指标 mx 反映对外贸易对劳动收入份额的影响系数在两个时期符号都为正，1998～2006 年通过了显著性检验，这与我国作为一个劳动力相对丰富的国家，长期更多出口劳动密集型而进口资本密集型产品的国际贸易政策有关，而且劳动力相对价格也会随着国际贸易的增加而上升有关，所以进出口贸易的增加会提高我国劳动收入分配率（份额），这与白重恩、钱振杰（2010）的理论分析和实证检验结果一致。随着我国经济结构的升级加快，逐渐注重引进外资的质量和对高科技技术的偏向，以及逐步取消外资企业的特殊待遇（如 2008 年起实行内外资统一的企业所得税政策），加上我国对外出口产品技术含量的提高，导致 2007～2009 年的两个指标虽然符号和前一阶段一致，但影响都不显著。

④要素市场发展程度对劳动收入分配率（份额）的影响分析。作为衡量垄断程度的指标 md 在 1998～2009 年符号为正且影响显著，表明一直以来垄断都是影响劳动分配率的一个重要因素，显示中国垄断行业凭借其垄断优势提高企业或行业的劳动者收入，但同时也说明垄断是行业间收入差距形成的直接要素之一。分阶段来看，在 1998～2006 年、2007～2009 年两个时间段反映垄断程度的符号都为正，但不显著。说明随着市场经济的逐步完善、国有企业利润分配制度的深化，垄断程度对劳动分配率的影响在逐渐减弱。金融发展程度变量 bl 影响方向不确定，而且没有通过显著性检验。

⑤税负水平对劳动收入分配率（份额）的影响方向不定。控制变量平均税率 at 在每个样本期间对劳动分配率的影响都不显著，而且影响方向不定，具体原因

---

① 白重恩，钱振杰. 劳动收入分配率（份额）决定因素：来自中国省际面板数据的证据 [J]. 世界经济，2010（12）：4~27.

我们在第 4 章中分税种分析得比较翔实，在这里就不再赘述。

（2）解释变量对劳动收入分配率（份额）的影响。

财政支出规模和财政支出结构表现出显著的时期性。整个样本期内，财政支出总体上显著有助于提高劳动分配率（份额），财政支出结构中除财政教育支出通过显著性检验外，其他财政性支出都没通过显著性检验，而且除总体财政支出、财政支农支出符号为正外，其他财政生产性支出项目的符号都为负；通过两组样本期的比较，发现中国财政支出规模和生产性财政支出结构的变化对劳动分配率（份额）的影响非常显著。具体表现在：

①财政支出规模对劳动分配率（份额）的影响具有明显的时期性。分期来看，财政支出规模 rgf 对劳动收入分配率（份额）的影响虽然两期都不显著，但影响方向是不同的，由 1998 ~ 2006 年的符号为负转为 2007 ~ 2009 年的符号为正，这与我国财政职能的转换和财政支出逐年偏向民生财政不无关系，只是现在这些措施力度需要进一步强化。

②财政生产性支出对劳动分配率（份额）提升表现出明显的时期性。财政生产性支出对劳动分配率（份额）的影响在两个阶段都为正，只是第一阶段影响不显著，第二阶段影响显著，说明我国财政生产性支出由效率型逐渐转向公平型，而且有助于劳动分配率（份额）的提高；分项单独来看，财政基础建设支出的系数两期都为正号，只是前期影响显著，后期不显著。这主要原因是我国受 1997 年的亚洲金融风暴影响，政府审时度势果断地实行积极的财政政策，而这一轮的积极财政政策取得了巨大的政策效应——财政扩大了基本建设投资，推动了经济增长，同时扩大了就业；加快基础设施建设，优化了经济结构，基本消除了长期存在的经济增长的"瓶颈"。所以在此期间，财政性基本建设支出的增长促进了劳动收入分配率的提高。2005 年开始，政府决定将积极的财政政策转向稳健的财政支出，财政性基本建设投资比重逐步下降，使得其对劳动收入分配率（份额）在第二阶段影响不显著；财政性科研支出的系数在两期都为负，都没通过显著性检验；财政教育支出的系数第一阶段显著为负，第二阶段显著为正，说明我国财政教育支出由原来的降低劳动分配率（份额）逐步转化为提高劳动分配率（份额）的原动力，财政性教育支出结构越来越合理，越来越倾向于基础教育，9 年免费义务教育的推行、人力资本的积累有助于劳动要素收入分配的公平。

③财政支农支出与财政教育支出的效应相似，亦呈现出明显的阶段性。财政支农支出由第一阶段对劳动分配率（份额）的显著负向影响（1% 的显著水平）转为第二阶段的显著（10% 的显著水平上）正向影响。新世纪以来，政府加大对"三农"的投入力度，2007 年以后，财政支农支出对劳动收入分配率（份额）的提高逐渐呈现出正效应，所以政府财政支农支出对于提高农民的劳动收入水平、

缩小城乡差距发挥着不可替代的作用。

7.1.4　小结

本节利用中国除西藏外的省际面板数据，分阶段考察了我国自 1998 年以来我国财政生产性支出对劳动分配率（份额）的影响，通过理论和实证分析研究发现：

（1）数理模型分析表明，财政生产性支出通过一定的载体作用于劳动分配率（份额）。通过数理模型的推导，我们可以清楚地看出财政生产性支出通过经济增长率、资本和劳动要素替代弹性、税收筹集规模（税率高低）、财政生产性投入比例等变量影响劳动要素分配率（份额）的。

（2）实证分析中发现，财政生产性支出对劳动要素收入分配率（份额）的影响具有明显的阶段性。实证结果表明，在两个时间段内（1998 ~ 2006 年、2007 ~ 2009 年），财政生产性支出、财政支农支出及财政生产性支出中的财政基本建设支出、科研支出、教育支出，对劳动收入分配率（份额）的影响方向、力度和显著性等方面存在差异，说明我国在建立公共财政框架体系的过程中生产性财政支出结构逐步得到优化，而且对提高劳动要素的收入日益发挥重要的作用。

（3）要发挥财政支出对初次分配的公平作用，须进一步优化财政支出结构。通过理论和实证分析验证了财政支出政策中生产性财政支出对收入初次分配会产生重要的影响，在当前我国收入分配不公、收入差距过大的现实情况下，如果单独从财政支出的角度来看，应在加大生产性财政支出的同时，优化生产性财政支出内部结构，提高政府的支农支出和教育支出的比重。

7.2　财政支出政策的再分配效应

7.2.1　文献综述

1. 国外财政支出政策收入再分配效应的研究现状

保罗·霍伊特和哈里·艾尔（Paul G. Hoyt & Harry W. Ayer[①], 1977）研究认

---

① Paul G. Hoyt and Harry W. Ayer. Government Expenditure Benefits in Metro and Nonmetro Arizona Western Journal of Agricultural Economics Vol. 1, No. 1 (June 1977), pp. 238 – 241.

为，政府的财政政策确实会对收入产生再分配效应，然而，这种再分配有时使收入更加不公平。从政府提供的公共产品来看，在穷人、中等收入者和富人之间应该是呈递减状才是公平的，而现实是政府公共政策对收入分配累进性却呈"U"型形状，因此，建议政府改变现行公共政策（包括州——地方的税制结构和政府支出政策）以使收入分配更加公平。

帕特里夏·拉格尔斯和迈克尔·奥希金斯（Patricia Ruggles & Michael O' Higgins[①]，1981）利用美国 20 世纪 70 年代人口普查、美国国内收入署的微观数据，详细讨论了美国公共支出对美国家庭收入、家庭的劳动人口及种族、性别的影响。

约翰·阿贝尔（John D. Abell[②]，1994）认为，政府用于每个居民军费开支不同、妇女和少数民族很难成为军火商，从而产生性别、种族军费开支和与此有关的商业活动的不同，造成收入分配不平衡。作者以美国越南战争后的时间序列数据为依据，分析了美国的军费开支与收入分配的关系。在控制了税收、经济增长率、利率、通货膨胀率和非军事开支等宏观经济变量后，实证检验发现军事开支的增加会加剧收入分配不平等程度。

奥斯卡·艾尔弗兰克和米格尔 – 安格·加林多（Oscar Alfranca & Miguel – Angel Galindo[③]，2003）将公共支出引入柯布道格拉斯生产函数，以 19 个 OECD 国家为样本，分别在 OLS、GLS 和 SUR 固定效应模型下，考察了公共支出、收入分配与经济增长的关系。他们研究表明，增加公共支出和提高资本生产力都加快了经济增长，而经济增长的背后却是收入再分配公平性的恶化。虽然这种效应不是太强烈，但两者比较，公共支出和提高资本生产力扩大收入差距的幅度高于经济增长。

麦嘉轩詹姆斯·沃达（Ayesha Yaqub Vawda[④]，2003）认为，公共支出总体上可以改善穷人的状况。在教育支出方面，相对于公共部门职能缺失，筹资目标和政府职能的重新界定更有助于提高公平和效率。补贴支出方面，较高的补贴并不意味着较公平，有时反而可能导致收入由穷人转移给富人的情况。建议在公共教育支出方面既要做到有效率，又不能在各收入阶层之间平均分配，特别是在付费阶段，穷人获得的教育资助比例应高于富人。

---

① Patricia Ruggles, Michael O' Higgins The Distribution of Public Expenditure among Households in the United States Review of Income and Wealth Volume 27, Issue 2, pages 137 – 164, June 1981.

② John D. Abell Military Spending and Income Inequality Journal of Peace Research Vol. 31, No. 1（Feb., 1994）, pp. 35 – 43.

③ Oscar Alfranca and Miguel – Angel Galindo. Public Expenditure Income Distribution and Growth in OECD Countries, International Advances in Economic Research Volume 9, Number 2003, 133 – 139.

④ Ayesha Yaqub Vawda. Who Benefits from Public Education Expenditures? Economic Affairs Volume 23, Issue 1, pages 40 – 43, March 2003.

爱德华·沃尔夫和阿吉特·撒迦利亚（Edward N. Wolff & Ajit Zacharias[1]，2007）测算了美国 1989 年和 2000 年政府支出与税收对居民家庭经济福利的影响。结果表明，政府净支出（转移支付 + 公共消费 - 税收）对居民家庭经济福利的影响不同于单独的政府公共支出、税收政策对家庭福利的影响；政府净支出可以大大降低居民家庭间的收入分配不平等；政府公共支出对于降低家庭居民收入不平等程度要高于税收的调节力度。

泽维尔·拉莫斯和奥里奥尔·罗卡 - 萨加莱斯（Xavier Ramos & Oriol Roca - Sagales[2]，2008）利用 VAR 模型，考察了英国财政政策在 1970 ~ 2005 年对产出和收入分配的长期影响。他们研究发现，增加政府公共支出（包括公共投资和消费）能明显地降低收入分配的不平等，增加（间接税）税收却加剧了收入分配的不平等。

马克·伦巴底（Marc Lombard[3]，2010）检验了 OECD 国家中所谓的福利国家与政府干预是否以牺牲经济效率为代价。为此，他们选取了 OECD 国家中政府支出占 GDP 比重最高的 5 个国家和最低的 5 个国家，以既能代表公平又考虑到效率的 8 个经济指标分别对两个样本组进行检验。检验的结果表明，从公平角度来看，政府支出高的国家好于支出低的国家（如收入分配较公平，小孩贫困率较低和较为优厚的社会福利），而支出低的国家经济效率较高的证据却不显著；两组的生产率和通胀率相同，失业率却不同，支出低的国家面临较高的兼职和临时性失业。

2. 国内财政支出政策收入再分配效应的研究现状

金双华[4]（2002，2006）在简单理论模型的基础上，从财政支出规模和财政支出结构方面检验了我国财政支出对基尼系数的影响，认为我国财政支出与基尼系数负相关，能够显著地缩小收入分配差距；财政支出结构中，财政福利性支出与基尼系数的负相关程度大于财政总体支出水平与基尼系数的负相关程度，而财政非福利性支出与基尼系数的相关性不显著；从横向方面检验了教育支出和医疗支出与基尼系数的关系，结果表明，公共教育支出对社会公平的作用强于医疗卫生支出。

① Edward N. Wolff，Ajit Zacharias The Distributional Consequences of Government Spending and Taxation in the U. S 1989 and 2000 Review of Income and Wealth Volume 53，Issue 4，pages 692 - 715，December 2007.

② Xavier Ramos，Oriol Roca - Sagales Long - Term Effects of Fiscal Policy on the Size and Distribution of the Pie in the UK Fiscal Studies Volume 29，Issue 3，Sep 2008：387 - 411.

③ Marc Lombard. Government Intervention in OECD Member Countries：Equity at the Expense of Efficiency? A journal of applied economics and policy Volume 29，Issue 3，September 2010：310 - 316.

④ 金双华. 理顺收入分配关系的财政支出作用研究 [J]. 数量经济技术经济研究，2002（11）：85 - 88.
金双华. 财政支出与社会公平关系分析 [J]. 统计研究，2006（03）：67 - 71.

陶然、刘明兴[1]（2007）以中国 270 个地级市 1994～2003 年的面板数据为依据，研究了地方财政支出和分权程度对城乡收入差距的影响。认为地方财政支出对城乡收入差距的影响大小取决于地方政府开支对上级政府转移支付的依赖程度，而这种依赖度削弱了地方政府支出对缩小城乡收入差距的效果。

刘穷志[2]（2007，2008a）假设政策政策目标有效率目标和公平目标，用理论模型分析验证了不同政策目标下，中国公共支出会归宿于不同群体。若政府目标是追求经济高增长（即效率目标），则富人得到的公共支出多于穷人；若政府目标意在社会公平，在穷人得到的公共支出份额将会越来越多。政府公共支出服务项目会"恩惠"于不同的人群，致使有的会拉大贫富差距（如补贴），有的则会缩小贫富差距（如文教科卫和社会救济）。

刘穷志[3]（2008b）运用广义矩估计的方法考察了政府支出对中国经济增长、收入不平等和贫困的影响，认为中国政府支出有利于农村居民收入的增长，但对较贫困地区农村收入增长的刺激效果不显著；政府支出扩大了农村收入不平等，但却改善了较贫困地区农村收入不平等状况；政府支出的均衡效应是增长效应和公平效应兼顾的基础上能够更有效地减少贫困。

胡汉军、刘穷志[4]（2009）以基尼（Gini）系数和阿特金森（Atkinson）指数为解释变量，利用城乡居民家庭数据，运用面板数据计量模型分析了财政政策对中国居民收入不平等状况的影响，检验结果表明，城镇社会救济可以抑制居民的收入不均等，而养老金和离退休金支出却扩大了居民收入不均等，失业救济支出的再分配效应不显著；而农村的转移性支出能够有效地抑制农民的收入不均等状况。

朱牡丹等[5]（2009）以城镇居民可支配收入和农村居民纯收入之比作为衡量收入差距的指标，考察了 1978～2006 年财政各项支农支出对城乡收入差距的长期、短期影响，认为农村救济支出、农业基础建设支出和农业科技三项费用支出长期内可以缩小城乡居民收入差距；农村救济支出和农业科技三项费用支出短期内缩小城乡收入差距。

陈安平、杜金沛[6]（2010）以城镇居民可支配收入和农村居民纯收入之比作

①　陶然，刘明兴. 中国城乡收入差距，地方政府开支及财政自主 [J]. 世界经济文汇，2007（02）：1－20.
②　刘穷志. 促进经济增长与社会公平的公共支出归宿机制研究 [J]. 经济评论，2008（05）：11－17；刘穷志. 公共支出归宿：中国政府公共服务落实到贫困人口手中了吗？[J]. 管理世界，2007（04）：60－67.
③　刘穷志. 增长、不平等与贫困：政府支出均衡激励路径 [J]. 财贸经济，2008（12）：58－62.
④　胡汉军，刘穷志. 我国财政支出对于城乡居民收入不公平的再分配效应 [J]. 中国软科学，2009（09）：54－59.
⑤　朱牡丹，张永杰，耿强. 财政支农结构与城乡居民收入差距——基于统筹城乡发展视角 [J]. 生态经济，2009（04）：48－51.
⑥　陈安平，杜金沛. 中国的财政支出与城乡收入差距 [J]. 统计研究，2010（11）：34－39.

为衡量城乡收入差距的指标，以省级数据为基础，运用动态面板数据模型和系统广义矩估计的方法，在财政分权的背景下考察了政府财政支出结构对城乡收入差距的影响，研究发现，财政支出总量的增加对缩小城乡收入差距的效果并不理想，而财政支出结构中对农业的支出和科教文卫支出的增加才能更有效地缩小城乡收入差距。

莫亚琳、张志超① (2010) 建立数理模型，运用动态面板数据分析了财政支出对西部地区社会收入分配的影响，研究结果发现，财政支出结构中只有财政支农支出可以缩小西部地区的城乡收入差距，而诸如基本建设支出、文教科卫支出、挖潜改造和科技三项费用支出和行政管理费支出对西部地区收入差距的改善并不显著，有的甚至拉大了收入差距。以此，建议政府优化财政支出结构、加快城镇化进程以提高农民的收入。

王艺明、蔡翔② (2010) 以我国 30 个省、自治区、直辖市的数据为样本，建立计量模型，检验了我国财政支出结构对城乡收入差距的影响，检验结果表明，财政支出项目对缩小城乡收入差距的影响力度不同，且存在区域性差异。

莫亚琳、张志超③ (2011a, b) 建立了城乡二元经济结构模型，运用动态面板数据检验了 1981～2006 年我国地方财政支出对社会收入分配的影响。检验结果认为，政府财政支出的增加扩大了社会收入分配（依据为基尼系数），基于此，建议地方财政支出政策应由建设型财政转向公共财政、应倾向于改善居民收入分配和扩大就业。

金双华④ (2011a, b) 以辽宁省的统计数据为基础，计算了辽宁省城乡基尼系数和辽宁省的基尼系数，分析了辽宁省收入分配差距形成的原因和现状，评价了辽宁省财政支出对收入差距的影响。认为财政转移性支出对收入分配差距起到逆向调节作用；从财政支出对地区收入差距和福利水平的影响进行分析，认为财政支出总体上是扩大了地区收入差距，特别是发达地区和欠发达地区的公共服务支出导致两者收入差距过大。

从上述分析可以看出，国内外学者关于财政支出收入再分配影响的研究比较

① 莫亚琳，张志超. 我国西部地区增加财政支出对社会收入分配的影响 [J]. 经济体制改革, 2010 (06)：116-120.
② 王艺明，蔡翔. 财政支出结构与城乡收入差距——基于东中西部地区省级面板数据的经验分析 [J]. 财经科学, 2010 (08)：49-58.
③ 莫亚琳，张志超. 改革开放以来我国财政支出对社会收入分配影响的研究——基于城乡二元结构模型与面板数据分析 [J]. 经济体制改革, 2011 (02)：122-126.
莫亚琳，张志超. 城市化进程、公共财政支出与社会收入分配——基于城乡二元结构模型与面板数据的分析 [J]. 数量经济技术研究, 2011 (03)：79-89.
④ a 金双华. 地方财政支出对收入分配差距影响的统计评价——基于辽宁省的分析 [J]. 财经问题研究, 2011 (06)：137-144.
b 金双华. 财政支出水平对地区收入差距作用的统计评价 [J]. 统计研究, 2011 (02)：39-44.

多，而且学者们普遍认为，转移支付能有效降低收入分配的不平等程度，而对于整体财政支出对收入再分配的影响则观点仁者见仁智者见智，这也给我们分析财政支出的再分配效应提供了进一步研究的空间。

7.2.2　数理模型分析

我们在 7.1 分析了财政支出中的生产性财政支出的初次收入分配效应。初次收入分配形成后，针对收入差距过大的情况，政府尚可以使用转移性支出政策进行再次调节，即财政支出政策的再分配效应。财政支出对居民个体（家庭）收入分配的影响，可以从政府的角度考察政府支出对基尼系数的影响，一般学者研究都是从这个角度出发的；另外，还可以从受益居民个体（家庭）的效用角度来考察财政支出，特别是转移性财政支出的收入再分配效应。要准确判断政府公共支出的实际受益情况，就必须考察某一类公共支出给家庭个体带来的效用水平，因此，需要构建一个包含私人物品和由政府支出提供的公共物品在内的个体效用函数（Aaron & McGuire[①]，1970），然后通过比较各收入阶层从政府公共支出中实际得到的效用水平与其负担的税收比例是否对应来判断政府公共支出受益归宿的公正与否。[②] 我们以此为依据，建立简单的效用函数，来比较各个收入阶层效用的大小判断我国财政支出的收入再分配效应，如果低收入阶层从财政支出中获得的相对效用水平（绝对效用水平/收入水平）高于高收入阶层的，则说明财政支出具有收入再分配的正效应，反之，则具有负效应。

1. 模型假定

假定政府消费性支出和转移性支出会直接增加居民的可支配收入，且居民的可支配收入 y 用于消费和储蓄，代表性家庭的居民是理性的，通过合理安排消费和储蓄使家庭的福利效用最大化。设效用函数为著名的常替代弹性（CES）效用函数，即 $U(C_p, C_f) = (\alpha C_p^\rho + (1-\alpha) C_f^\rho)^{\frac{1}{\rho}}$，其中，$C_p$ 为家庭人均实际消费需求，C_f 为家庭实际储蓄需求；α 为当前消费份额，则 $1-\alpha$ 为储蓄份额。这种函数是严格凸且严格单调的，而且具有一般性：当 ρ 趋近于 0 时，此函数代表的是柯布道格拉斯效用函数；当 ρ 趋近于 1 时，此函数代表的是完全替代效用函数；当 ρ 趋近于 $-\infty$ 时，此函数则代表完全完全互补效用函数。

① Aaron, H. and McGuire, M., PublicGoods and Income Distribution, Econometrica, 1970（Nov）, 38（6）: pp. 907 – 920.

② 曲创，许真臻. 我国公共教育支出受益归宿的地区分布研究［J］. 山东大学学报（哲学社会科学版），2009（06）：31 – 36.

2. 模型求解

居民在既定的收入 y 下，通过合理安排消费和储蓄使家庭的福利效用最大化，可建立如下模型：

$$\max U = (\alpha C_p^\rho + (1-\alpha) C_f^\rho)^{\frac{1}{\rho}} \qquad (7-25)$$

$$s.t. \ P_1 C_p + P_2 C_f \leqslant y \qquad (7-26)$$

式（7-26）和式（7-27）中，P_1 为居民消费物价指数，$P_2 = \dfrac{1}{1+i}$，i 为名义利率，ρ 为消费时间偏好，ρ 越大说明居民越愿意当前消费，越小说明居民越倾向储蓄。

由于效用函数是单调的，在解点处，预算约束将以等式成立。则由式（7-26）、式（7-27）可得一阶必要条件：

$$\frac{\alpha C_p^{\rho-1}}{(1-\alpha) C_f^{\rho-1}} = \frac{P_1}{P_2} \qquad (7-27)$$

由一阶条件和预算约束可知，消费者问题的解只依赖于其参数 P_1、P_2 和 y，消费者效用为：

$$U = \left[\alpha \left(\frac{y}{P_1 + P_2 \left(\frac{1-\alpha}{\alpha} \cdot \frac{P_1}{P_2} \right)^{1-\rho}} \right)^\rho + (1-\alpha) \left(\frac{y}{P_1 \left(\frac{1-\alpha}{\alpha} \cdot \frac{P_1}{P_2} \right)^{\rho-1} + P_2} \right)^\rho \right]^{\frac{1}{\rho}}$$

$$(7-28)$$

由于政府的转移支付使居民的可支配收入增加，即收入水平由 y_0 变动到 y_1 时，导致居民人均效用水平的变化，即：

$$\Delta U = \left[\alpha \left(\frac{y_1}{P_1 + P_2 \left(\frac{1-\alpha}{\alpha} \cdot \frac{P_1}{P_2} \right)^{1-\rho}} \right)^\rho + (1-\alpha) \left(\frac{y_1}{P_1 \left(\frac{1-\alpha}{\alpha} \cdot \frac{P_1}{P_2} \right)^{\rho-1} + P_2} \right)^\rho \right]^{\frac{1}{\rho}}$$

$$- \left[\alpha \left(\frac{y_0}{P_1 + P_2 \left(\frac{1-\alpha}{\alpha} \cdot \frac{P_1}{P_2} \right)^{1-\rho}} \right)^\rho + (1-\alpha) \left(\frac{y_0}{P_1 \left(\frac{1-\alpha}{\alpha} \cdot \frac{P_1}{P_2} \right)^{\rho-1} + P_2} \right)^\rho \right]^{\frac{1}{\rho}}$$

$$(7-29)$$

我们将利用 1999~2011 年《中国城市（镇）生活与价格年鉴》的数据测算出我国不同收入阶层的城镇居民所获得的财政转移性收入，借助 Eviews 6.0 软件，估计出我国城镇居民的消费时间偏好和当前消费份额，从而得出我国城镇各收入阶层居民人均效用（绝对额和相对额）变化水平。

7.2.3　实证检验：基于中国城镇居民生活与价格数据

1. 数据处理

《中国城市（镇）生活与价格年鉴》（2000－2011）按照收入水平，把城镇居民家庭共分为七个等级，"城镇居民现金收入支出统计表"中可支配收入按收入来源分为工薪收入、经营净收入、财产性收入、转移性收入四大项，转移性收入中属于财政性转移支出有养老金或离退休金、社会救济收入、失业保险金和提取住房公积金，测算出财政性转移支付数额后，如果估计出相应的参数——我国城镇居民的消费时间偏好 ρ 和当前消费支出份额 α，我们就可以计算财政性转移支付给居民带来的效用，进而我们将可以从规模和结构两个方面来评估我国财政性转移支出的收入再分配效应。

2. 参数估计

我们令 $\ln \dfrac{C}{S} = Y$，C 为城镇居民的人均消费，S 为未来消费即为城镇居民的人均储蓄；令 $\ln \dfrac{P_1}{P_2} = X$，则由式（7－27）可得：

$$Y = -\frac{1}{\rho-1}\ln\frac{\alpha}{1-\alpha} + \frac{\rho}{\rho-1}X \qquad (7-30)$$

根据《中国城市（镇）生活与价格年鉴》（2000－2011），我们可知城镇居民的人均消费（C_p）和人均可支配收入（y），则人均储蓄 $C_f = y - C_p$；P_1 为我国历年城镇居民消费物价指数；P_2 由名义利率 i 决定，名义利率 i 数据由《中国统计年鉴》（2000－2011）中的"金融机构法定存款利率"实际调整计算得出[①]；对数据反复测试，除最低收入户不显著外，其余各组都显著，最低收入户不显著是合理的，因为最低收入户收入水平最低，无论外部环境怎么变化，包括价格水平和税率及收入的变化，居民都要为满足最低生存需要而消费。因此，我们把最低收入户与低收入户按权重进行合并估计[②]，合并后的各变量序列见表 7－6，把原来的按收入水平划分的七组以调查人口为权重调整为六组，并分组对参数进行估计。再者，由于 2008 年底爆发了席卷全球的金融危机，我国作为全球最大的发

---

① 这里的名义利率没有考虑利息税对其的影响，一年 365 天，按一年内利率调整的实际天数的加权平均计算而得。

② 最低收入户权重 = $\dfrac{\text{最低收入户调查户数×其平均每户家庭人口}}{\text{最低收入户调查户数×其平均每户家庭人口 + 低收入户调查户数×其平均每户家庭人口}}$

展中国家是不会独善其身的，2009 年以来，先后几次调整利率，再加上城镇居民消费物价水平 P_1 在 2008 年、2009 年和 2010 年呈 "V" 型，这三年的 P_1 分别为 1.056、0.991 和 1.032，使得变量 X 值波动较大，所以我们仍取 1999~2008 年的数据来考察财政支出对城镇居民收入再分配的影响。

表 7-6   最低和低收入户合并后各变量汇总表

年份	C_p	y	C_f	i	P_1	Y	X
1999	2825.7944	3048.73	222.94	0.029	0.987	2.540	0.016
2000	2899.084	3132.00	232.91	0.023	1.008	2.521	0.031
2001	3064.443	3319.72	255.28	0.023	1.007	2.485	0.030
2002	2817.956	3020.63	202.68	0.02	0.99	2.632	0.010
2003	3050.31	3272.39	222.08	0.02	1.009	2.620	0.029
2004	3388.55	3631.10	242.56	0.02	1.033	2.637	0.052
2005	3696.84	4000.39	303.55	0.023	1.016	2.500	0.039
2006	4083.76	4539.28	455.53	0.024	1.015	2.193	0.039
2007	4822.69	5339.32	516.63	0.032	1.045	2.234	0.076
2008	5358.67	6049.91	691.24	0.039	1.056	2.048	0.093

注：资料来源于历年的《中国城市（镇）生活与价格年鉴》和《中国统计年鉴》。

X、Y 为时间序列数据，由于虚假回归问题的存在，根据计量分析的一般常识，在回归模型中应避免直接使用不存在协整关系的非平稳变量。因此，检验变量的平稳性是一个必须解决的问题，下面就利用时间序列平稳性的严格的统计检验方法，即单位根检验，对数据进行平稳性检验。经过上面的数据处理，依据单位根检验的思路，我们运用 Eviews 6.0 对时间序列数据进行单位根检验。具体检验结果如表 7-7。

表 7-7   变量平稳性检验结果

变量	检验形式 (c, t, p)	ADF 值	1% 临界值	5% 临界值	10% 临界值
	(c 0 0)	0.254	-4.421	-3.260	-2.771
X	(0 0 0)	1.901	-2.847	-1.988	-1.600
	(c t 0)	-1.436	-5.522	-4.108	-3.515

变量	检验形式 （c，t，p）	ADF 值	1% 临界值	5% 临界值	10% 临界值
Y	（c 0 0）	0.129	-4.421	-3.260	-2.771
	（0 0 0）	-1.217	-2.847	-1.988	-1.600
	（c t 0）	-0.985	-5.522	-4.108	-3.515
ΔX	（c 0 0）	-7.846	-4.803 *	-3.403 **	-2.842 ***
	（0 0 0）	-2.167	-2.937	-2.006 **	-1.598 ***
	（c t 0）	-19.790	-6.292 *	-4.450 **	-3.702 ***
ΔY	（c 0 0）	-2.344	-4.583	-3.321	-2.801
	（0 0 0）	-2.108	-2.886	-1.996 **	-1.599 ***
	（c t 0）	-2.688	-6.292	-4.450	-3.702

注：检验形式 c、t、p 分别表示常数项、趋势项和滞后阶数；＊、＊＊、＊＊＊ 分别表示在 1%、5%、10% 的临界值下不存在单位根。

通过序列的单位根检验，根据检验的结果证实了我们的判断，序列是非平稳的，因此，对变量就不可能运用简单的回归手段进行分析。必须进一步检验序列是否是同阶单整的，我们对序列进行一阶差分之后发现，ΔX 在各种检验形式下序列在 5% 的临界值都是平稳的；而 ΔY 在（c 0 0）检验形式下序列是平稳的，在（0 0 0）检验形式下大于等于 5% 临界值时序列是平稳的，而在（c t 0）检验形式下却是非平稳的，这是由序列非平稳随机过程的类型①决定的，但从总体来说，X、Y 均为 1 阶单整序列。

既然序列是 1 阶单整，现在就可以对变量进行协整性检验了。这里我们采用两变量协整关系的 EG 两步法检验。

第一步，因为 X 与 Y 是 1 阶单整 [I（1）] 序列，即 ΔX 和 ΔY 是平稳的，可以用 OLS 法对协整回归方程式（7 - 30）进行估计，估计结果如下：

$$Y = 2.696467 - 6.15583X$$
$$(30.6846)　(-3.37619)$$
$$R^2 = 0.5876　\overline{R^2} = 0.5361　DW = 1.6532 \tag{7-31}$$

从式（7 - 31）可以看出，最低收入户和低收入户合并后的时间序列回归系数均通过了显著性检验，说明影响居民可支配收入水平变动的因素会显著引起城镇居

---

① 根据计量经济学知识，非平稳随机过程有四类典型类型：随机游走过程、随机趋势过程、趋势平稳过程和趋势非平稳过程。

民消费与储蓄比率的变动，即财政转移性支出的变化会显著地影响城镇居民的消费和储蓄的水平，进而影响城镇居民的效用水平和以效用衡量的其收入分配状况。

第二步，检验由上式估计结果所得到的残差序列 e_t 的平稳性。这里即对 e_t 进行单位根检验，由检验的结果可知（见表 7-8），残差序列 e_t 在 5% 临界值下为平稳的，再次验证 X 与 Y 是协整的，说明我们的变量 Y 和 X 存在长期均衡关系，回归系数具有经济意义。其他各收入组的参数的估计同上，具体回归结果见表 7-9。

从回归结果看，各收入组回归系数均通过了显著性检验，财政性转移支出变动对消费/储蓄率影响显著，即财政转移性支出多数会直接影响不同收入阶层居民的可支配收入，进而显著地影响居民的消费与储蓄的水平，最终影响居民的福利水平。

表 7-8 时间序列数据的残差序列的单位根检验结果

变量	检验形式	ADF 值	1% 临界值	5% 临界值	10% 临界值
e_t	(0 0 0)	-2.13632	-2.748250	-1.988198 **	-1.60014 ***

注：*、**、*** 分别表示在 1%、5%、10% 的临界值下不存在单位。

表 7-9 变量平稳性检验结果

参数	最低收入户和低收入户	中等偏下户	中等收入户	中等偏上户	高收入户	最高收入户
$-\dfrac{1}{\rho-1}\ln\dfrac{\alpha}{1-\alpha}$	2.6965 (30.6846)	1.8436 (30.5700)	1.5561 (36.4206)	1.3572 (27.2940)	1.1304 (21.8559)	0.8196 (23.6319)
$\dfrac{\rho}{\rho-1}$	-6.1558 ** (-3.3762)	-5.6753 ** (-4.5355)	-5.3960 ** (-6.0868)	-5.9614 ** (-5.7781)	-4.4511 ** (-4.1477)	-3.4951 ** (-4.8567)
R^2	0.5876	0.7199	0.8224	0.8067	0.6826	0.7467
$\overline{R^2}$	0.5361	0.6850	0.8002	0.7825	0.6429	0.7151
DW	1.6532	1.7163	1.8595	1.7884	1.6821	2.8536
残差的稳定性	平稳（5%）	平稳（5%）	平稳（1%）	平稳（1%）	平稳（5%）	平稳（1%）

注：* 表示在 5% 水平上显著异于 0，** 表示在 1% 的水平上显著。

3. 结果分析：整体视角

根据前面估计的结果，即式（7-31）中所得的参数，由式（7-30）我们可以得到财政性转移支出变化时的各收入阶层居民效用参数，利用式（7-29）和已经估计出的参数 α、ρ，可以计算各收入阶层的获取财政性转移支出前后的效

用水平 U_0、U_1 及效用变化额 ΔU，为衡量财政性转移支出在各收入阶层的再分配结果是否合理，须计算 $\Delta U/y$[①]，以 2008 年为例，我们运用 MATHCAD 软件计算了总的财政性转移支出对不同收入阶层居民的再分配效应（见表 7 - 10）。

表 7 - 10　　　　　　　各组参数计算结果及财政支出再分配效应

参数	最低收入户和低收入户	中等偏下户	中等收入户	中等偏上户	高收入户	最高收入户
消费份额 α	0.5931	0.5686	0.5605	0.5486	0.5517	0.5455
时间偏好 ρ	0.8603	0.8502	0.8437	0.8564	0.8166	0.7775
y	6049.94	10195.56	13984.23	19254.08	26250.1	43613.75
效用变化绝对额 ΔU	792.9266	1288.15	1878.524	2665.651	3446.3975	4796.7885
效用变化相对额 $\Delta U/y$	0.13106	0.12634	0.13433	0.13845	0.13129	0.10998

同样的方法，我们计算了其他年份的不同城镇收入阶层居民的财政性转移支出效用收益率[②]，见表 7 - 11。

表 7 - 11　　　　　　　各年各收入组财政转移性支出效用收益率

年份	最低和低收入户	中等偏下户	中等收入户	中等偏上户	高收入户	最高收入户
2002	0.12152	0.11796	0.12014	0.13419	0.14619	0.14838
2003	0.12216	0.12168	0.11855	0.12917	0.14199	0.13244
2004	0.12492	0.12051	0.12021	0.13131	0.13526	0.12716
2005	0.13309	0.12654	0.12730	0.13589	0.14003	0.12208
2006	0.08713	0.11522	0.12037	0.12479	0.12604	0.10756
2007	0.12215	0.12569	0.12840	0.13523	0.13425	0.11563
2008	0.13106	0.12634	0.13433	0.13845	0.13129	0.10998

从计算结果看（见表 7 - 10 和表 7 - 11），我们可以得出：

---

① 我们称其为效用收益率，如果财政支出使得低收入阶层的效用收益率高于高收入阶层的效用收益率，我们则讲财政支出具有收入再分配正效应，否则为负效应。

② 2002 年后，《中国城镇生活与价格年鉴》的统计口径是一致的，为便于比较，我们只计算了 2002 ～ 2008 年的财政支出效用收益率。

（1）样本期间内财政转移性支出对居民的收入再分配效应不尽如人意。[①] 从效用的角度来看，低收入阶层居民的效用收益率为 0. 13106，中等收入阶层居民的效用收益率在 0. 12634 ~ 0. 13845，高收入和最高收入阶层居民的效用收益率在 0. 13129 ~ 0. 10998，所以，从总体角度来看财政性转移支出对低中高不同阶层的居民的收入再分配效应不免让人失望。和我们想象中的财政对居民个人的转移性支出初衷——"济贫"功能在这里并没有明显的表现。这个结果验证了王小鲁和樊纲（2005）指出的，我国转移支付支出发挥再分配的正向调节须有完善的财政监督机制和相应的法律法规相配套，否则其分配功能的发挥将受到限制甚至是反向调节。从我们计算的结果来看，2002 ~ 2008 年，我国财政转移性支出起到逆向调节作用，特别是低收入组和中等收入组间的这种逆向调节更明显，而中等收入组和高收入组间有一定的正向调节作用（我们可以从图 7 - 1 清楚地看出）。逆向调节最突出的年份表现在 2006 年，低收入组的财政转移性支出效用收益率为 0. 08713，中等收入组的财政转移性支出效用收益率高达 0. 11522 ~ 0. 12479，高收入者甚至高达 0. 12604。

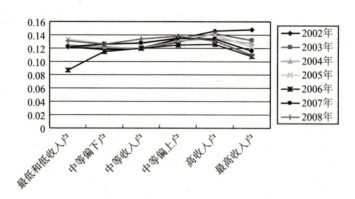

图 7 - 1 财政转移性支出的收入再分配效应

（2）财政性转移支付支出对居民的收入再分配效应具有明显的时期性。从效用收益率看，低收入组的效用收益率逐年提高，而高收入组的在逐年降低，中等收入组变化不显著，这说明我国财政转移性支出的再分配效应会随着我国财政支出职能的转变具有阶段性变化。近年来随着民生财政支出力度的加大、社会保障制度的健全和城镇居民"三保"线的划定、扶贫计划的完善等一系列惠民措施的

---

① 这和我们用 Stata 软件计算的基尼系数核算的结果相似，我们计算的财政转移性支出前后的基尼系数差额为负值，就是财政转移性支出后的基尼系数反而大于支出前的基尼系数，从另一角度验证了我们财政转移性支出对收入再分配的逆向调节。

实施，财政转移性支出对收入再分配的调节功能日益显现。

从整体来看，财政性转移支付支出具有明显的收入再分配（负）效应，那么从财政支出结构来看，各项财政性转移支付支出的效果如何呢？下面我们分别考察社会保障基金和住房公积金的收入再分配效应。[①]

4. 计算结果分析：结构视角

（1）社会保障基金再分配正向调节效果不显著。作为"安全网""稳定器"的财政性社会保障支出应该是调节收入再分配最得力的政策工具，从我们计算的结果来看（见表 7 – 12），却是让人大失所望，2002 ~ 2008 年，财政性社会保障支出给各个收入阶层带来的效用并不是我们所想的呈递减趋势，而是呈现弱倒"U"型（如图 7 – 2 所示，和我国财政转移性支出变化趋势相似），说明我们社会保障支出在中低收入阶层间起到逆向调节作用，即社会保障给低收入者带来的好处低于给中等收入者带来的好处；甚至有的年份（如 2006 年）高收入户的社会保障效用还高于低收入户；令人有所欣慰的是，社会保障在中高收入阶层间起到一定的正向调节作用。作为财政转移性支出的最重要的组成部分，社会保障支出一直认为是调节收入再分配的一个重要政策，但是从我国目前社保保障支出的实证结果来看，并没有起到"劫富济贫"、降低不同收入阶层收入分配差距的作用。如果对于城镇居民来说，社会保障体系尚不能达到其缩小居民收入差距、保障人民基本生活，成为社会的"稳定器"和"安全网"的话，那么当社会保障体系覆盖我国大部分居民后，它的完善将会变得更加困难，它也必然更难发挥维护社会公平进而促进社会稳定发展的作用。[②] 所以，结合我国财政支出结构优化改革和政府职能转换改革，社会保障支出在调节收入再分配方面应该大有作为。

表 7 – 12　　　　　各年各收入组社会保障基金效用收益率

年份	最低收入户和低收入户	中等偏下户	中等收入户	中等偏上户	高收入户	最高收入户
2002	0.100579	0.099687	0.101764	0.112176	0.122392	0.108703
2003	0.101561	0.103191	0.099603	0.10757	0.118141	0.093087

①　我国财政转移性支出主要包括社会保障支出、财政补贴和税式支出，能够直接显性惠及居民个人的为社会保障支出和财政补贴，财政补贴中政策性亏损补贴主要涉及企业，不在我们考察的范围，而价格补贴《城镇生活与价格年鉴》中统计到 2001 年，2002 年后对各个收入阶层价格补贴的数据缺失，所以我们这里只考察社会保障基金和住房公积金对各收入阶层的再分配效应，这里的社会保障基金包括养老金或退休金、救济金和失业金。

②　朱璐璐，寇恩惠. 我国社会保障支出与城镇居民收入差距——以江苏省为例 [J]. 上海财经大学学报，2010（03）：91 – 97.

续表

年份	最低收入户和低收入户	中等偏下户	中等收入户	中等偏上户	高收入户	最高收入户
2004	0.09217	0.102392	0.102437	0.110515	0.112786	0.091792
2005	0.111695	0.108601	0.109404	0.116726	0.118842	0.088192
2006	0.068251	0.100358	0.103981	0.106853	0.10551	0.076867
2007	0.103963	0.111603	0.114193	0.118569	0.113604	0.087719
2008	0.110926	0.109986	0.118609	0.121279	0.111577	0.080858

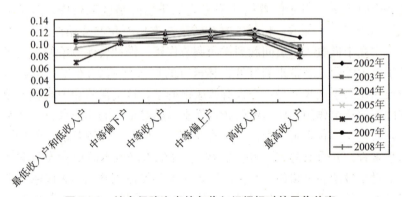

图7-2 社会保障支出的各收入组间相对效用收益率

（2）住房公积金再分配逆向调节明显。住房公积金作为居民的社会福利，和"五险"① 一样是一种强制性储蓄，作为一项社会福利保障制度，公积金缴存本应是"高收入者不补贴，中低收入者较少补贴，最低收入者较多补贴"，但在现行制度安排下，反而是收入越高受益越大，收入越低受益越小，人为加大了收入差距。从我们计算的 2002～2008 年的效用收益率来看（见表 7-13），最高收入户的效用收益率是低收入户的 2 倍，2007 年和 2008 年甚至超过 2 倍，如果单独考察最低收入户和最高收入户，两者相差会更大，说明我国住房公积金政策的执行结果从一定意义上扩大而不是缩小了贫富差距。此结论与中国社会科学院经济研究所课题组以基尼系数计算我国居民自有住房的租金的研究结

---

① 我国现在企业执行的是"五险一金"制度，"五险"是法定的，包括养老保险、医疗保险、失业保险、工伤保险和生育保险，企业按照规定以工资为基数进行缴纳，前三险是单位和个人共同负担，后两险完全由企业承担；住房公积金的提取是单位根据实际情况按照工资一定比例提取，各个单位的实行标准相对差距过大，近年来虽然进行了规范，但由于工资基数差距的存在，使得住房公积金的"嫌贫爱富"状况一直存在。

果一致。[①]

表 7 – 13   各年各收入组住房公积金效用收益率

年份	最低收入户和低收入户	中等偏下户	中等收入户	中等偏上户	高收入户	最高收入户
2002	0.00668	0.00719	0.00749	0.00790	0.00638	0.01160
2003	0.00665	0.00737	0.00755	0.00818	0.00855	0.01131
2004	0.00674	0.00716	0.00754	0.00797	0.00885	0.01156
2005	0.00665	0.00715	0.00744	0.00790	0.00914	0.01267
2006	0.00721	0.00718	0.00752	0.00794	0.00881	0.01267
2007	0.00670	0.00712	0.00745	0.00793	0.00882	0.01337
2008	0.00660	0.00713	0.00740	0.00821	0.00886	0.01381

我国住房制度的改革中实行的价格双轨制和国家住房公积金政策在执行中体现出的"嫌贫爱富"，进一步扩大了收入差距，并且印证了一种马太效应——收入高的人群住房公积金提取也高，享受的优惠贷款政策也多；相反，收入低的人群住房公积金提取也低、享受的优惠政策也少。[②] 所以，在我国房价高企不下的情况下，结合政府对房地产调控的宏观措施，积极研究我国住房公积金在调节收入分配方面的逆向调节现状，实现居者有其所的目标仍任重道远。

7.2.4　小结

本节以城镇居民的收入来源考察了我国财政性转移支出对居民收入再分配的影响，实证研究发现，从总体和结构两方面来看，我们平时认为能够"济贫"的财政转移性支出，却都发挥着"嫌贫爱富"，扩大收入分配差距的作用，因而需重新审视我国财政性转移支付制度的改革和完善策略。

7.3　基 本 结 论

在本章，我们从理论和实证两个方面分析了我国财政支出政策对收入的初次

[①]　1995 年，课题组研究得出的自有住房租金的基尼系数为 0.371，远高于当年的城镇居民的收入基尼系数 0.286。参见：赵人伟. 对我国收入分配改革的若干思考 [J]. 经济学动态，2002 (09)：39.

[②]　钱凯. 改革和完善我国住房公积金制度的观点综述 [J]. 经济研究参考，2007 (24)：41 –45.

分配效应和再分配效应。通过分析财政支出对初次分配的影响可知：

（1）财政支出政策的初次分配效应是通过一定的载体发挥出来的。通过理论分析表明财政生产性支出是通过经济增长、资本和劳动要素替代弹性、税收筹集规模（税率高低）、财政生产性投入比例等变量影响劳动要素分配率（份额）的。

（2）财政支出政策的初次分配效应具有时期性。实证分析中研究发现，财政生产性支出对劳动要素收入分配率（份额）的影响具有明显的阶段性，财政生产性支出、财政支农支出及财政生产性支出中的财政基本建设支出、科研支出、教育支出两个时间段对劳动收入分配率（份额）的影响方向、力度和显著性等方面存在差异，一定程度上说明，随着我国公共财政框架体系的建立，生产性财政支出结构逐步得到优化，其对提高劳动分配率（份额）的作用日益显现。

（3）生产性财政支出初次分配效应显著。通过理论和实证分析验证了财政支出政策中生产性财政支出对收入初次分配会产生重要的影响，在当前我国收入分配不公、收入差距过大的现实情况下，如果单独从财政支出的角度来看，应优化财政支出结构，提高政府的支农支出和教育支出的比重。

（4）转移性财政支出再分配效应不明显。从财政对居民收入的再分配效应来看，我们考察了对居民收入再分配产生重要影响的财政转移性支出，实证研究发现，财政转移性支出对居民收入再分配的调节都不尽如人意，在整体和结构两方面都发挥着"嫌贫爱富"、扩大收入差距的作用。

第8章 财政政策收入分配效应的综合评价与优化思路

本章将结合前面章节的理论分析和实证研究结论，对中国财政政策的收入分配效应给予综合评价，并提出公平收入分配、缩小收入差距的财政政策及其与其他政策协调的可行性建议。

8.1 中国财政政策的收入分配效应及综合评价

无论是关于财政政策对收入分配作用机理的研究，还是基于中国经验数据所进行的各财政政策工具收入分配效应的实证分析，都得出了一些具有启示意义的结论。在此基础上，我们将对中国财政政策的收入分配效应进行综合的评价。

8.1.1 中国财政政策收入分配效应的实证结论

1. 财政政策的初次分配效应

（1）税收政策的初次分配效应。通过税收政策对初次收入分配的实证分析发现，现行税收制度下，我国税收制度明显不利于劳动收入分配率（份额）的提高，具体表现为：从实证结果来看，虽然资本收益税和劳动所得税都有利于提高劳动收入分配率（份额），但至今仍占我国税收半壁江山还要强（2010年仍为55%）的流转税对劳动收入分配率（份额）的影响不显著，所以总体来看，我国税收制度不利于劳动分配率（份额）的提高。

（2）国有企业利润分配政策的初次分配效应。通过数理模型分析和实证检验，说明国有（垄断）企业税后利润与企业员工工资收入存在正相关关系，并且实证分析发现（税后）利润率每提高1%，人均工资收入将提高600~1350元，国有（垄断）企业凭借其垄断势力获得高额垄断利润，再加上政府所有者权力缺失和对税后利润资金预算的软约束甚至是监管缺失，使得国有（垄断）企业出现劳动侵占资本的现象屡见不鲜，导致垄断行业与竞争性行业员工收入差距逐渐拉大。

（3）国债融资政策的初次分配效应。无论是从理论分析还是以我国经济样本作为检验对象，表明我国的国债融资政策都会对初次收入分配产生一定的影响，其他条件不变的情况下，仅仅考察国债政策对初次收入分配的影响，国债融资会抑制劳动收入分配率（份额）的增长；如果结合国债的投资去向考虑，则国债政策有助于劳动收入分配率（份额）的提高。

（4）财政支出政策的初次分配效应。实证分析中我们分段研究发现，财政支出规模和财政支出结构表现出显著的时期性。整个样本期内，财政支出总体上显著有助于提高劳动分配率，财政支出结构中除财政教育支出通过显著性检验外，其他财政性支出都没通过显著性检验，而且除财政支农支出符号为正外，其他财政性支出符号都为负；通过两组样本期的比较，发现中国财政支出规模和生产性财政支出结构的变化对劳动分配率的影响非常显著。从分段来看，财政生产性支出、财政支农支出及财政生产性支出中的财政基本建设支出、科研支出、教育支出两个时间段对劳动收入分配率（份额）的影响方向、力度和显著性等方面存在差异。

2. 财政政策的再分配效应

（1）税收政策的再分配效应。在再分配环节，整体视角和结构视角实证结果都表明，我国的流转税对收入分配差距起到逆向调节作用，即拉大了居民收入分配差距，个人所得税和资本收益税有助于缩小收入差距。

（2）国债融资政策的再分配效应。从国债收益分布来看，国债融资政策具有明显的收入再分配的负效应，即会拉大居民收入分配差距。

（3）财政支出政策的再分配效应。我国财政转移性支出对城镇居民的收入再分配效应并不总是具有正向调节作用，具有明显的时期性；从我国目前社保保障支出的实证结果来看，并没有起到"劫富济贫"、降低不同收入阶层收入分配差距的作用；我国住房公积金政策的执行结果从一定意义上扩大而不是缩小了贫富差距。

8.1.2 财政政策收入分配效应的综合评价

1. 政府的政策偏好会影响财政政策的取向

长期以来，我国实行的"城乡二元制"和我国改革开放后提出的"效率优先，兼顾公平"等政策的惯性传导至我国财政政策上，形成城乡分割的税收制度，使得农村居民税（费）负超过城镇居民；形成东、中、西三大经济区，优先发展的东部沿海地区享有优惠税收政策，加剧了地区间的收入差距；1994 年分税制改革，规定国企税后利润不再上缴的"过渡期"，一过就是 13 年，行业间收入差距与此不无关系；积极的财政政策执行过程中给低收入阶层和高收入阶层带来的机会不平等，大规模发行的国债建设性支出和基础设施支出大量资金投向于大城市，而对小城镇和农村关注不够；"效率优先"的惯性使得各地政府支出偏爱经济建设支出，忽视社会福利性支出。凡此种种，使得我国收入不公，收入差距扩大的趋势难以遏制。

2. 财政政策对收入分配的调节总体效果不理想

通过国民收入分配构成分析可知，初次分配中政府收入份额（主要是征税收入）自 1994 年税制改革以来一直处于上升趋势，政府收入占比过高，再加上其他税费、国有企业收入、国有资源收益等在内的政府收入占 GDP 的比重将近 40%，在一定程度上压缩了居民收入和劳动报酬提供的空间；与此相对应，居民收入份额却持续下降，居民部门的税负水平也持续走高，说明政府没有做到"藏富于民"。政府公共支出中，用于教育、医疗等提升居民能力的支出比重仍嫌不足，用于"三农"的支出，仍不能满足农村发展的需求。同时，行业垄断问题和企业分配机制缺陷依然存在，垄断行业凭借其垄断地位，获取高额垄断利润，并转化为经营者和职工的高收入，同质劳动获得的劳动报酬明显偏高，导致行业之间的收入差距扩大，老百姓特别是弱势群体尚没有充分共享垄断企业的利润和改革发展成果。

从再分配来看，税收作为政府调节收入分配的重要工具，通过税制本身税种的设定、税基的选择以及税率的高低等方式来达到调节收入公平的目的。由于我国税制结构模式仍以流转税为主体，调节收入分配的功能较弱；个人所得税的占比较小，目前还不到 7%，财产税还没开征，税收制度达不到"调高、控低"及"劫富"的目标；基本公共服务支出财政占比偏低，目前还不到总支出的 40%，就是在这较少的支出中，多用于城镇，而且基本公共服务对收入差距的正向调节作用不足，相反，过大的、不合理的行政支出对政府的基本公共服务投入产生了明显的"挤出效应"，使得公共服务和社会安全网不健全，达不到"济贫"目标，所以财政政策要做到"多予少取"、调节收入分配公平的任务仍很艰巨。

政府财政政策初次分配的"失灵"，再分配环节很难扭转乾坤，要发挥财政政策对收入分配的调节功能，各个政策手段需多管齐下的同时，财政政策手段需触及初次分配和再分配环节。

3. 财政政策的收入分配功能尚待优化

（1）税收政策的收入分配功能尚需优化。从我们实证结论来看，虽说个人所得税和资本收益税无论从初次分配环节还是再分配环节都有助于缩小收入差距，但这种这种正向调节不足以抵偿流转税的负向调节，税收"劫富"手段失灵。

（2）国企改革需进一步深化，政府和国企的分配关系尚需理顺。实证结果表明，国企的垄断优势和由此形成的垄断利润是形成行业间职工工资收入差距的重要原因，结合国企改革、资本经营预算改革和政府参与分红政策等措施，改善行业间的收入分配状况。

（3）国债资金投向有待完善。国债融资政策单独考察其收入分配效应，初次分配环节和再分配环节都是拉大了收入差距；但国债融资资金用于生产性财政支出时则有助于劳动分配率（份额）的提高。

（4）财政支出结构尚待优化。财政支出总体上可以提高劳动分配率（份额），但从财政支出结构考察，从符号来看，除了支农支出为正（还没通过显著性检验）外，其他财政支出符号皆为负，不利于提高劳动分配率（份额），没有达到"初次分配注重公平"的效果；再分配环节，我们报以很大期望的财政转移性支出、社会保障支出和住房公积金都一致"嫌贫爱富"，更是偏离了"再分配更加注重公平"的目标，财政支出"济贫"的目标远未实现。

伴随着新一轮积极财政政策的实施——结构性减税政策落实、国有企业改革的深化、国债资金投向优化和财政支出结构优化，我国财政政策在兼顾效率的前提下，同时在初次分配和再分配环节维护社会收入分配公平的作用逐渐显现。

4. 政府财政政策对收入分配的调节作用逐渐显现

新世纪以来，我们党相继提出"初次分配注重效率，发挥市场的作用""再分配注重公平，加强政府对收入分配的调节职能"（十六大）→"初次分配和再分配都要处理好效率和公平的关系，应更加重视与初次分配相关的机会公平、规则公平和过程公平问题"（十七大）→2007年底财政部印发《中央企业国有资本收益收取管理暂行办法》，重启参与国企分红的权力→"初次分配和再分配都要处理好效率和公平的关系，再分配更加注重公平，加快形成合理有序的收入分配格局，努力提高居民收入在国民收入分配中的比重，提高劳动报酬在初次分配中的比重"（十二五规划），随之公共财政、民生财政映入视野，特别是新一轮积极的财政政策中，实行结构性减税；发行国债多用于保障性安居工程、农村民生工程和农业、农村基础设施和"铁、公、机"等重大基础设施建设、医疗卫生教育文化等社会事业；民生财政支出逐年增加，与人民生活息息相关的财政支出和用于"三农"的支出增幅显著加快，财政政策的"公平"偏向凸显。

8.2　缩小收入分配差距的财政政策优化措施

缩小收入分配差距的财政政策可以从收入的形成环节入手。最终收入一般是在经过初次分配和再分配之后形成的①，在每个分配环节中，财政都具有不同强度的调控作用，因此，通过前面章节的理论和实证分析，我们知道，相应的财政举措主要包括两个方面：初次分配环节要注重发挥财政政策对于提高劳动分配率（份额）的作用，注重经济公平，各项措施主要围绕如何提高劳动者报酬而展开；再分配主要发挥财政政策的直接调控作用，通过税收、转移支付等手段直接参与收入的形成和使用过程。

8.2.1　财政政策的初次分配优化措施

初次分配环节缓解收入分配不公应发挥财政政策的导向作用，逐步扭转收入分配不公继续恶化的趋势，促进初次分配公平目标的实现，为此财政政策应在初次分配环节打破垄断局面、提高劳动者报酬、使劳动者收入合理增长等方面发挥应有的作用。

1. 破垄断：打破垄断，加强对垄断行业的收入分配的调节

在我国，垄断行业多为"国字"的行政垄断企业，它们长期实行垄断经营，缺乏竞争，一方面使得这些企业运营效率低下，另一方面这些企业可以获得高额、稳定的垄断利润。通过第 5 章实证分析可知，垄断及由其形成的高额、稳定的垄断利润使得这些企业员工工资水平、福利水平长期远远高于非垄断行业。垄断行业的高薪，形成了行业间收入差距过大的局面；再者垄断行业高额垄断利润使得企业截留利润过多，投资资金雄厚，进一步加固其垄断地位和稳获垄断利润的基础，资本收益愈发膨胀。要想扭转这类垄断行业的收入分配问题，重在规则公平。除适度引入竞争、制定和执行相关反垄断法、规范垄断企业工资等，财政政策可以发挥作用的地方具体表现在：（1）逐步大幅提高国企税后利润上缴比例。2007 年，政府重启参与国企分红的政策，但直至 2011 年，央企向国家上缴的红利不足其利润的 10%，在规范国企上缴红利政策的基础上，以后逐步提高

---

① 刘乐山有三次分配说。

上缴比例，达到50%①，这些税后利润上缴国家财政后，可以用来补充完善社会保障资金和公共服务，或作为再分配基金用于扩大居民消费。（2）加强税后留利资金的管理。在提高国有大型垄断企业上缴股息、红利比重的基础上，结合国有资产管理改革，加强对税后留利资金的预算约束，控制这些资金的投资范围，尽量避免"官与民争利"。（3）对国企高管实行限薪制。一直以来，国企高管的薪酬是人们热议和关注的话题，在薪酬设计上，应将高管薪酬与职工平均工资挂钩，体现激励与约束相统一的理念。（4）结合国有资本经营预算改革，规范国有资本收益。将国有资本收益纳入公共财政的范畴，使其成为公共财政的一个重要组成部分，逐步使国有资本收益收取行为制度化、规范化，通过公共财政资源的支配和使用，最终将这部分收益用到惠及全民的生存和发展所需的公共基础设施等公共品供给之中。

2. 提报酬：完善市场体系，积极促进劳动者报酬趋于合理

在过去多年中，我国一直处于资本相对短缺而劳动力相对过剩的局面，"物以稀为贵"的规则，使得资本在初次分配中一直处于优势地位。经济体制改革以来一直关注"效率"、忽略"公平"，以致形成这样的局面：经济的快速增长，带来的却是政府税收和企业利润增幅高于GDP增幅，而广大企业职工工资增幅低于GDP增幅。根据统计年鉴相关数据显示，近十多年来，我国劳动者报酬占GDP的比重一直呈下降趋势。而且我国市场经济发展不够成熟、经济发展水平远不及发达国家，虽然已建立了覆盖城乡的基本社会保障体系，但健全的社会保障体系尚需时日，目前对相当一部分的劳动者来讲，由于受其自身知识、技能等的限制，要想获得生存和发展的机会只有依附于资本，从而削弱了劳动者与企业公平谈判的能力，进一步强化了资本的优势地位，削弱了劳动力价格的合理形成。所以为促进劳动者报酬趋于合理，应该在完善市场体系的同时，尚需做到：（1）强化劳动报酬在国民收入分配中保障公平的重要性。政府部门当下须借助国债增发资金，健全社会保障体系，为劳动者的生存和发展提供基本制度保障，解决其后顾之忧；同时在制定宏观政策时，劳动报酬增长应优先于财产收入增长。（2）加大职业技能培训力度和增加公共产品投入，增加劳动者的人力资本含量和优化结构。劳动者人力资本水平偏低和结构不合理，是劳动报酬在初次分配中比重偏低的重要原因。政府应加大对农村劳动力的技术培训的公共产品投入，提高劳动者生产技能，增加劳动者人力资本含量。积极探索由政府、企业（单位）、个人共同负担的职业技能培训制度。对农村的"两后生"（初中、高中未升学的

---

① 法国国企税后利润上缴比例为50%，欧洲一些国家国企的税后利润上缴比例达到2/3。

毕业生）实现"9＋3"职业教育政策。实行对参加中等职业教育的青年农村劳动力全免学费的劳动预备制度，培育新一代城市产业工人队伍。这不仅可以解决企业缺乏中高级技工人才的问题，也对提高劳动报酬在初次分配中的比例有积极意义。建立和完善政府、企业、社会多元化的技能培训投入机制，由政府财政按照企业工资增长的水平，配备职工技能培训资金，帮助企业开展新技术培训活动，提高企业的市场竞争力和效益，形成劳动工资增长的良性循环机制。（3）建立各行业稳定均衡的工资增长机制。财政部门会同劳动就业、工会等部门督促企业建立职工工资正常增长机制、落实工资集体协商办法、建立最低工资制，逐年提高最低工资标准等一系列加强对处于弱势地位的劳动者的保护，从而提高劳动的报酬。①

3. 促教育：加大财政性教育经费的支出力度

教育是一种准公共产品，应由财政给予资金的大力投入。2006 年 9 月 1 日起，我国才算真正实现了九年义务教育制度；近年来，虽然国家在教育方面的投资增长速度很快，教育投入的增长幅度连年高于财政经常性收入增长的幅度，财政政策在一定程度上提高了教育机会均等化水平，但至今教育支出占 GDP 的比重仍未达到4％的目标。2008 年，由联合国教科文组织和挪威政府共同举办的第八次全民教育高级别小组通过的《奥斯陆宣言》指出，面对金融危机各国应加强教育投入，认为"教育是实现经济增长和复苏，减少贫困、饥饿和童工以及改善卫生、收入和生计的最有效工具之一"。② 如今，随着我国教育体制的改革，居民最主要的教育支出负担不再是普通的学杂费，而是高额的学前教育支出、择校费、赞助费、兴趣班等种种费用。产生这种问题的原因主要在于教育的不公平，均等化的教育目标仍然任重道远，因而政府仍要加大财政基础性教育经费的支出力度，提高基层教育的水平、促进基础教育的均等化发展。另外，加大对职业教育的投入力度，保障低收入人群和失业人员的受教育权利，通过职业教育提升其知识和技能，进而提高其就业能力和收入水平。

4. 改服务：改进公共服务，积极促进劳动信息平台不断完善

劳动（用工）信息，特别是公共信息属于公共品或准公共品，如果由企业或用人单位来提供的话，不但分散、相关独立，且难以满足沟通和共享的需求。所以政府应改进公共服务，充分发挥财政的职能作用，为此，一方面，加快人才市

---

① 刘清亮，高志勇. 初次分配公平性与财政政策导向 [J]. 河北学刊，2008（01）：154－157.
② 联合国教科文组织. 面对金融危机各国应加强教育投入 [J]. 世界教育信息，2009（04）：17.

场建设，为减少摩擦性失业、增加就业提供必要的机会，搭建一座供需双方相互沟通和了解的桥梁；另一方面，为供需双方建立一个机制相对完善的信息交流平台，实现信息的集中性、及时性、权威性、对称性，将会大大提高市场就业率。

8.2.2 财政政策的再分配优化措施

政府在不影响人们创造财富的前提下，要通过财政、税收等杠杆，对收入再分配通过控高和扶低相结合的策略进行科学的调控，从而不断向和谐社会的目标迈进，促进社会共同富裕。

1. 完善税收制度

（1）调整税收结构，建立双主体的税制结构模型。通过实证分析可知，流转税体系税负具有累退效应，也就是高收入居民承担的税负与其可支配收入的比例低于低收入居民。流转税的这种累退性是由其制度的设计决定的。我国流转税以比例税率为主，由于边际消费倾向递减规律，居民消费支出比例随着其收入水平的提高逐步下降，这样会使低收入居民税收负担率高于高收入居民的税收负担率，从而使高收入居民的流转税税负低于低收入居民，即流转税的累退效应，导致税负不公平。

与流转税相反，我国所得税税负具有累进效应，从我们计算的基尼系数和税负率来看，包括社保基金在内的所得税累进性相对较弱，个人所得税的累进性比较明显，但个人所得税在我国税收总额中所占比重相对流转税来说一直较低（现在仍不足7%），导致其对社会收入分配的调节力度十分有限。

所以，当前随着经济的发展和人均收入水平的提高，我国税制改革应顺应我国宏观经济环境，提高所得税，特别是个人所得税的比重，真正建立起双主体的税制结构模式，从而使我国税制在公平税负、调节收入分配方面发挥应有的作用。

（2）强化个人所得税的收入调节功能。个人所得税由于其累进税率的设计、允许免征额的扣除，在调节收入分配方面有其得天独厚的优势。1994年后，我国个人所得税虽几经修改，但主要是提高免征额，2011年，又在进一步提高免征额的同时，调整了税率档次，但这次修改也仅涉及个税中工资薪金所得税，所以，调整个人所得税，突出其调节收入分配职能仍有很大的空间。

①改现行的分类课征为综合课征。这也是老生常谈的一个问题，我国个税实行分类计征，仅对列举的11类收入项目课征，征税范围太窄，免征额标准不一等诸多弊端，综合课征可以达到量能负担，公平税负的目的。

②加强对个人收入中涉及资本收入的个人所得税的征管。个人收入差距的形成大部分来自资本收益及其投资收益，而且实证分析表明个税中的诸如利息税有利于缩小收入差距。所以利用网络征管技术和个人经济身份证制度，加强对个人资本收入的征管，堵塞收入漏洞，建立有效的个人收入监管机制。

（3）加强存量财富税收的调节功能。

①开征遗产和赠与税，调节财产差距。遗产税是调节贫富差距的有效手段，但目前我国没有开征。从世界各国开征遗产和赠与税的实践来看，遗产和赠与税在平衡社会财富、调节收入分配、提高高收入阶层的边际消费倾向等方面，都具有积极的作用。从我国的实际情况来看，遗产和赠与税的探讨在理论界已持续多年，从上一轮税制改革就已列入待开征的税种，所以在当下收入分配不公、收入差距过大且内需不振的情况下，应借助新一轮税制改革的契机，抓紧研究开征。从缩小居民收入差距的角度来看，开征遗产和赠与税可以大幅削减富人积累财富的代际积累，调节收入差距；再者，可以通过征收遗产和赠与税加大转移支付的力度，增加低收入阶层的收入。

②适时普遍开征房产税。从新房产税试点来看，房产税主要是对拥有两套以上的住房或者拥有的高档别墅进行征收，而且实行差别税率。一般拥有多套住房或高档住房的人为高收入者，房产税的纳税主体是高收入者，低收入者不纳房产税或纳得很少，所以在试点的基础上普遍开征房产税可以发挥房产税调节收入分配、缩小收入差距的功能。

2. 完善国债资金的投向和使用效率

由于国债自身的特点，如购买的自愿性和有偿性，使得国债政策对于收入分配的调节难以直接发挥作用，但可以通过完善国债资金的投向，如我国亚洲金融危机时，大规模发行国债用于大型基础设施建设，一方面，缓解了就业压力，从而增加了居民收入，有利于缩小贫富收入差距；另一方面，这些基础设施大都坐落在城镇，又拉大了城乡居民收入差距。2008 年底，为应对席卷全球的金融危机，国务院提出了到 2010 年投资 4 万亿元的刺激计划，在此背景下，4 万亿元的资金主要靠发行国债筹集，而这 4 万亿元的资金仍多投向"铁、公、机"水利等重大基础设施，投资于教育、卫生、社会保障等领域的支出较少。从财政支出的性质来看，福利性支出更有助于提高低收群体的收入，所以，就国债的投向来看，应该继续加大国债投向公共卫生、基础教育、保障房建设、社会保障体系建设等保障性、民生领域的比例，运用国债资金加快社会保障、社会援助体系的建设，使之迅速发挥实质性的保障作用，改善国民经济预期，提高中低收入者的收入水平。而对于基础设施领域的投资，应更加关注农村基础设施，特别是针对农村民生和农业生产领域的投资。

3. 调整财政支出方向、优化财政支出结构

如果说税收政策在调节收入分配方面意在控高，则财政支出政策旨在扶低。为此，财政支出在再分配环节应多倾向于民生领域，调整支出方向、优化其结构。

（1）调整财政支出方向。按照马斯格雷夫的生产发展阶段论理论，当经济发展到一定阶段时，随着人均收入的增加，人们基本支出的比例将减少，对提高生活层次的消费支出将增加，资源将更多地满足更高层次的需要，如教育、卫生、安全等需要，政府转移性支出规模将不断膨胀。至于转移支出占 GDP 的比重的变化，马斯格雷夫认为取决于经济发展各阶段政府的再分配目标。如果政府旨在减少收入分配中的不公平，那么，随着人均收入的增加，转移性支出的绝对额会上升，但其占 GDP 的比例不会有多大变化；但罗斯托认为，一旦经济发展进入成熟期，公共财政支出的主要目标将由提供公共基础设施转向提供教育、卫生和福利等方面的服务。此时，用于社会保障和收入再分配方面的转移性支出规模将会超过其他公共财政支出，而且占 GDP 的比重会有较大幅度的提高。当前我国经济处于经济发展的转型期，相当于中期和成熟期的交界处，加之我国收入差距过大（基尼系数接近 0.5）的情况，实证结果表明，我国财政转移性支出对再分配具有一定的调节作用，因此，政府宜调整财政支出方向，进一步加大对转移性支出的力度。

（2）优化财政支出结构。实证结果表明，社会保障等转移性财政支出对再分配具有一定的调节作用，财政支出在加大对转移性支出的同时，积极适应宏观经济发展的要求，优化转移性支出中诸如教育、医疗卫生、社会保障和就业、保障性安居工程、公共文化等民生财政方面的支出，促进社会事业加快发展。

①进一步加大对教育支出的投入。严格落实教育经费法定增长要求，进一步提高财政教育支出占公共财政政策比重，提高预算内基建投资用于教育的比重，扎扎实实落实拓宽财政性教育经费来源渠道各项政策措施，确保实现国家财政性教育经费支出占 GDP 4% 的目标。

②加大对社会保障支出的投入。加快推进社会保障体系建设，实现新型农村社会养老保险和城镇居民社会养老保险制度全覆盖，进一步提高企业退休人员基本养老金水平和城乡低保对象补助标准；推进医疗卫生体制改革，提高新型农村合作医疗和城镇居民基本医疗保险的财政补助标准，加快以县级医院为重点的公立医院改革试点。

③加大安居工程的支出。建立稳定的保障性安居工程资金渠道和运行机制落

实相关税费优惠政策，大力支持保障性住房建设，扩大农村危房改造范围并适当提高补助标准，支持解决城镇低收入群众、新就业职工、农民工住房困难问题。

在加大民生投入的同时，严格控制公务购车用车、公务接待、因公出国（境）等经费支出，严格控制各种论坛、研讨会、庆典等活动，进一步控制差旅、会议等一般性支出，切实降低行政成本①，提高财政支出的社会效益。

8.3　缩小收入分配差距的其他配套措施

收入分配既是经济问题也是社会问题，单靠某一项或两项政策是不能够扭转收入差距过大的现状的，所以，缓解收入分配不公是一项系统工程，在优化缩小收入分配差距的财政政策的同时须和其他的措施相配合，以尽快实现缩小收入差距，达到全社会收入分配公平之目标。

8.3.1　以经济发展为依托，改善收入分配不公

1. 转变经济发展方式，拓宽居民收入渠道

通过实证分析可知，当前我国经济增长不利于劳动分配率（份额）的增长，说明我国经济发展尚处于倒"U"的左半边，当务之急，须继续促进经济发展，同时结合我国经济发展"调结构、转方式"的部署，使经济在稳定增长的同时，逐步转变高能耗、过度依赖资本的经济发展方式。经济发展是解决收入分配差距，实现共同富裕的根本途径。发展能够增加社会财富积累，调整国民收入的分配结构，同时保持居民收入与国民经济的同步增长。以经济发展扩大就业，努力实现比较充分的就业目标，促进居民工薪收入的增长。经济发展过程中加大激励创新与鼓励创业的政策力度，促进收入来源多元化，拓展居民收入的来源渠道，努力扩大中等收入群体的比重。

2. 发展非农产业，增加农民收入

在保持原有的支农惠农政策不变的前提下，积极推进大型产业基地、大项目与周边城镇的联动发展，继续大力加快农村劳动力非农转移。加快郊区第三产业的发展，通过政府部门购买服务等途径，拓宽农民就业渠道，增加农村就业岗

---

① 谢旭人. 实施积极的财政政策服务经济社会发展全局 [J]. 求是，2012 (03)：10-12.

位，增加农民的非农收入。深化集体土地制度改革，创新集体资产管理机制，让农民长期享有土地和集体资产的收益分配，建立完善的农民稳定增收的长效机制。推进低保、完善农村合作医疗和农村低保等政策，逐步提高农民的转移性收入和保障水平。

3. 积极发展第三产业

从我们实证的结果来看，第三产业可以提高居民劳动收入，虽然在任何社会中，人们的收入来源都是多元化的，但在目前的任何社会中，职业和劳动收入仍是绝大多数人们最基本的收入来源，以劳动换取收入也是最为重要和普遍的分配原则，不论是发达国家还是发展中国家都是如此，只是劳动分配率的高低存在差异而已。这种最基本的分配模式决定了某些劳动力一旦无法就业，就基本无法获得收入而沦为贫困者，失业在引发贫困的同时，自然也会引发收入差距的扩大甚至两极分化。所以，结合我国现行产业发展政策，大力发展第三产业（如社区服务、家政服务），多渠道、多方式增加就业机会。在不断扩大就业的基础上，增加居民收入。

8.3.2 建立市场化的工资形成与增长机制

建立市场化的工资形成与增长机制，是改变工资收入分配格局和缩小收入差距的重要途径。中国工资收入分配制度改革在三大领域①尚未完成。它们面临不同的问题，对今后的改革也会有相应的要求。

（1）国有部门的工资改革。在初次分配中，垄断国有企业的工资福利发放缺乏有效的激励约束机制，国家机关、事业单位工资标准和结构不合理，不同部门甚至同一地区的公职人员间收入差距过大等，是国有部门的突出问题。国有部门是政府政策可以直接调控的部门，通过引入市场机制，建立新的收入分配秩序和标准，将有助于缩小体制性和政策性因素所造成的不合理的工资收入差距。

（2）非国有部门的工资改革。对非国有部门来讲，建立工资形成和增长机制。为此需要通过建立合适的制度，消除劳动力市场歧视，提高劳动者的谈判地位，加强对劳动者合法权益保护，扭转劳动者长期处于弱势的地位。这需要加快户籍制度改革，彻底消除户口身份对劳动力流动、就业、工资和社会福利、子女

---

① 中国工资制度改革涉及的三大领域指国有企业的工资制度改革、公共部门（包括国家机关和事业单位）的工资制度改革和非国有部门的工资形成制度。

教育等方面的限制，让农民工与城市劳动力享有均等的劳动力市场就业机会和社会福利待遇。

（3）提高劳动合同的签约率。《劳动合同法》的颁布使劳动者的合法权益得到更好的保护。在加强该法执法的同时，还应建立一套工资支付保障制度，对工资支付的项目、水平、形式、对象和时间等做出详细的规定，保障工资按时、完整、全部发放，加强对劳动者保护的各项措施。

（4）建立最低工资制度和工资集体协商制度。最低工资制度和工资集体协商制度对工资形成和增长有重要影响。我国目前已经建立了最低工资制度，但各地最低工资水平不一样，制定程序和标准也不一样。可以考虑在科学分析的基础上，建立一套标准化的制度程序，指导各地的最低工资水平，以促进地区间劳动力市场一体化。工资集体协商制度在国外有非常成熟的经验，我国可以在借鉴这些经验的基础上，发挥工会的作用，通过集体协商，保障工资按照正常程度保持增长。

（5）建立工资的宏观调控制度。把工资增长和城乡居民收入增长纳入国民经济增长计划，努力使工资和收入增长与宏观经济增长速度相匹配。

8.3.3　积极扩大就业，解决民生之本

就业是民生之本，劳动者就业是推动经济发展，稳定社会秩序，提高人民整体生活水平的大事，是"关系到人的尊严的天大的事"。因而在宏观经济战略和经济政策制定过程中，要高度重视就业的政治、经济、社会和文化意义，把扩大就业放在政府工作的重要位置和经济社会发展的优先地位，建立健全劳动者自主择业、市场调节就业、政府促进就业相结合的就业网络框架，创造平等就业机会，提高就业质量。为此，考虑制定"国家统筹城乡的劳动就业优先发展纲要"，创造条件建立国家统筹的农民工保障体系，建立城乡对等的公共就业服务体系；实施新的促进中小企业发展的"城镇化行动"，在省直管县体制改革中加快设市来发展劳动密集型产业，增加就业资源；促进高校毕业生、农村转移劳动力、城镇就业困难人员就业；完善和落实小额担保贷款、场地安排等鼓励自主创业政策，促进各类群体创业带动就业。实施新的促进服务业大发展的"市场化社会投资行动"，加快放松服务业的政府管制，扶助"社区服务网点"或"小摊贩"经济；完善就业援助政策，多渠道开发公益性岗位；鼓励开展对外劳务合作。完善市场就业导向机制，增强劳动力的流动性；提高劳动者技能素质，化解结构性失业；实行针对性的就业政策，促进下岗职工和长期失业者再就业；加强失业调控，建立失业预警制度。

8.3.4 加大对城乡贫困人群的救助力度

贫困和收入差距有着内在的联系，贫困人口规模越大，收入差距相对就会越大；扶贫力度越大，扶贫政策越健全，收入分配相对则比较公平。为此，政府在原来反贫困、扶贫的基础上应做到：一是加大各级财政的投入，进一步完善城市最低生活保障制度，合理确定最低生活保障的对象和标准，实施动态管理下的应保尽保。积极探索建立适合农村特点的最低生活保障制度。二是完善城乡居民生活救助制度及医疗、教育、住房、就业等专项援助制度，提高综合性救助救济能力，为丧失劳动能力和生活无着的社会困难群体提供基本生活保证。三是建立健全城乡贫困和低收入人群的信息统计与监测制度。四是完善扶贫开发机制，加大扶贫开发力度。

参 考 文 献

[1] 阿兰·J·奥尔巴克, 马丁·菲尔德斯坦 [美]. 公共经济学手册 (第1卷) [M]. 北京: 经济科学出版社, 2005.

[2] 安东尼·B·阿特金森 [英], 弗兰科伊斯·布吉尼翁 [法]. 收入分配经济学手册第1卷 [M]. 北京: 经济科学出版社, 2009.

[3] 卡尔·马克思. 剩余价值理论 [M]. 北京: 人民日报出版社, 2010.

[4] 速水佑次郎, 神门善久 [日] 著译. 发展经济学——从贫困到富裕 (第3版) [M]. 北京: 社会科学文献出版社, 2009.

[5] 陈志勇. 公债学 [M]. 北京: 中国财政经济出版社, 2007.

[6] 陈宗胜, 周云波著. 再论改革与发展中的收入分配——中国发生两极分化了吗 [M]. 北京: 经济科学出版社, 2002.

[7] 邓子基, 张馨, 王开国. 公债经济学: 公债历史、现状与理论分析 [M]. 北京: 中国财政经济出版社, 1990.

[8] 樊丽明. 税收调控研究 [M]. 北京: 经济科学出版社, 1999.

[9] 龚六堂. 公共财政理论 [M]. 北京: 北京大学出版社, 2009.

[10] 龚仰树. 国债学 [M]. 上海: 上海财经大学出版社, 1998.

[11] 李冬梅. 中国地方政府债务问题研究: 兼论中国地方公债的发行 [M]. 北京: 中国财政经济出版社, 2006.

[12] 李士梅. 公债经济学 [M]. 北京: 经济科学出版社, 2006.

[13] 刘溶沧. 中国财政政策货币政策理论与实践 [M]. 北京: 中国金融出版社, 2001.

[14] 尹音频. 资本市场税制优化研究 [M]. 北京: 中国财政经济出版社, 2006.

[15] 赵志耘. 财政支出经济分析 [M]. 北京: 中国财政经济出版社, 2002.

[16] 白重恩, 钱震杰. 劳动收入份额决定因素: 来自中国省际面板数据的证据 [J]. 世界经济, 2010 (12): 3-27.

[17] 蔡红英, 朱延松, 魏涛. 税收对国民收入分配的调控问题研究 [J]. 税务研究, 2009 (12): 28-32.

　　[18] 常晓素，何辉. 流转税和所得税的福利效应研究 [J]. 统计研究，2012 (01): 80-86.

　　[19] 陈爱贞，刘志彪. 中国行政垄断：利益主体的博弈与载体的泛化趋势 [J]. 经济评论，2007 (06): 49-54.

　　[20] 陈安平，杜金沛. 中国的财政支出与城乡收入差距 [J]. 统计研究，2010 (11): 34-39.

　　[21] 陈建奇. 庞氏骗局、动态效率与国债可持续性 [J]. 世界经济，2006 (12): 63-72.

　　[22] 陈少晖，朱珍. 国有经济改革与国有企业利润分配制度的历史嬗变 [J]. 经济研究参考，2011 (63): 19-27.

　　[23] 陈秀梅. 刍议行政垄断导致的收入差距扩大——基于对劳动和资本的不同影响分析 [J]. 南京社会科学，2009 (03): 43-46.

　　[24] 蔡跃洲. 财政再分配与财政制度安排——基于不同分配环节的实证分析 [J]. 财经研究，2010 (01): 77-88.

　　[25] 杜健，张大亮，顾华. 中国行业收入分配实证分析 [J]. 山西财经大学学报，2006 (06): 73-78.

　　[26] 杜鑫. 中国垄断性行业与竞争性行业的收入差距：基于北京市微观数据的研究 [J]. 南开经济研究，2010 (05): 111-124.

　　[27] 傅娟. 中国垄断行业的高收入及其原因：基于整个收入分布的经验研究 [J]. 世界经济，2008 (07): 67-77.

　　[28] 傅勇，张晏. 中国式分权与财政支出结构偏向：为增长而竞争的代价 [J]. 管理世界，2007 (03): 4-13.

　　[29] 高培勇. 论举借国债的作用机制 [J]. 经济研究，1996 (09): 24-31.

　　[30] 管晓明，李云娥. 行业垄断的收入分配效应——对城镇垄断部门的实证分析 [J]. 中央财经大学学报，2007 (03): 66-70.

　　[31] 郭庆旺，吕冰洋. 论税收对要素收入分配的影响 [J]. 经济研究，2011 (06): 16-30.

　　[32] 何辉，尹音频. 调整利息税率对中国居民人均消费影响的实证分析——基于1985~2008年的经验数据 [J]. 统计研究，2009 (06): 23-28.

　　[33] 何辉，尹音频，张清. 股息红利所得税的收入再分配效应研究 [J]. 统计研究，2011 (06): 11-15.

　　[34] 胡汉军，刘穷志. 我国财政支出对于城乡居民收入不公平的再分配效应 [J]. 中国软科学，2009 (09): 54-59.

　　[35] 贾俊雪，郭庆旺. 财政规则、经济增长与政府债务规模 [J]. 世界经

济，2011（01）：73 - 92.

[36] 贾绍华. 国民收入分配与税收调节机制 [J]. 扬州大学税务学院学报，2010（10）：11 - 20.

[37] 金双华. 财政支出水平对地区收入差距作用的统计评价 [J]. 统计研究，2011（02）：39 - 44.

[38] 李绍荣，耿莹. 中国的税收结构、经济增长与收入分配 [J]. 经济研究，2005（05）：118 - 126.

[39] 李永友，沈坤荣. 财政支出结构、相对贫困与经济增长 [J]. 管理世界，2007（11）：14 - 27.

[40] 李芝倩. 资本、劳动收入、消费支出的有效税率测算 [J]. 税务研究，2006（04）：14 - 18.

[41] 廖楚晖. 中国人力资本和物质资本的结构及政府教育投入 [J]. 中国社会科学，2006（01）：23 - 35.

[42] 林伯强. 中国的政府公共支出与减贫政策 [J]. 经济研究，2005（01）：27 - 37.

[43] 林细细，龚六堂. 中国债务的福利损失分析 [J]. 经济研究，2007（01）：56 - 67.

[44] 刘钧. 我国农业剩余劳动力的"刘易斯拐点"争议综述 [J]. 经济学动态，2011（07），94 - 98.

[45] 刘穷志. 公共支出归宿：中国政府公共服务落实到贫困人口手中了吗？[J]. 管理世界，2007（04）：60 - 67.

[46] 刘溶沧，马拴友. 赤字、国债与经济增长关系的实证分析——兼评积极财政政策是否有挤出效应 [J]. 经济研究，2001（02）：13 - 20.

[47] 刘溶沧，马拴友. 论税收与经济增长——对中国劳动、资本和消费征税的效应分析 [J]. 中国社会科学，2002（01）：67 - 78.

[48] 刘瑞明，石磊. 上游垄断、非对称竞争与社会福利——兼论大中型国有企业利润的性质 [J]. 经济研究，2011（12）：86 - 96.

[49] 刘怡，聂海峰. 间接税负担对收入分配的影响分析 [J]. 经济研究，2004（05）：21 - 29.

[50] 罗楚亮，李实. 人力资本、行业特征与收入差距——基于第一次全国经济普查资料的经验研究 [J]. 管理世界，2007（10）：19 - 30.

[51] 吕冰洋，禹奎. 我国税收负担的走势与国民收入分配格局的变动 [J]. 财贸经济，2009（03）：72 - 77.

[52] 马拴友，于红霞，陈启清. 国债与宏观经济的动态分析 [J]. 经济研

究，2006（04）：35－46.

[53] 平新乔，梁爽，郝朝艳等. 增值税与营业税的福利效应研究 [J]. 经济研究，2009（09）：66－80.

[54] 沈坤荣，张璟. 中国农村公共支出及其绩效分析——基于农民收入增长和城乡收入差距的经验研究 [J]. 管理世界，2007（01）：30－42.

[55] 孙玉栋. 论我国税收政策对居民收入分配的调节——基于主体税制的税收政策视角 [J]. 财贸经济，2009（05）：46－53.

[56] 万莹. 个人所得税对收入分配的影响：由税收累进性和平均税率观察 [J]. 改革，2011（03）：53－59.

[57] 王国刚. 调整国债运作机理，增强拉动经济的力度 [J]. 财贸经济，1999（04）：28－32.

[58] 王亚芬，肖晓飞，高铁梅. 我国收入分配差距及个人所得税调节作用的实证分析 [J]. 财贸经济，2007（04）：18－25.

[59] 王艺明，蔡翔. 财政支出结构与城乡收入差距——基于东中西部地区省级面板数据的经验分析 [J]. 财经科学，2010（08）：49－58.

[60] 王玉华，刘贝贝. 国债规模经济效应的动态分析 [J]. 财政研究，2009（05）：45－49.

[61] 严成樑，龚六堂. 财政支出、税收与长期经济增长 [J]. 经济研究，2009（06）：4－16.

[62] 余国峰. 国债的经济效应分析 [J]. 经济学动态，1997（06）：39－42.

[63] 岳希明，李实，史泰丽. 垄断行业高收入问题探讨 [J]. 中国社会科学，2010（03）：77－95.

[64] 张原. 中国行业垄断的收入分配效应 [J]. 经济评论，2010（04）：54－63.

[65] 张志超，王铁. 国债资金用于公共消费领域的经济分析 [J]. 经济学动态，2004（05）：34－39.

[66] 赵振宇，白重恩. 政府税收对中国城乡居民人均收入差距的影响 [J]. 中国软科学，2007（11）：48－56.

[67] 庄子银，邹薇. 公共支出能否促进经济增长：中国的经验分析 [J]. 管理世界，2003（07）：4－13.

[68] Alesina A. & R. Perotti. "Income Distribution, Political Instability and Investment". European Economic Review. Vol. 40, No. 6, 1996, pp. 1203－1228.

[69] Amartya Sen. "Real National Income". Review of Economic Studies. Vol. 43, No. 1, 1976, pp. 19－39.

［70］ Amartya Sen. "On the Weights and Measures: Informational Constraints in Social Welfare Analysis". Econometrica. Vol. 45, No. 7, 1977, pp. 1539 – 1572.

［71］ Andrew Mitrusi & James Poterba. "The Distribution of Payroll and Income Tax Burdens, 1979 – 1999". NBER Working Paper No. 7707 May 2000.

［72］ Arnold C. Harbenger. "The Incidence of Corporation Income Tax". The Journal of Political Economy. Vol. 70, No. 3, (Jun.) 1962, pp. 215 – 240.

［73］ Aron, H. & McGuire, M. "Public Goods and Income Distribution". Econometrica. Vol. 38, Iss. 6, (Nov.) 1970, pp. 907 – 920.

［74］ Robert J. Barro & Xavier Sala – i – Martin. "Convergence". Journal of Political Economy. Vol. 100, No. 2, (Apr.) 1992, pp. 223 – 251.

［75］ Edward N. Wolff & Ajit Zacharias. "The Distributional Consequences of Government Spending and Taxation in the U. S 1989 and 2000". Review of Income and Wealth. Vol. 53, Iss. 4, (Dec.) 2007, pp. 692 – 715.

［76］ Barro. R. "Inequality and Growth in a Panel of Countries". Journal of Economic growth. Vol. 5, 2000, pp. 5 – 32.

［77］ Barro, Robert J. "Are government bonds net wealth?" Journal of Political Economy. Vol. 82, No. 6, 1974, pp. 1095 – 1117.

［78］ Becker. G. S. , Kevin M. Murphy & Robert Tamura. "Human Capital, Fertility and Economic Growth". Journal of Political Economy, Vol. 98, 1990, pp. 12 – 37.

［79］ Burkhard Heer & Mark Trede. "Taxation of labour and capital income in an OLG model with home production and endogenous fertility". Int. J. Global Environmental Issues. Vol. 4, Nos. 1/2/3, 2004, pp. 73 – 88.

［80］ Daudey, E. Garcia – Penalosa. "The Personal and the Factor Distributions of Income in a Cross – Section of Countries". Journal of Development Studies. Vol. 43, No. 5, July 2007, pp. 812 – 829.

［81］ David Carey & Josette Rabesona. "Tax ratios on labor and capital income and on consumption". OECD Economic Studies. No. 35, 2002, pp. 130 – 174.

［82］ Deininger. K & L. Squire. "New Ways Looking at Old Issues: Inequality and Growth". Journal of Development Economics, 57 (2), 1998, pp. 259 – 287.

［83］ Elizabeth Deran. "Changes in Factor Income Shares Under the Social Security Tax". The Review of Economics and Statistics. Vol. 49, No. 4 (Nov). 1967, pp. 627 – 630.

［84］ Eduardo Engel & Alexander Galetovic & Claudio Raddatz. "Taxes and Income Distribution in Chile: Some Unpleasant Redistributive Arithmetic". Journal of

Development Economics. Vol. 59, Iss1, (Jun.), 1999, pp. 155 – 192.

[85] Edward N. Wolff & Ajit Zacharias "The Distributional Consequences of Government Spending and Taxation in the U. S 1989 and 2000". Review of Income and Wealth. Vol. 53, Iss. 4, (Dec.) 2007, pp. 692 – 715.

[86] Elmendorf, Douglas W. & N. Gregory Mankiw. "Government Debt". In (J. B. Taylor & M. Woodford (ed.) Handbook of Macroeconomics. Vol. 1, part 3, 1999, pp. 1615 – 1669.

[87] Fairris D. & Jonasson E. "What accounts for intra-industry wage differentials? Results from a survey of establishments". Journal of Economic. Vol. 2, 2008, pp. 169 – 191.

[88] Fordes. K. "A Reassessment of the Relationship between Inequality and Growth". American Economic Review, Vol. 90, no. 4, 2000, pp. 869 – 887.

[89] Garcia – Penalosa, Cecilia & Turnovsky; Stephe J. "Growth, Income Inequality, and Fiscal Policy: What Are the Relevant Trade-offs?" Journal of Money, Credit and Banking. Vol. 39 No. 2 – 3, 2007, pp. 369 – 394.

[90] Gottschalk. P. & T. M. Smeeding. "Cross-national Comparison of Earnings and Income Inequality". Journal of Economic Literqture. Vol. 35, 1997, pp. 633 – 687.

[91] Govind S. Iyer, Andrew Schmidt & Ananth Seetharaman. "The effects of standardized tax rates, averagetax rates, and the distribution of income on tax progressivity". Journal of Accounting and Public Policy. Vol. 27, 2008, pp. 88 – 96.

[92] Greenwood. J. & Jovanovic. B. "Financial Development, Growth, and the Distribution of Income". Journal of Political Economy. Vol. 98, No. 5 (October), 1990, pp. 1076 – 1107.

[93] Haufler, A., A. Klemm & G. Schjelderup. "Economic integration and the relationship between profit and wage taxes". Public Choice. Vol. 138, No. 3 – 4. 2009, pp. 423 – 446.

[94] Jacob Cohen. "Distributional Effects of the Federal Debt". The Journal of Finance. Vol. 6, No. 3 (Sep.), 1951, pp. 267 – 275.

[95] Janes Tobin & Joseph A. "Pechman and Peter M. Mieszkowski. Is a Negative Income Tax Practical?". The Yale Law Journal. Vol. 77, No. 1 (Nov). 1967, pp. 1 – 27.

[96] Janes Tobin. Asset Accumulation and Economic Activity. University of Chicago Press, 1980.

[97] John D. Abell Military Spending and Income Inequality Journal of Peace Re-

search. Vol. 31, No. 1 (Feb.) 1994, pp. 35 – 43.

[98] Jong – Il You & Amitava Krishna Dutt. "Government Debt, Income Distribution and Growth". Cambridge Journal of Economics. Vol. 20, 1996, pp. 335 – 351.

[99] J. Creedy & G. C. Lim. "Factors and Personal Income Distributions and Taxation in General Equilibrium". Journal of Income Distribution. Vol. 4, No. 1, 1994, pp. 51 – 77.

[100] Kaldor. N. "A Model of Economic Growth". Economic Journal. 57: 1957, pp. 591 – 624.

[101] Ke-young Chu, Hamid Davoodi, & Sanjeev Gupta. "Income Distribution and Tax and Government Social Spending Policies in Developing Countries". IMF Working Paper WP/00/62 Mar. 2000.

[102] Kuznets, Simon. 'Economic Growth and Income Inequality', American Economic Review. XLV, 1955, pp. 1 – 28.

[103] Kuznets, Simon. "Distribution of National Income by Factor Shares". Economic Development and Cultural Change. Vol. 7, No. 3, Part 2 (Apr.) 1959, pp. 1 – 100.

[104] Lars – Erik Borge & J. rn Ratts. "Income distribution and tax structure: Empirical test of the Meltzer – Richard hypothesis". European Economic Review. Vol. 48, 2004, pp. 805 – 826.

[105] Lewis, W. A. "Economic Development with Unlimited Supplies of Labor", The Manchester School. Vol. 22, 1954, pp. 139 – 191.

[106] Lucas. R. E. "On Efficiency and Distribution". The Economic Journal, Vol. 102, No. 411 (Mar.), 1992, pp. 233 – 247.

[107] Martin Feldstein. "Incidence of a Capital Income Tax in a Growing Economy with Variable Savings Rates". The Review of Economic Studies. Vol. 41, No. 4 (Oct). 1974, pp. 505 – 513.

[108] Mihir A. Desai. "Labor and Capital Shares of the Corporate Tax Burden: International Evidence". Harvard University, 2007, jourdan. ens. fr.

[109] Oscar Alfranca and Miguel – Angel Galindo. "Public Expenditure Income Distribution and Growth in OECD Countries". International Advances in Economic Research. Vol. 9, 2003, pp. 133 – 139.

[110] Paul G. Hoyt & Harry W. Ayer. "Government Expenditure Benefits in Metro and Nonmetro Arizona Western". Journal of Agricultural Economics. Vol. 1, No. 1 (Jun.) 1977, pp. 238 – 241.

[111] Perotti, R. "Political Equilibrium, Income Distribution, and Growth". Review of Economic Studies. Vol. 60, 1993, pp. 755 – 776.

[112] Perotti, R. "Income Distribution and Investment". European Economic Review. Vol. 38, 1994, pp. 827 – 835.

[113] Perotti, R. "Growth, income distribution and democracy: What the data say". Journal of Economic Growth. Vol. 1, No. 2, 1996, pp. 149 – 187.

[114] Persson, T. & G. Tabellini. "Is Inequality Harmful for Growth?" American Economic Review, Vol. 84, No. 3 (Jun.), 1994, pp. 600 – 621.

[115] Ronald F. Hoffman. "Factor Shares and the Payroll Tax: A Comment". The Review of Economics and Statistics. Vol. 50, No. 4 (Nov). 1968, pp. 506 – 508.

[116] Ruud A. De Mooij & Gaetan Nicodeme. "Corporate Tax Policy, Entrepreneurship and Incorporation in the EU". (Dec). 2006, CESifo Working Paper No. 1883.

[117] Samuelson, P. A. "The indifference Curves". Quarterly Journal of Economics, Vol. 70, 1956, pp. 1 – 22.

[118] Samuel R. Dastrup & Rachel Hartshorn & James B. McDonald. "The impact of taxes and transfer payments on the distribution of income: A parametric comparison". Journal of Economic Inequality. Vol 5, No. 3, 2007, pp. 353 – 369.

[119] Shirley & Mary M. "Managing State-owned Enterprise" World Bank. 1983. Vol: 577.

[120] World Bank. "Private Sector Development in Low – Income Countries". Washington, DC, 1995.

[121] Stephen J. Turnovsky. Methods of Macroeconomic Dynamics. 2nd ed, The MIT Press, 2000.

[122] Sumner H. Slichter. "Notes on the Structure of Wages". The Review of Economics and Statistics. Vol. 32, No. 1, (Feb). 1950, pp. 80 – 91.

[123] Svend E. Hougaard Jensen, Bernd Raffelhuschen, Willi Leibfritz. "Public Debt, Welfare Reforms, and Intergenerational Distribution of Tax Burdens in Denmark". University of Chicago Press January 1999.

[124] Venieris, Y. & D. Gulta. "Income Distribution and Sociopolitical Instability as Determinants of Savings: A Cross-sectional Model". Journal of Political Economy, Vol. 94. 1986, pp. 873 – 883.

[125] Violante, G. "Equilibrium Investment and Skill Dynamics: A Solution to the Wage Dispersion Puzzle?" Mimeo, University College, London, 1996.

[126] Walter H. Fisher & Stephen J. Turnovsky. "Public Investment, Congestion,

and Private Capital Accumulation". The Economic Journal, Vol. 108, Iss. 447, (Mar.) 1998, pp. 399 –413.

[127] Werner Baer & Antonio Fialho Galvão Jr. "Tax burden, government expenditures and income distribution in Brazil". The Quarterly Review of Economics and Finance. Vol. 48, 2008, pp. 345 – 358.

[128] William S. Comanor & Robert H. Smiley. "Monopoly and the Distribution of Wealth". The Quarterly Journal of Economics Vol. 89, No. 2 (May) 1975, pp. 177 – 194.

[129] Xavier Ramos & Oriol Roca – Sagales "Long – Term Effects of Fiscal Policy on the Size and Distribution of the Pie in the UK". Fiscal Studies, Vol. 29, Iss. 3, (Sep.) 2008, pp. 387 –411.